박문각

핵심이론과 함께하는

파이널 패스

100선

박문각 공인중개사

김상진 공인중개사법·중개실무

브랜드만족
1위
박문각

2024

CONTENTS

이 책의 차례

PART
02

부동산 거래신고 등에
관한 법령

PART
03

중개실무

부 록

PART

01

공인중개사법령

[테마 1] 목적과 용어

1. 법의 목적(제1조)

이 법은 공인중개사의 업무 등에 관한 사항을 정하여 그 (전문성)을 제고하고, 부동산 (   )을 건전하게 (육성)하여, (국민경제)에 이바지함을 목적으로 한다.

2. 용어의 정의(제2조)

1. **"중개"**라 함은 제3조의 규정에 의한 (중개대상물)에 대하여 거래당사자 간의 매매·교환·임대차 그 밖의 권리의 득실변경에 관한 행위를 (알선)하는 것을 말한다.
2. **"중개업"**이라 함은 다른 사람의 (의뢰)에 의하여 일정한 (   )를 받고, 중개를 (업)으로 행하는 것을 말한다.
3. **"개업공인중개사"**라 함은 이 법에 의하여 중개사무소의 개설 (등록)을 한 자를 말한다.
4. **"공인중개사"**라 함은 이 법에 의한 공인중개사 (자격)을 취득한 자를 말한다.
5. **"소속공인중개사"**라 함은 개업공인중개사에 소속된 공인중개사 [개업공인중개사인 법인의 사원 또는 임원으로서 공인중개사인 자를 (   )한다]로서, 중개업무를 수행하거나 개업공인중개사의 (중개업무)를 보조하는 자를 말한다.
6. **"중개보조원"**이라 함은 공인중개사가 아닌 자로서, 개업공인중개사에 소속되어, 중개대상물에 대한 현장 안내 및 일반서무 등 개업공인중개사의 중개업무와 관련된 (단순한 업무)를 보조하는 자를 말한다.

3. 중개

구분	내용
중개	① 중개 "행위"의 성격은 거래당사자의 거래계약(법률행위)체결을 도와주기 위한 보조행위, "( )", 상행위에 해당한다. ② 중개행위 해당 여부의 판단은 "( )"으로 사회통념에 따라 판단하며, 행위자의 주관적 의사에 의하여 결정되는 것이 아니다. ③ 쌍방중개(쌍방의뢰)뿐만 아니라, 일방중개(일방의뢰)도 중개의 한 형태이다.

중개의 종류

① 대상 : 민사중개, 상사중개
② 의뢰 : 쌍방중개, 일방중개
③ 법적 근거 : 공인중개, 사중개
④ 주체의 수 : 단독중개, 공동중개
⑤ 대상물의 소재 : 국내중개, 국제중개

중개의 대상

① 대상 권리 : 소유권, 임차권, 용익물권(지상권, 지역권, 전세권), 저당권, 가등기담보권, 유치권의 이전, 환매권의 이전, 법정지상권의 이전
② 아닌 권리 : 동산 질권, 점유권, 유치권의 성립, 법정지상권의 성립, 분묘기지권, 법률의 규정(상속, 판결 등)

4. 중개업

구분	내용
의뢰	① 중개계약을 체결한다는 의미이다. ② 일방(의뢰)중개도 가능하다.
일정한 보수	① 보수를 "현실적으로 받아야" 중개업에 해당한다. ② 보수를 받기로 약속·요구에 그친 경우에는 중개업이 아니다(판례).
중개를 "업"으로	① 불특정 다수를 대상, 계속적·반복적으로 하는 것을 말한다. ② 우연한 기회에 1회 중개한 것은 중개 "업"이 아니다. ③ 부동산중개업은 개업공인중개사(등록을 한 자)만 할 수 있으며, 무등록중개업은 처벌된다(3년 − 3천 이하). ④ 중개업은 본업이며, 겸업(분양대행, 권리금 알선 등)과는 구별된다.

5. 중개와 중개업의 구별의 실익

무등록 "중개"	• 처벌되지 아니한다. • 중개보수 약정은 "유효"하다.
무등록 "중개업"	• 처벌된다. • 중개보수 약정은 "무효"이다(판례).

중개업 / 보수 / 포함 / 사실행위 / 객관적

합격문제

01 다음은 「공인중개사법」과 「부동산거래신고법」에 관한 내용이다. "옳게" 나열한 것은?

> 1. 「공인중개사법」은, 공인중개사의 업무 등에 관한 사항을 정하여, 그 (㉠)을 제고하고, 부동산 (㉡)을 건전하게 육성하여, (㉢)에 이바지함을 목적으로 한다.
> 2. 「부동산거래신고법」은, 부동산 거래 등의 신고 및 허가에 관한 사항을 정하여, 건전하고 투명한 부동산 (㉣)를 확립하고 국민경제에 이바지함을 목적으로 한다.

① ㉠ 전문성, ㉡ 중개업, ㉢ 국민경제, ㉣ 거래질서
② ㉠ 전문성, ㉡ 중개업, ㉢ 재산권보호, ㉣ 거래질서
③ ㉠ 전문성, ㉡ 중개, ㉢ 국민경제, ㉣ 거래질서
④ ㉠ 공정성, ㉡ 중개업, ㉢ 국민경제, ㉣ 중개질서
⑤ ㉠ 공정성, ㉡ 중개업, ㉢ 재산권보호, ㉣ 중개질서

02 「공인중개사법」에서 사용하고 있는 용어의 정의에 관한 내용으로 "옳은" 것은?

① "중개업"이라 함은 다른 사람의 의뢰에 의하여 일정한 보수를 받고 중개를 업으로 행하는 것을 말한다.
② "중개"라 함은 이 법 규정에 의한 중개대상물에 대하여 거래당사자 간의 매매·교환·임대차 그 밖의 권리에 대한 득실변경에 관한 행위를 일정한 보수를 받고 알선하는 것을 말한다.
③ "개업공인중개사"라 함은 이 법에 의하여 중개사무소 개설등록을 한 공인중개사를 말한다.
④ "중개보조원"이라 함은 공인중개사가 아닌 자로서 개업공인중개사에 소속이 되어, 개업공인중개사의 거래계약서 작성 등의 중개업무를 보조하는 자를 말한다.
⑤ "소속공인중개사"라 함은 개업공인중개사에 소속된 공인중개사(개업공인중개사인 법인의 사원 또는 임원으로서 공인중개사인 자를 제외한다)로서 개업공인중개사의 중개업무와 관련된 단순한 업무를 보조하는 자를 말한다.

03 다음은 이 법상의 "중개"와 "중개업"에 대한 내용이다. "틀린" 것은?

① 경매 대상 부동산에 대한 권리분석 및 취득의 알선을 위한 행위는 「공인중개사법」 제30조(손해배상책임) 제1항의 "중개행위"에 해당한다.
② 보수를 받지 않았더라도 계속적으로 토지의 매매를 알선한 것은 중개업에 해당한다.
③ 중개행위는 거래당사자 간의 매매 등 법률행위가 용이하게 성립할 수 있도록 조력하고 주선하는 사실행위이다.
④ 개업공인중개사가 상업용 건축물 및 주택의 분양 대행을 업으로 한 것은 중개업으로 볼 수는 없다.
⑤ 유·무형의 재산적 가치의 양도에 대하여 이른바 "권리금" 등을 수수하도록 알선한 것은 중개행위에 해당하지 않는다.

04 다음은 "중개"와 "중개업"에 대한 내용이다. "틀린" 것은? (다툼이 있으면 판례에 따름)

① 개업공인중개사의 행위가 손해배상책임을 발생시킬 수 있는 "중개행위"에 해당하는지는 객관적으로 보아 사회통념상 거래의 알선·중개를 위한 행위라고 인정되는지에 따라 판단해야 한다.
② 중개사무소 개설등록을 하지 않은 자가, 다른 사람의 의뢰에 의하여 일정한 보수를 받고 중개를 업으로 한 것은 중개업으로 볼 수 없다.
③ 금전소비대차의 알선에 부수하여 이루어진 저당권설정계약이라도 중개대상에 해당된다.
④ 무등록인 자가 단지 중개보수를 받을 것을 약속하거나 거래당사자들에게 중개보수를 요구하는 데 그친 경우에는 "중개업"에 해당하지 않는다.
⑤ 무등록인 자가 우연히 1회 중개를 한 경우에는 처벌의 대상이 아니다.

정답 1. ① 2. ① 3. ② 4. ②

[테마 2] 중개대상물

■ **중개대상물**(오로지 개업공인중개사만이 직업적으로 중개업을 할 수 있는 물건)

[판례] 사적(私的) 소유의 대상으로서, 거래가 가능하고, 중개가 가능한 물건이어야 한다.

법 제3조	① 토지: * 1필지 토지 ○ * 미등기 토지 ○ 　❶ 1필지 토지의 "일부"에 대한 저당권의 설정 (　) 　❶ 이주택지를 공급받을 수 있는 지위에 불과한 "대토권" (　) ② 건축물[「민법」상의 개념이다(판례): 기둥 + 지붕 + 주벽이 있어야 한다] 　❶ 주벽이 없는 "세차장구조물" (　) 　❶ 미등기 건물(신축건물로서 소유권보존등기가 되어 있지 아니한 건물) (○) 　❶ 동·호수를 "특정"하여 입주자로 "선정"된 지위 (○) 　❶ 분양예정자로 선정"될 수" 있는 지위를 가리키는 아파트입주권 (　) 　❶ (「도시정비법」상) 재건축 재개발 입주자로 "선정"된 지위 (○) ③ 기타 토지의 정착물 　❶ 명인방법을 갖춘 수목 (　) 　❶ 명인방법을 갖춘 수목의 집단 (○)
영 제2조	④ 입목 ○(수목의 집단이 「입목법」에 따라 등기된 것) ⑤ 광업재단 ○(광업기업의 재산의 단체를 재단목록을 작성하여 재단등기를 한 것) ⑥ 공장재단 ○(공장기업의 재산의 단체를 재단목록을 작성하여 재단등기를 한 것)

■ **입목**(수목의 집단이 「입목법」에 따라 입목등기된 것)

① 입목등록원부에 등록된 것에 한하여 입목등기가 가능하다(선등록 후등기).
② 입목저당의 효력은 "토지"에 (미치지 않는다). 토지와 입목은 서로 별개의 부동산이다.
③ 동일인 소유의 토지와 입목이 동일인 소유이었다가, 입목저당권 실행 등으로 토지와 입목의 소유자가 달라진 경우에는 입목에 대하여 법정지상권이 인정된다(입목법 제6조).
④ 등기시, 수종이나 수량의 제한은 없다.
⑤ 입목저당의 효력은 입목이 벌채·벌목된 경우에도 (　　　　).

■ **중개대상권리 또는 중개대상물에 해당되는가?**

1. 어업재단 (　), 항만운송사업재단 (×) 20톤 이상의 선박 (　), 항공기 (×)
2. 공유수면(바다, 하천) (×), (매립 허가받고 준공 받은) 공유수면매립지 (　)
3. (사권이 영구 소멸된) 포락지 (×), 무주의 부동산 (×), 미채굴 광물 (×)
4. 권리금 (　): 상가건물에 시설한 시설물 등 유형적 가치 (×), 영업상의 노하우 (×), 영업상의 이익 (×),
5. 공용폐지되지 아니한 국·공유재산으로서의 행정재산 (　), 공용폐지된 일반재산 (○)
6. 사유(私有)하천 (○)
7. 사도(私道) (○)
8. 개발제한구역 내의 토지 (　)
9. 상속 (×), 상속받은 토지나 건물 (○)
10. 법정지상권의 성립 (×), 법정지상권이 성립된 토지 (○)
11. 유치권의 성립 (×), 유치권의 이전 (○), 유치권 행사 중인 건물 (　)
12. 가압류된 부동산 (○), 동산질권 (×)
13. 환매권의 행사 (×), 환매권의 이전 (　)

정답 (×) / (×) / (×) / (×) / (○) / (미친다) / 1. (×) / (×) / 2. (○) / 4. (×) / 5. (×) / 8. (○) / 11. (○) / 13. (○)

05 공인중개사법령상 중개대상물 등에 대한 설명이다. "틀린" 것은? (다툼이 있으면 판례에 따름)

① 주택이 철거될 경우 일정한 요건하에서 택지개발지구 내 이주자택지를 공급받을 수 있는 지위인 대토권은 중개대상물에 해당되지 않는다.

② 중개대상물로서의 건물은 「민법」 제99조상의 부동산으로서의 건물에 한정된다.

③ 콘크리트 지반 위에 볼트조립방식으로 철골기둥과 지붕을 설치하고, 삼면에 천막을 설치한 세차장구조물은 건축물로서 중개대상물에 해당한다.

④ 특정 동·호수에 대하여 수분양자가 선정된 장차 건축될 아파트는 중개대상물에 해당한다.

⑤ 아파트 분양예정자로 선정될 수 있는 지위를 가리키는 아파트 입주권은 중개대상물에 해당하지 않는다.

06 다음 중 개업공인중개사가 「공인중개사법」상의 중개대상에 "해당"하는 것은 모두 몇 개인가?

> ㉠ 미채굴의 광물
> ㉡ 1필지 토지 일부에 대한 저당권의 설정
> ㉢ 명인방법을 갖춘 수목의 집단
> ㉣ 소유권보존등기를 한 수목의 집단
> ㉤ 사유(私有)하천
> ㉥ 가압류된 토지
> ㉦ 공유수면매립지(허가와 준공을 마침)
> ㉧ 법원경매로 낙찰받아 소유권을 취득한 토지
> ㉨ 동산질권
> ㉩ 공용폐지가 되지 아니한 행정재산인 건물
> ㉪ 소유권보존등기가 되어 있지 아니한 건물

① 5개   ② 6개   ③ 7개
④ 8개   ⑤ 9개

07 다음 중 「공인중개사법」상의 중개대상에 "해당"하는 것은 모두 몇 개인가? (다툼이 있으면 판례에 따름)

> ㉠ 무주(無主)의 부동산
> ㉡ 거래처, 신용, 영업상의 노하우 등 무형의 재산적 가치
> ㉢ 명인방법을 갖춘 수목의 집단
> ㉣ 콘크리트 지반 위에 볼트조립방식으로 철제파이프 또는 철골기둥을 세우고 지붕을 덮은 "세차장 구조물"
> ㉤ 선박등기가 된 20톤 이상의 선박
> ㉥ 동·호수가 특정되어 분양계약이 체결된 아파트 분양권

① 1개   ② 2개   ③ 3개
④ 4개   ⑤ 5개

08 중개대상물에 관한 설명으로 "틀린" 것은?

① 「공장 및 광업재단 저당법」에 따른 광업재단은 중개대상물에 해당한다.

② 소유권보존의 등기를 받을 수 있는 수목의 집단은 입목등록원부에 등록된 것으로 한정한다.

③ 입목의 소유자는 토지와 분리하여 입목을 양도할 수 있다.

④ 입목의 경매나 그 밖의 사유로 토지와 그 입목이 각각 다른 소유자에게 속하게 된 경우에는 토지소유자는 입목소유자에 대하여 지상권을 설정한 것으로 본다.

⑤ 입목을 목적으로 하는 저당권의 효력은 입목의 종물 및 토지에도 미친다.

정답 5. ③   6. ③ (㉢, ㉣, ㉤, ㉥, ㉦, ㉧, ㉪)   7. ② (㉢, ㉥)
8. ⑤

[테마 3] 시험제도

구분	내용
시험 시행기관	① 원칙 : (　　　　　　)가 시행한다. ② 예외 : (국토교통부장관) 　❶ 국토교통부장관이 직접 시험문제를 출제하려는 경우에는 공인중개사 정책심의위원회의 (사전의결)을 거쳐야 한다. ③ 위탁 : 협회나 대통령령이 정하는 기관에 위탁해서 시행 가능하다.
응시 자격의 제한	① 자격취소처분 + (　)년 경과되지 아니한 자(❶ 시험응시 ×, 중개업 종사 ×) ② 부정행위자 + 당해 시험은 무효처분 + 처분일로부터 (　)년 경과되지 아니한 자 　❶ 시험응시 ×, 중개보조원으로 중개업 종사는 가능 　❶ 위의 두 명만 제외하면, 모두 공인중개사가 될 수 있다. 즉, 미성년자나 외국인이나, 피한정후견인, 피특정후견인, 피성년후견인 등 모두 다 「공인중개사법」에 의하여 공인중개사 자격을 취득할 수 (있다).
응시 수수료 반환	* 다음의 경우에는 응시수수료를 반환하여야 한다. ① 응시원서 접수기간 내 취소한 경우 : 100% 반환 ② 접수 기간 끝난 후 그 다음 날부터 7일 이내에 취소한 경우 : 60% 반환 ③ 시험시행일 (　　)일 전까지 취소한 경우 : 50%를 반환 ④ 시험시행기관의 귀책사유로 응시를 못한 경우 : 100% 반환

구분	내용
자격증의 관리	① 자격증은 오로지 "(시·도지사)"가 교부한다(특별시장, 광역시장, 도지사). 　㉠ 합격자 결정·공고일로부터 (　)개월 이내에 교부하여야 한다. 　㉡ 시·도지사는 자격증 관리대장(전자대장)에 기재하고 관리한다. ② 오로지 자격증을 "교부한" 시·도지사가 자격취소"처분"을 하며, 자격정지"처분"을 할 수 있다. 자격증 "재교부"도 자격증을 "교부한" 시·도지사에게 신청하여야 한다. ③ 자격이 취소되면 자격증을 교부한 시·도지사에게 (　)일 이내에 자격증을 반납하여야 한다(위반시 100만원 이하의 과태료). ④ 공인중개사 "아닌 자"는 공인중개사 또는 유사명칭을 사용할 수 없다. 위반시 (1년 − 1천 이하) 　판례 "대표"라는 명칭은 유사한 명칭에 (해당한다). ⑤ 자격증 양도·대여·알선 : 자격취소 + (1년 − 1천 이하), / 양수·대여 받은 자는 1년 − 1천 이하 / 단순히 "알선"한 자도 1년 − 1천 이하로 처벌(　　). 　판례 자격증 양도·대여로 처벌이 되려면, 양도자는 양수자가 공인중개사로 행세를 하면서 중개업무 수행을 하는 것을 "알면서" 빌려주어야 하고, 양수자는 "실질적"으로 "중개업무를 수행"하여야 한다.

정답 특별시장, 광역시장, 도지사 / (3)년 / (5)년 / (10)일 / (1)개월 / (7)일 / (된다)

09 공인중개사 시험제도와 관련된 내용이다. "옳은" 것은?

① 시험시행기관은 원칙적으로 국토교통부장관이며, 예외적으로 시·도지사이다.

② 공인중개사 자격이 취소된 후 5년이 경과되지 아니한 자는 공인중개사가 될 수 없다.

③ 공인중개사 시험에서 부정행위로 적발이 되어, 무효처분이 되고, 무효처분일로부터 5년이 경과되지 아니한 자는 공인중개사가 될 수 없으며, 중개보조원이 될 수도 없다.

④ 시험시행기관의 장은 시험시행에 관한 개략적인 사항을 매년 2월 말일까지 공고하고, 구체적인 사항을 시험시행일 전 90일 전까지 관보, 일간신문, 방송 중 하나 이상에 공고하고, 인터넷홈페이지 등에도 이를 공고하여야 한다.

⑤ 시험시행기관의 장은 응시원서의 접수마감일 다음 날부터 7일이 경과한 후부터 시험시행일 7일 전까지 시험접수를 취소한 경우, 납입한 응시수수료의 100분의 60을 반환하여야 한다.

10 다음은 공인중개사 시험과 관련된 내용이다. "틀린" 것은?

① 시·도지사는 합격자 결정·공고일로부터 1개월 이내에 공인중개사자격증 교부대장에 기재한 후 당해 시험합격자에게 그 합격증을 교부하여야 한다.

② 서울특별시장으로부터 자격증을 교부받은 자는 경기도 화성시에 중개사무소가 소재하고 있다 하더라도, 자격취소나 자격정지처분은 서울특별시장에게 그 권한이 있다.

③ 서울특별시장으로부터 자격증을 교부받은 자는 강원도 원주시에 중개사무소가 소재하고 있다 하더라도, 서울특별시장에게 자격증 재교부 신청을 하여야 한다.

④ 자격증 양도·대여행위는 유·무상을 불문하고 절대로 허용되지 않는다.

⑤ 공인중개사가 아닌 자라도 공인중개사사무소 "대표"라는 명칭은 사용할 수 있다.

11 다음은 공인중개사 자격시험제도에 관한 설명이다. "옳은" 것은? (다툼이 있으면 판례에 따름)

① 시험시행기관장은 시험에서 부정한 행위를 한 응시자에 대하여는 그 시험을 무효로 하고, 그 부정행위를 한 날부터 5년간 시험응시자격을 정지한다.

② 공인중개사가 실질적으로 무자격자로 하여금 자기 명의로 공인중개사 업무를 수행하도록 하였더라도 스스로 몇 건의 중개업무를 직접 수행한 경우는 전혀 자격증 대여행위에 해당되지 않는다.

③ 공인중개사가 자격증을 양도·대여한 경우에는 3년 이하의 징역 또는 3천만원 이하의 벌금의 대상이 된다.

④ 자격증을 교부한 시·도지사와 중개사무소 관할 시·도지사가 서로 다른 경우에는 자격취소처분은 자격증을 교부한 시·도지사가 이를 행한다.

⑤ (특·광) 시·도지사는 시험합격자의 결정·공고일부터 2개월 이내에 공인중개사 자격증을 교부해야 한다.

12 공인중개사법령상 자격증과 관련된 내용으로 "옳은" 것을 모두 고르면?

서울특별시장으로 자격증을 교부받은 甲은 강원도 태백시에 중개사무소 개설등록을 하였다. 중개업무와 관련하여, 甲이 乙에게 자격증 양도·대여를 한 것이 적발이 되어 관할 수사기관에 신고가 되었다.

㉠ 甲은 乙이 공인중개사를 행세하고 중개업무를 수행하는 것을 몰랐던 경우에는 자격증 양도·대여에 해당하지 아니한다.

㉡ 乙이 실질적으로 중개업무를 수행하여 작성한 거래계약서에 甲이 등록된 인장으로 서명 및 날인을 한 경우에는 자격증 양도·대여에 해당하지 아니한다.

㉢ 자격취소처분에 필요한 절차로서의 청문은 자격증을 교부한 서울특별시장이 하여야 한다.

㉣ 자격취소처분은 중개사무소 관할 시·도지사인 강원도지사가 하여야 한다.

㉤ 자격증 양도·대여를 신고·고발한 자에게는 포상금이 지급될 수 있다.

① 1개   ② 2개   ③ 3개

④ 4개   ⑤ 5개

정답 9. ④   10. ⑤   11. ④   12. ② (㉠, ㉤)

[테마 4] 공인중개사 정책심의위원회

■ 공인중개사 정책심의위원회

1. 공인중개사와 관련된 기본 정책을 심의하고 의결하기 위하여 국토교통부에 공인중개사 정책심의위원회를 둘 수 있다(법 제2조의2). 위원장은 국토교통부 제1차관이며, 7명 이상 11명 이내로 구성된다.
2. 심의 · 의결을 하는 심의위원과 안건의 당사자가 서로 이해관계에 있게 되면 공정한 의결을 할 수 없으므로, 해당 심의위원은 의결에서 제척된다.

1. "국토교통부"에 공인중개사 정책심의위원회를 "둘 수" 있다(임의기관).

2. **정책심의사항** : 다음의 사항을 심의한다.

손해배상책임의 보장 등에 관한 사항	손
공인중개사의 "자격취득(시험시행)"에 관한 사항	자
중개 "보수 변경"에 관한 사항	보
부동산 중개업의 "육성"에 관한 사항	육

3. "자격취득(시험시행)"에 관한 사항에 대하여 "시 · 도지사"는 정책심의위원회의 의결에 따라야 한다.

4. **위원회 구성** : 위원장 1명을 (   )한, (   )명 이상 (   )명 이내 위원으로 구성된다.

5. **위원장** : (   )이 된다.

6. **위원** : "국토교통부장관"이 임명 · 위촉한다.
   ① 자격 : 국토교통부 (   )급 이상 공무원, 고위공무원단 중 일반직공무원, 학식 경험 풍부한 자, 변호사, 회계사, 부교수급 이상, 소비자보호원 임직원, 협회 추천자, 시험수탁자 추천자, 시민단체 추천자 중에서 (   )이 임명 · 위촉한다.
   ② 임기 : 공무원은 재직기간, 공무원 이외의 자의 임기는 (   )년. 보궐은 전임자의 남은 기간, (연임의 제한이 "없다". 계속 연임이 가능하다)

7. **제척사유** : 〈당.친.연.대〉 위원이 해당 안건의 "당사자"(공동권리 · 의무자 포함)이거나, "친족"이거나(이었던 자 포함), 당해 안건에 대한 "연구" · 용역 · 감정 · 증언 · 진술 · 자문 등을 한 자이거나, "대리인"(이었던 자 포함)인 경우에는 당해 안건에 대한 의결에서 제척된다.

8. 제척사유가 있으면, 위원 스스로는 (회피)하여야 하며, 국토부장관은 (해촉)할 수 있으며, 안건당사자는 (기피신청)을 할 수 있다(위원회 의결로서 기피 여부를 결정한다).

9. **의결정족수** : 재적위원의 (   ) 출석으로 개의하고, (   )의 과반수 찬성으로 의결한다.

■ 위원장

1. 위원장은 회의를 소집하고, 그 의장이 된다.
2. 위원장이 회의를 소집하려면, 회의 개최 (   )일 전까지 회의의 일시, 장소 및 안건을 각 위원에게 통보하여야 한다(다만, 긴급 사안은 회의개최 전날까지 통보할 수 있다)
3. 위원장이 부득이한 사유로 직무를 수행할 수 없을 때에는 위원장이 "미리" "지명"한 위원이 직무를 대행한다.

정답 (포함) / (7)명 / (11)명 / (국토교통부 제1차관) / (4)급 / (국토교통부장관) / (2)년 / (과반수) / (출석위원) / (7)일

13 다음은 공인중개사 정책심의위원회에 대한 내용이다. "옳은" 것은?

① 정책심의위원회의 위원장은 국토교통부장관이다.
② 정책심의위원회는 손해배상책임에 관한 사항과 자격취득에 관한 사항은 심의할 수 있으나, 보수 변경에 관한 사항은 심의할 사항에 해당하지 아니한다.
③ 정책심의위원회는 위원장 1명을 포함하여, 7명 이상 11명 이하의 위원으로 구성한다.
④ 정책심의위원회의 회의는 재적위원 과반수 출석으로 개의하고, 재적위원 과반수 찬성으로 의결한다.
⑤ 정책심의위원회에서 공인중개사자격시험에 관한 사항을 결정하는 경우, 시·도지사가 이에 따라야 할 의무는 없다.

14 다음은 공인중개사 정책심의위원회에 대한 내용이다. "옳은" 것은?

① 위원이 해당 안건의 당사자와 친족관계인 자는 제척이 되나, 친족이었던 경우에는 그러하지 아니하다.
② 위원이 해당 안건의 당사자와 대리인관계인 자는 의결에서 제척이 되나, 대리인이었던 경우에는 그러하지 아니하다.
③ 위원은 국토교통부장관이 임명 또는 위촉하는데, 국토교통부의 5급 이상 또는 고위공무원단에 속하는 일반직공무원도 당연히 될 수 있다.
④ 공무원 이외의 일반 위원의 임기는 2년으로 하며(위원의 사임으로 새로 위촉된 위원의 임기는 전임 위원 임기의 남은 기간), 연임에 대한 제한규정이 없다.
⑤ 정책심의위원회에 사무를 처리할 간사 1명을 두며, 간사는 국토교통부장관이 국토교통부 소속 공무원 중에서 지명한다.

15 "공인중개사 정책심의위원회"(이하 "위원회"라 한다)에 대한 내용이다. "옳은" 것은?

① 대학교의 부교수 이상의 직에 재직하고 있는 사람은 정책심의위원회 위원이 될 수 없다.
② 위원장이 부득이한 사유로 직무를 수행할 수 없을 때에는 부위원장이 그 직무를 대행한다.
③ 위원장은 국토교통부 제2차관이 된다.
④ 위원회 위원은 위원장이 임명하거나 위촉한다.
⑤ 위원장은 정책심의위원회의 회의를 소집하려면 회의 개최 7일 전까지 회의의 일시, 장소 및 안건을 각 위원에게 통보하여야 한다(다만, 긴급사안이나 부득이한 사유가 있는 경우에는 개최 전날까지 통보 가능).

16 다음 중 공인중개사 정책심의위원회 위원의 제척 사유에 해당하지 "않는" 것은?

① 위원이 안건의 당사자인 경우
② 위원이 안건의 당사자와 공동권리·의무관계에 있는 경우
③ 위원이 안건의 당사자와 친구인 경우
④ 위원이 안건의 당사자와 친족이었던 경우
⑤ 위원이 안건의 당사자의 대리인이었던 경우

정답 13. ③   14. ④   15. ⑤   16. ③

[테마 5] 교육제도

1. 필수적 교육(실무교육 · 연수교육 · 직무교육)

종류	실무교육	연수교육
내용	〈법부직〉 법률지식, 부동산 중개·경영실무, 직업윤리 등	〈변부직〉 (법·제도) 변경사항, 부동산 중개·경영실무, 직업윤리 등
대상자	① 새로이 등록을 하고자 하는 자, 새로이 중개법인의 임원(사원)이 되고자 하는 자, 새로이 분사무소 책임자가 되고자 하는 자, 새로이 소속공인중개사가 되고자 하는 자 ② 즉, 중개보조원이 "이외의 자"가 되려는 자를 대상	실무교육을 받은 자는 실무교육을 받은 후 (2)년마다 연수교육을 받아야 한다. 위반 시 ( )만원 이하의 과태료(시·도지사가 부여).
실시	( )	(시·도지사)
시간	( )시간 이상 ( )시간 이하	(12)시간 이상 (16)시간 이하
비고	① 폐업신고 후 (1)년 이내에 재등록 시에는 실무교육이 면제된다. ② 고용관계 종료 후 (1)년 이내에 다시 재고용되거나, 중개사무소 개설등록을 신청하는 경우에도 실무교육이 면제된다.	시·도지사는 실무교육 또는 연수교육을 받은 후 2년 되기 ( )개월 전까지 교육의 내용·일시·장소 등을 대상자에게 통지하여야 한다.

구분	직무교육
대상	새로이 "중개보조원"이 되고자 하는 자는 고용신고일 전 (1)년 이내에 시·도지사 또는 ( )이 시행하는 "직무교육"을 받아야 한다.
면제	고용관계 종료 후, (1)년 이내에 다시 중개보조원으로 재고용될 때에는 직무교육이 면제된다.
시간	( )시간 이상 ( )시간 이하
내용	직무수행에 필요한 (직업윤리) 등을 직무교육의 내용으로 한다.

▌교육의 지침

- (국토교통부장관)은 시·도지사가 실시하는 실무교육, 직무교육 및 연수교육의 전국적인 균형유지를 위하여 해당 교육의 지침을 마련하여 시행할 수 있다.
- 교육지침 : 교육의 목적, 대상, 과목, 시간, 강사 자격, 수강료, 수강신청, 출결확인 등 학사운영 및 관리, 기타 교육에 필요한 기준과 절차

2. 임의적 교육

구분	부동산거래사고 예방교육
임의적 교육	① 국토교통부장관, 시·도지사 및 등록관청은 필요하다고 인정하면 대통령령이 정하는 바에 따라, 부동산거래사고 예방을 위한 교육을 실시"할 수" 있다. ② 개업공인중개사 등(소속공인중개사, 중개보조원 모두를 포함)을 대상으로 한다.
통지	국토교통부장관, 시·도지사, 등록관청은 교육일 (10)일 전까지 교육의 일시·장소·내용을 공고하거나 통지하여야 한다.
교육비 지원	국토교통부장관, 시·도지사, 등록관청은 대통령령으로 정하는 바에 따라 필요한 "비용을 지원"할 수 있다(교육 관련 조사·연구비용, 교육 자료 개발 보급비용, 교육시설·장비 설치비용, 강사비).

정답 (시·도지사) / (28)시간 (32)시간 / (500)만원 / (2)개월 / (등록관청) / (3)시간 (4)시간

17 공인중개사법령상 개업공인중개사 등의 "교육"에 관한 설명으로 "옳은" 것은?

① 중개보조원이 되려는 자는 고용신고일 전 1년 이내에 실무교육을 받아야 한다.

② 개업공인중개사가 폐업신고 후 1년 이내에 소속 공인중개사가 되려는 경우에는 실무교육을 받아야 한다.

③ 중개보조원이 고용관계 종료신고가 된 후에 1년 이내에 소속공인중개사로 고용신고가 되려는 경우에는 실무교육을 받아야 한다.

④ 시·도지사는 연수교육을 실시하려는 경우 실무교육 또는 연수교육을 받은 후 2년이 되기 1개월 전까지 연수교육의 일시·장소·내용 등을 대상자에게 통지하여야 한다.

⑤ 연수교육을 정당한 사유 없이 받지 아니한 자에 대해서는 100만원 이하의 과태료를 시·도지사가 부과한다.

18 다음은 교육제도에 관한 내용이다. "옳은" 것은?

① 실무교육시간은 12시간 이상 16시간 이하로 한다.

② 실무교육은 직무수행에 필요한 법률지식, 부동산중개 및 경영실무, 직업윤리 등을 그 내용으로 한다.

③ 실무교육과 연수교육은 직업윤리가 교육내용에 포함되나, 직무교육은 그러하지 아니하다.

④ 직무교육은 국토교통부장관과 시·도지사만이 할 수 있다.

⑤ 부동산거래사고 예방을 위한 교육을 실시하려는 경우에는 교육일 7일 전까지 교육일시·장소·내용 등을 공고하거나 통지하여야 한다.

19 다음은 「공인중개사법」상의 교육제도와 관련된 내용이다. "틀린" 것은?

① 중개사무소 개설등록을 하려는 자는 등록을 신청하기 전 1년 이내에 실무교육을 수료하여야 한다.

② 새로이 중개보조원이 되고자 하는 자는 시·도지사 또는 등록관청이 시행하는 직무교육을 받아야 한다.

③ 실무교육의 시간은 28시간 이상 32시간 이하로 하며, 연수교육의 시간은 12시간 이상 16시간 이하로 한다.

④ 폐업신고를 한 후 1년 이내에 중개사무소의 개설등록을 다시 신청하고자 하는 자는 실무교육이 면제된다.

⑤ 등록관청은 중개보조원이 되려는 자가 직무교육을 받으려는 경우에는 대통령령이 정하는 바에 따라 필요한 비용을 지원하여야 한다.

20 「공인중개사법」상 "교육"에 관한 설명으로 "틀린" 것은?

① 부동산거래사고 예방교육의 교육비 지원에는 강사비는 포함되지 아니한다.

② 직업윤리는 실무교육, 연수교육, 직무교육의 공통되는 교육내용이다.

③ 시·도지사는 실무교육과 연수교육, 직무교육, 부동산거래사고 예방교육을 모두 실시할 수 있다.

④ 등록관청은 직무교육과 부동산거래사고 예방교육을 실시할 수 있다.

⑤ 국토교통부장관이 교육지침에는 강사 자격과 수강료도 포함되어 있다.

1. 등록의 의의와 절차

구분	등록의 의의
중개 사무소 개설등록	① 의의: 등록관청이 등록대장(전자대장)에 개업공인중개사로 기재하여 증명하는 것 ② 성격: 일신(一身)전속권, 대인적(對人的) 성격("1인 1등록주의"), 영속성, 기속행위, "적법요건" ③ 적법요건: 중개업 등록은 중개업의 효력발생요건은 아니다. 무등록 중개행위로 인한 부동산 매매계약은 (유효)하다.
등록 관청과 등록 신청권자	① 등록관청: 중개사무소(법인은 주된 사무소)를 두고자 하는 지역의 (시·군·구청장)이 등록관청이다. "구"가 있는 시의 시장은 등록관청이 아니다. "구"는 자치구나 비자치구를 불문하고 무조건 구청장이 등록관청이 된다. ② 등록신청권자: 공인중개사[소속공인중개사는 (제외)] 또는 법인이 아닌 자는 등록을 신청할 수 없다(법 제9조 제2항). ③ 제한: 소속공인중개사 상태에서는 등록을 신청할 수 없다. 또한 업무정지처분을 받은 개업공인중개사는 그 기간 중에 당해 중개업을 폐업하고 다시 중개사무소의 개설등록을 신청할 수 (없다).

구분	등록의 절차
신청 및 등록	① 등록절차: 〈신청 ⇨ 등록 ⇨ 보증 ⇨ 증〉 ㉠ 등록의 "신청" ⇨ ㉡ "등록"(등록대장에 기재하여 등록 및 등록의 통지)등록신청일로부터, (7일 이내) ⇨ "업무개시 전"까지(업무보증의 설정) ⇨ 업무보증이 확인되면, (지체 없이) 등록"증" 교부 ⇨ 등록증을 중개사무소에 게시한 후, 업무를 개시하여야 한다. ② 등록의 처분: 등록신청을 받은 등록관청은 ( )일 이내에 개업공인중개사의 종별 (법인, 개인)에 따라 구분하여 등록(등록대장에 기재)을 하고, 등록신청인에게 서면으로 통지하여야 한다(이후부터의 업무는 무등록이 아니다).

구분	
보증	① 등록의 통지를 받으면, ( )까지 업무보증을 설정하여야 한다. ② 개인인 개업공인중개사는 ( )억원 이상, 법인인 개업공인중개사는 ( )억원 이상의 업무보증을 설정(보증보험, 공제, 공탁)하여 신고하여야 한다(다만, 보증기관에서 직접 통보한 경우에는 신고는 생략할 수 있다).
증	① 등록관청은 업무보증설정이 확인되면, 등록증을 (지체 없이) 교부하여야 한다. ② 등록관청은 이를 [다음달 ( )일까지] 공인중개사협회에 통보하여야 한다. ❶ 협회통보사항: 등록증 교부한 때, 분사무소 설치신고 받은 때, (행정처분) 등록취소 또는 업무정지처분을 한 때, 휴업·폐업·재개·휴업기간 변경신고를 받은 때, 중개사무소 이전신고를 받은 때, 고용신고 및 고용종료신고를 받은 때

2. 등록의 효력 소멸사유

〈취.사.해.폐〉 등록의 "취소"처분, "사망, 해산", "폐업" 신고의 수리로 등록은 실효(失效)된다. 등록소멸 후의 중개업은 무등록 중개업으로 처벌된다.

3. 등록 및 소속에 대한 제재

(1) **이중등록의 금지**(1인 1등록주의)

(절대적) 등록취소 + (1년 − 1천 이하)

(2) **이중소속의 금지**(1인 1소속주의)

구분	행정처분	행정형벌
개업 공인중개사	(절대적 등록취소)	1년 − 1천 이하
소속 공인중개사	(자격정지)	1년 − 1천 이하
중개보조원	×	1년 − 1천 이하

(3) **등록증 양도·대여·알선**

(절대적) 등록취소 + (1년 − 1천 이하)

* 양수·대여 받은 자, 양도·대여를 "알선"한 자: (1년 − 1천 이하)

(4) 허위(거짓)·부정등록

　(절대적) 등록취소 + (3)년 - (3)천만원 이하

(5) 무등록 중개업 - (3)년 - (3)천만원 이하

　ⓘ 주의

　　① 무등록중개업자와 중개의뢰인과의 보수지급 약정은 (무효)이다.

　　② 중개의뢰인을 공동정범으로 처벌하지는 아니한다(판례).

　　③ 무등록중개를 통한 거래계약은 유효하다.

합격문제

21 다음은 중개사무소 개설등록에 관한 기술이다. "옳은" 것은?

① 중개사무소 개설등록을 하고자 하는 자는 중개사무소를 본인 명의의 소유권으로 확보하여야 한다.

② 중개사무소 개설등록을 신청하는 자는 특별시·광역시·도 조례에서 정하는 바에 따라 수수료를 납부하여야 한다.

③ 공인중개사(소속공인중개사를 제외한다) 또는 법인이 아닌 자는 중개사무소개설등록을 신청할 수 없다.

④ 등록신청을 받은 등록관청은 손해배상책임을 보장하기 위한 업무보증설정 사실을 확인한 후 등록신청일부터 7일 이내에 등록사실을 신청인에게 서면으로 통지하여야 한다.

⑤ 중개사무소 개설등록을 신청하려는 자는 공인중개사 자격증 사본과 실무교육수료증 사본을 제출하여야 한다.

22 다음은 중개업의 등록과 관련된 내용이다. "틀린" 것은? (다툼이 있으면 판례에 따름)

① 가설건축물대장에 기재된 건물에는 중개사무소를 개설 등록할 수 없다.

② 변호사나 부동산컨설팅업자도 부동산중개업을 하기 위해서는 「공인중개사법」에 규정된 중개사무소 개설등록의 요건을 갖추어야 한다.

③ 외국인은 공인중개사가 될 수 있고, 등록기준을 갖추어 중개사무소 개설등록도 할 수 있다.

④ 개업공인중개사가 업무정지 기간 중에 중개업무를 행한 경우에는 무등록 중개업에 해당된다.

⑤ 휴업기간 중에 있는 개업공인중개사는 그 중개업을 폐업하고 다시 등록신청을 할 수 있다.

정답 (7일) / (업무개시 전) / (2)억원 / (4)억원 / (10일)

23 다음은 중개업 등록에 관한 설명이다. "옳은" 것은?

① 경기도 화성시 동탄동 소재의 사무소를 확보하여 중개사무소 개설등록을 하려면 동탄동장에게 중개업 등록을 신청하여야 한다.

② 「민법」상의 권리능력 없는 사단도 일정한 요건을 갖춘 경우에는 중개사무소 개설등록을 신청할 수 있다.

③ 「민법」상의 조합도 일정한 요건을 갖춘 경우에는 중개사무소 개설등록을 신청할 수 있다.

④ 업무정지처분을 받은 개업공인중개사는 그 기간 중에 중개업을 폐업하고, 그 기간 중에 중개업 등록을 신청할 수 없다.

⑤ 소속공인중개사도 중개사무소 개설등록을 할 수 있다.

24 공인중개사법령상 등록관청이 다음 달 10일까지 공인중개사협회에 통보해야 할 사항에 해당하지 "않는" 것은?

① 중개사무소 등록증을 교부한 때
② 공인중개사 자격증을 교부한 때
③ 휴업신고를 받은 때
④ 소속공인중개사에 대한 고용신고를 받은 때
⑤ 등록취소처분을 한 때

[테마 7] 중개사무소 개설등록 2
(등록요건 및 구비서류)

■ 등록의 요건

ℹ️ 중개사무소 개설등록의 기준은 (대통령령)으로 정한다.

구분	등록의 요건
공인중개사인 개업공인중개사로 등록을 하려는 경우	〈자.결.사.실〉 ① 〈자〉 공인중개사 자격이 있어야 한다. ② 〈결〉 결격사유가 없어야 한다. ③ 〈사〉 중개사무소를 확보하여야 한다(건축물대장에 기재된 건물에 중개사무소를 확보). ㉠ 가설건축물대장은 (제외)된다. ㉡ 준공검사·사용승인 받은 건물은 건축물대장이 있는 것으로 본다. ㉢ 본인 소유의 건물일 필요는 없고, 소유권뿐만 아니라, 임차권이나 사용차권 등으로 확보하면 된다. ④ 〈실〉 등록 신청하기 ( )년 이내에 실무교육을 수료하여야 한다.
법인인 개업공인중개사로 등록을 하려는 경우	〈목.자.대.임.사〉 (지역농업협동조합 등의 다른 법률의 규정에 따라 중개업을 할 수 있는 특수법인에게는 적용되지 않는다) ① 〈목〉 목적 – "법 제14조"에 규정된 업무만을 영위할 목적으로 설립되어야 한다(법 제14조: 중.관.상.기.분.경.경). ② 〈자〉 "「상법」"상의 "회사"이거나 "「협동조합 기본법」"상의 "협동조합"으로서 자본금은 (5천)만원 이상이어야 한다. ㉠ 「상법」상 회사의 종류는 불문한다(주식회사, 유한, 유한책임, 합자, 합명회사 불문). ㉡ 사회적 협동조합은 등록을 할 수 ( ). ㉢ 「민법」상의 조합은 등록을 할 수 ( ). ③ 〈대〉 대표자는 반드시 ( )이어야 한다. ④ 〈임〉 대표자 자격증을 제외하고도, 임원(또는 무한책임사원)의 ( ) 이상이 공인중개사이어야 한다. ⑤ 〈임〉 임원("무한책임"사원) 전원이 실무교육을 받아야 한다. 또한 당연히 등록의 결격사유에 해당하지 않아야 한다(합자회사의 유한책임사원은 실무교육을 받을 필요가 없다). ⑥ 〈사〉 중개사무소를 확보하여야 한다. 개인사무소와 요건규정은 동일하다.

🔖 등록신청시 구비서류

등록을 신청할 때에는 다음의 서류를 제출하여야 한다.

(1) 공통서류 〈등.신 − 사.실.사〉

① 등록신청서

② 사무소확보 증명서류(대장 지연시 − 지연사유서 첨부)

③ 실무교육수료증 사본(전자조치로 확인되면 제출하지 ×)

④ (여권용) 사진

❶ 업무보증설정증명서류는 등록신청시 제출서류가 아니다.

(2) 외국인의 추가서류

외국인은 위의 ① ~ ④ 서류 + 스스로 결격사유 없음을 증명하는 서류를 첨부하여야 한다.

(3) 외국법인의 추가서류

외국법인은 위의 ① ~ ④ + 외국인 스스로 결격사유 없음 증명하는 서류(임원, 무한책임사원) + "영업소 등기를 했음을 증명할 수 있는 서류"를 첨부하여야 한다.

합격문제

25 법인인 개업공인중개사로 등록을 하기 위한 등록기준(등록요건)에 관한 설명 중 "틀린" 것은?

① 법인은 4억원 이상의 업무보증을 설정하여, 등록을 신청하여야 한다.

②「상법」상의 회사이거나,「협동조합 기본법」상의 협동조합(사회적 협동조합은 제외)으로서, 자본금은 5천만원 이상이어야 한다.

③ 대표자를 제외한 임원(또는 무한책임사원)의 1/3 이상이 공인중개사이어야 한다.

④ 대표자를 포함한 임원(또는 무한책임사원) 전원이 실무교육을 받아야 하며 결격사유가 없어야 한다.

⑤ 건축물대장(가설건축물대장 제외)에 기재된 사무소(준공검사 사용승인 등을 포함)를 확보하여야 한다.

26 다음 중 법인인 개업공인중개사로 등록할 수 있는 경우는? (다른 요건은 모두 갖춘 것을 전제로 함)

① A 법인은 대표자가 부칙상의 개업공인중개사로서 실무교육을 받은 자이다.

② B 법인은 자본금 5억원의 유한회사로서 임원 중 1/3 이상이 실무교육을 수료하였다.

③ C 법인은 합자회사(合資會社)로서 무한(無限)책임사원 전원이 실무교육을 수료하였으나, 유한(有限)책임사원은 실무교육을 수료하지 아니하였다.

④ D는「민법」상의 조합으로서, 조합원 전원이 실무교육을 수료하였다.

⑤ E 법인은 자본금 1억원의 주식회사로서 중개업과 부동산 개발업을 목적으로 설립되었다.

27 공인중개사법령상 법인이 중개사무소 개설 등록하려는 경우, 등록의 요건으로 "옳은" 것을 모두 고른 것은? (다른 법률에 의해 중개업을 할 수 있는 법인은 제외함)

> ㉠ 중개업 및 중개업에 부수되는 각종 용역업의 알선을 영위할 목적으로 설립된 법인은 중개사무소 개설등록을 신청할 수 있다.
> ㉡ 자본금은 4억원 이상이어야 한다.
> ㉢ 법인의 대표자는 반드시 공인중개사인 개업공인중개사이어야 한다.
> ㉣ 대표자를 포함한 임원 또는 사원(합명회사 또는 합자회사의 무한책임사원을 말함)이 9명이라면 그중 3명 이상이 공인중개사이어야 한다.

① ㉠
② ㉠, ㉡
③ ㉡, ㉢
④ ㉠, ㉡, ㉢
⑤ ㉠, ㉡, ㉢, ㉣

28 공인중개사법령상 중개사무소의 개설등록에 관한 설명으로 "옳은" 것은?

① 공인중개사는 부칙상의 개업공인중개사로 신규등록을 할 수는 없다.
② 개업공인중개사가 되려는 자는 중개사무소를 두고자 하는 지역을 관할하는 시·도지사에게 중개사무소의 개설등록을 하여야 한다.
③ 등록을 신청할 때에는 국적을 불문하고 스스로 결격사유 없음을 증명하는 서류를 제출하여야 한다.
④ 중개사무소 개설등록의 신청을 받은 등록관청은 개설등록 신청을 받은 날부터 10일 이내에 등록신청인에게 등록 여부를 서면으로 통지하여야 한다.
⑤ 등록의 통지를 받은 개업공인중개사는 10일 이내에 업무보증을 설정하여 신고하여 등록증을 받아야 한다.

[테마 8] (종사 및 등록) 결격사유

* 결격사유의 효과 - 중개업 종사 불가, 등록 불가, 차후 발생은 개업공인중개사의 절대적 등록취소사유

사유		내용
제한 능력자		1. 미성년자(만 19세 미만인 자) 2. 피한정후견인(개시심판 받고 종료심판을 받지 아니한 자) 3. 피성년후견인(개시심판 받고 종료심판을 받지 아니한 자) ❶ 피특정후견인은 결격사유자가 아니다. 그러므로 중개사무소 개설등록을 할 수 (있다).
파산자		4. 파산선고 받고 (면책) 복권되지 아니한 자(신용불량자 ×, 개인회생신청자 ×)
〈모든 법 위반〉 금고 이상형		5. 금고 이상(사형, 징역, 금고)의 형의 선고를 받고, 그 집행이 "종료"된 후 ( )년이 경과되지 아니한 자 ① 형기만료(= 만기석방) + 3년이 경과되지 아니한 자 ② 가석방은 잔형기 경과 + 3년이 경과되지 아니한 자 6. 금고 이상의 형의 선고를 받고, 그 집행이 "면제"되고 ( )년이 경과되지 아니한 자 ❶ 금고 이상의 형의 선고를 받고 복역 중에 "특별사면"을 받은 자는 그 날부터 3년이 경과되어야 결격사유에서 벗어난다. 7. 금고 이상의 형에 대하여 "집행유예"를 받고, 그 집행유예 기간이 만료되고도 + "2년"이 경과되지 아니한 자 ❶ 집행유예 기간 중에 있는 자는 당연히 결격사유자에 해당한다. ❶ 선고유예나 기소유예는 결격사유? ( ).
이 법 위 반	벌 금 형	8. "이 법(「공인중개사법」) 위반"으로 ( ) 만원 이상의 벌금형의 선고를 받고 3년이 경과되지 아니한 자 ❶ 타 법 위반으로 벌금형의 선고를 받은 자는 결격사유자? ( ). ❶ 양벌규정(법 제50조)에 따라 고용인 때문에 받은 개업공인중개사의 벌금은 결격사유? ( ).
	취 소	9. 공인중개사 자격이 취소된 후 ( )년이 경과되지 아니한 자 ❶ 이 경우에는 시험의 응시자격도 없다.

이 법 위 반	취 소	10. 중개사무소 개설 등록이 취소된 후 3년이 경과되지 아니한 자 　❶ 이 법에 의하여 이중사무소 설치를 이유로 2024년 5월 15일 중개사무소 개설 등록이 취소를 당한 자는 2027년 5월 16일 이후부터 결격사유에서 벗어난다. 　❶ 이중등록, 이중소속, 이중사무소, 부정등록, 등록증 양도·대여, 등으로 등록이 취소되면 "취소 후 3년"이 경과 되어야 중개업 종사가 가능하다. * 예외 ① 등록취소(기준) + "3년"이 적용되지 않는 경우 〈결. 사. 해. 미〉: 결격사유·사망(해산)·등록기준 미달로 등록이 취소된 경우에는 "등록취소기준 3년"의 적용을 받지 않는다. 위의 사유(결격, 사망, 해산, 기준미달)가 해소되면(되어야) 중개업 종사가 가능하다. 　❶ 파산선고를 받아서 이를 이유로 (결격사유를 이유로) 등록이 취소된 경우, 등록취소일이 기준되는 것이 아니라, 결격사유(파산)그 자체가 해소(면책·복권)가 되어야 한다. ② 등록취소 + "3년"에서 (개업공인중개사가 폐업한 후 재등록한 경우에는) 폐업기간(반성 기간)을 공제하여 뺀다. 　❶ "1년을 폐업"한 자가 다시 재등록하였으나, 폐업 전의 사유로 등록이 취소된 경우에는 등록이 취소된 후 (2)년이 경과되면 중개업 종사가 가능하다.
	정 지	11. (소속공인중개사로서) 자격정지처분을 받고, 그 자격정지 기간 중에 있는 자 12. (개업공인중개사로서) 업무정지 기간 중 폐업신고를 한 자로서, 그 업무정지 기간이 경과되지 아니한 자 13. 법인인 개업공인중개사의 업무정지 "사유 발생 당시"의 임원(사원)이었던 자 〈사발당 임원〉 　❶ 주의 　① 법인인 개업공인중개사의 업무정지 사유 "발생 후"에, 그 법인의 임원으로 선임되었던 자는 결격사유가 아니다. 　② 업무정지 "처분 당시"에 선임된 자도 결격사유가 아니다. 　③ 업무정지 사유발생 당시의 "고용인"도 결격사유가 아니다.

14. 법인의 임원(무한책임사원) 중 결격사유에 해당하는 자가 있는 중개법인도 결격이다.
　① 중개법인의 임원(무한책임사원)중 1인이라도 결격이 발생되면, 중개법인 자체도 결격에 해당된다.
　② 중개법인은 임원이 결격사유가 발생되면 (2)개월 이내에 그 사유를 해소하여야 한다. 그렇지 않으면 중개법인의 등록은 취소된다(절대적 등록취소사유).

* 비교 : 임원(무한책임사원)이 아니라, "고용인(직원)"이 결격사유에 해당되면, 개업공인중개사는 사유발생일로부터 2개월 이내에 이를 해소하여야 한다. 위반시에는 "업무정지"처분의 대상이 된다. 개인인 개업공인중개사도 마찬가지이다.

정답 (3)년 / (3)년 / (아니다) / (300)만원 / (아니다) / (아니다) / (3)년

29 개업공인중개사 등의 결격사유에 대한 설명이다. "틀린" 것은?

① 피특정후견인은 중개업 종사가 가능하나, 피한정후견인은 후견인의 영업동의를 받아도 중개업에 종사를 할 수 없다.

② 기소유예를 받거나, 선고유예를 받은 경우에는 결격사유에 해당되지 아니한다.

③ 금고 이상의 형의 선고를 받고, 형 집행이 종료된 날로부터 3년이 경과하지 않은 자는 개업공인중개사가 될 수 없다.

④ 개업공인중개사가 1년을 폐업하고, 다시 2022년 9월 9일 재등록하였으나, 폐업 전의 사유로 2022년 10월 10일에 등록이 취소된 경우에는 2024년 10월 11일 이후부터는 결격에서 벗어난다.

⑤ 법인인 개업공인중개사가 어떠한 사유로 업무정지처분을 받게 되면, 그 업무정지처분 당시의 임원(또는 무한책임사원)은 당해 중개법인의 업무정지 기간 동안 결격에 해당된다.

30 공인중개사법령상 중개사무소의 개설등록을 할 수 "있는" 자는?

① 만 18세인 자로서 혼인신고를 한 자

② 징역형의 집행유예를 받고 그 유예기간이 만료되고 1년이 현재 경과한 자

③ 파산선고를 받고 복권되지 아니한 자

④ 「공인중개사법」 위반으로 500만원의 벌금형을 선고받고 1년이 현재 경과한 자

⑤ 법인인 개업공인중개사가 업무정지처분을 받고 현재 업무정지기간 중에 있으며, 그 업무사유발생 이후에 선임되었던 임원으로서 현재 퇴사한 자

31 개업공인중개사 등의 결격사유에 대한 설명으로 "틀린" 것은? (다툼이 있으면 판례에 따름)

① 2024년 9월 9일 「공인중개사법」 위반으로 300만원의 벌금형의 선고를 받은 개업공인중개사가 그 이유로, 2024년 10월 10일 등록이 취소되었다면, 2027년 10월 11일 이후에야 중개업 종사가 가능하다.

② 개업공인중개사가 「공인중개사법」을 위반하여 징역형에 대한 선고유예를 받은 경우에는 계속 중개업에 종사할 수 있다.

③ 법인의 임원이 결격사유에 해당하는 경우 사유발생일로부터 2개월 내에 그 사유가 해소되지 않으면 법인의 등록이 취소된다.

④ 금고 이상의 형에 대한 형 집행 중에 특별사면을 받은 자는 3년이 경과되어야 중개업에 종사할 수 있다.

⑤ 법 제10조(등록의 결격) 제1항 제11호에 규정된 "이 법을 위반하여 벌금형(300만원 이상)의 선고를 받고 3년이 경과되지 아니한 자"에는 개업공인중개사가 법 제50조의 양벌규정으로 처벌받는 경우는 포함되지 않는다.

32 공인중개사법령상 개설등록의 결격사유(법 제10조)에 해당하는 자를 모두 고르면?

> ㉠ 공인중개사의 자격이 취소된 후 4년이 된 자
> ㉡ 신용불량자가 임원으로 있는 법인인 개업공인중개사
> ㉢ 금고 이상의 형에 대한 집행유예를 받고, 그 기간 중에 있는 자
> ㉣ 금고 이상의 형에 대한 선고유예를 받은 자
> ㉤ 수사를 한 검사로부터 기소유예를 받은 자

① 1명   ② 2명   ③ 3명

④ 4명   ⑤ 5명

33 중개업 등록의 결격사유 등에 관한 설명으로 "옳은" 것을 모두 고르면?

> ㉠ 개업공인중개사가 파산선고를 받아서 중개업의 등록이 취소된 경우에는 등록이 취소된 날로부터 3년이 경과되어야 중개업에 종사할 수 있다.
> ㉡ 특별사면으로 형 집행이 면제가 되면, 특별사면 일로부터 3년이 경과되어야 결격에서 벗어난다.
> ㉢ 가석방의 경우에는 잔여형기가 경과되면 즉시 결격에서 벗어난다.
> ㉣ 법인인 개업공인중개사가 업무정지처분을 받고 업무정지 기간 중에 있는 경우, 그 사유발생 당시의 고용인도 결격사유에 해당된다.

① ㉠   ② ㉡
③ ㉡, ㉢   ④ ㉠, ㉢
⑤ ㉡, ㉢, ㉣

[테마 9] 개업공인중개사

▌개업공인중개사

(1) 중개사무소 개설등록을 한 자를 "개업공인중개사"라고 한다.
(2) "개업공인중개사"에는 모두 3종류가 있다. 「공인중개사법」 본칙(本則)에서 규정하고 있는 ① 법인인 개업공인중개사, ② 공인중개사인 개업공인중개사가 있으며, 또한 「공인중개사법」 부칙(附則)에서 규정하고 있는 ③ 부칙(附則)규정상의 개업공인중개사(공인중개사 자격증 제도가 도입되기 전부터 중개업을 하던, 이른바 복덕방 중개인)가 있다.

구분	법인인 개업공인중개사	공인중개사인 개업공인중개사
업무지역	전국	전국
겸업제한	법 제14조 규정된 업무만을 수행할 수 있다.	법 제14조 규정된 업무 + 유사업무 + 기타업무(원칙적으로 제한이 없다)

❶ 중개대상물은 개업공인중개사의 종별 구분 없이 모두 동일하다.

구분	부칙 규정상의 개업공인중개사
업무지역	① 중개사무소가 소재하는 (특·광) 시·도에 소재하는 물건(시·군·구 ×) + ② (가입한) 당해 거래정보망에 공개된 물건은 관할 구역 불문하고 가능(업무지역제한 위반시 업무정지처분 대상)
겸업제한	법 제14조 규정된 업무 + 유사업무 + 기타업무[원칙적으로 제한이 없다. 다만, 법 제14조 규정업무 중에서, 경매·공매대상 부동산의 권리분석 및 취득의 "알선"과 입찰신청(매수신청) 대리는 할 수 없다. 부칙 규정에서 금지한다]

■ 법 제14조에 규정된 업무

구분	법 제14조에 규정된 업무	비고
중	"중개업"	법정 "중개보수" 제한을 받는다.
관	상업용 건축물 및 주택의 임대관리 등 부동산의 "관리대행"	(임대업 ×)
상	부동산의 이용·개발·거래에 관한 "상담"(부동산컨설팅)	(부동산 개발업 ×)
기	"기타" 중개업에 부수되는 업무로서 대통령령이 정하는 각종 용역업의 알선(이사업체·도배업체 등의 알선)	(용역업의 제공 ×)
분	주택 및 상가건물의 "분양대행"	(택지분양대행 ×) (공장건물분양대행×)
경	개업공인중개사를 대상으로 한 중개업의 "경영기법" 및 "경영정보"의 제공	(창업기법의 제공 ×)
경	"경매" 및 공매대상 "부동산"의 권리분석 및 취득의 알선과 매수신청 대리 업무	경매 대리업 "등록"을 한 자는 대법원예규의 제한(최고가매수인 확정시, 감정가의 1%, 최저가의 1.5% 한도)을 받는다.
주의	① "법인인 개업공인중개사"는 법 제14조에 규정된 업무"만"을 할 수 있으므로, 부동산거래정보사업이나 (협회의) 공제사업 등은 할 수 (　　). ② "모든" 개업공업공인중개사는 법 제14조 업무를 수행할 수 있으나, 부칙상의 개업공인중개사는 경매·공매 부동산의 알선 및 대리를 할 수 없다.	

■ 특수법인
다른 법률에 따라 중개업을 할 수 있는 법인을 말한다.

구분	지역농업 협동조합
중개업 등록 및 기준	중개업 등록을 할 필요 없고, 중개업 등록기준을 갖출 필요도 없다. (즉, 특수법인의 대표자가 공인중개사일 필요가 없으며, 실무교육을 받을 필요도 없다)
업무범위	"조합원"을 대상으로 "농지"에 한해 매매, 교환, 임대차의 중개를 할 수 있다.
업무보증	중개업무 개시 전까지, (　　)만원 이상을 설정하여야 한다.
분사무소	분사무소 책임자 요건은 적용되지 않는다. [즉, 특수법인의 분사무소 책임자(지점장)은 공인중개사일 필요가 없으며, 실무교육을 받을 필요도 없다]

정답 (없다) / (2천)만원

34 다음은 개업공인중개사의 업무범위에 대한 설명이다. "옳은" 것은?

① 모든 개업공인중개사는 법원에 등록을 하고 경매물건의 매수신청 대리업을 할 수 있다.

② 모든 개업공인중개사는 상가건물에 대하여 분양대행을 할 수 있다.

③ 공인중개사인 개업공인중개사는 택지에 대한 분양대행을 겸업할 수 없다.

④ 공인중개사인 개업공인중개사는 중개사무소에서 세탁소나 편의점을 겸업할 수는 없다.

⑤ 법인인 개업공인중개사는 도배나 이사업체 등 주거 이전에 부수되는 용역업을 할 수 있다.

35 「공인중개사법」 부칙 규정에서 등록을 한 것으로 보는 자(부칙상의 개업공인중개사)에 대한 설명이다. "틀린" 것은?

① 업무지역은 원칙적으로 당해 중개사무소가 소재하는 특별시 · 광역시 · 도의 관할구역으로 한다.

② 「공인중개사법」상의 거래정보사업자가 운영하는 부동산거래정보망에 가입하고 이를 이용하여 중개하는 경우에는 당해 정보망에 공개된 관할구역 외의 중개대상물에 대하여도 중개할 수 있다.

③ 「공인중개사법」 제14조 제2항에서 규정하는 법원 경매 부동산에 대한 알선 및 입찰대리(매수신청의 대리)는 할 수 없으나, 「국세징수법」에 의한 공매 부동산에 대한 알선 및 입찰대리(매수신청의 대리)는 할 수 있다.

④ 중개사무소의 명칭에 "공인중개사사무소"라는 문자를 사용하여서는 아니 되며, 이를 위반하면 100만원 이하의 과태료에 처한다.

⑤ 중개사무소는 전국 어느 지역으로나 이전할 수 있다.

36 공인중개사법령상 "법인인 개업공인중개사"가 적법하게 할 수 "있는" 업무를 모두 고른 것은?

⊙ 부동산거래정보사업(거래정보망)

○ 업무보증을 위한 공제사업

ⓒ 주택용지에 대한 분양대행

ⓔ 공장건물에 대한 분양대행

ⓜ 부동산 펀드 조성 및 부동산개발사업

ⓗ 중개의뢰인의 의뢰에 따른 도배 · 이사업체의 운영

ⓢ 공인중개사를 대상으로 하는 중개업 창업기법 및 창업정보의 제공

ⓞ 부동산의 임대관리 등 관리대행

① 1개   ② 2개   ③ 3개
④ 4개   ⑤ 5개

37 공인중개사법령상 "공인중개사인 개업공인중개사"가 겸업할 수 있는 업무를 모두 고른 것은? (단, 다른 법률의 규정은 고려하지 않음)

⊙ 부동산의 임대업

○ 부동산의 개발업

ⓒ 중개의뢰인의 의뢰에 따른 주거이전에 부수되는 용역의 제공

ⓔ 상업용 건축물의 부지에 대한 분양대행

ⓜ 「국세징수법」에 의한 공매대상 부동산에 대한 입찰신청의 대리

① ⊙, ○   ② ⓒ, ⓔ
③ ⊙, ⓒ, ⓜ   ④ ○, ⓒ, ⓔ
⑤ ⊙, ○, ⓒ, ⓔ, ⓜ

정답 34. ②   35. ③   36. ① (ⓞ)   37. ⑤

[테마 10] 고용인(직원)

구분		개업공인중개사의 고용인	
		소속공인중개사	중개보조원
공통점	신고의무	① 고용신고 : 고용인의 ( ) 전까지 개업공인중개사가 고용신고를 하여야 한다(위반시는 업무정지). * 고용신고는 전자문서에 의한 신고도 가능하다(고용 - 전자). ② "등록관청"은 피고용인의 결격사유, 교육수료 여부 등을 확인하여야 한다[즉, 개업공인중개사가 고용신고를 할 때에는 자격증 사본이나 교육수료증 사본을 첨부할 필요가 ( )]. ③ "외국인"에 대한 고용신고시에는 외국인의 결격사유 없음을 증명하는 서류를 개업공인중개사가 첨부하여야 한다. ④ 고용관계 종료신고 - 개업공인중개사는 고용관계가 종료된 경우, 그 날부터 (일) 이내에 고용종료신고를 하여야 한다(위반시 - 업무정지).	
차이점	자격	공인중개사 자격증 보유	자격증 없음
	업무	중개업무수행 + "중개업무"를 보조	중개업무와 관련된 "단순업무"를 보조
	제한	소속공인중개사에 대한 채용숫자의 제한은 없다. 즉, 개업공인중개사는 얼마든지 숫자의 제한 없이 소속공인중개사를 고용할 수 있다.	① 중개보조원의 채용숫자는 제한이 있다. 즉, 개업공인중개사와 소속공인중개사를 합한 수의 ( )배를 초과할 수 없다. ② 위반시 : 절대적 등록취소이면서, 1년 이하의 징역 또는 1천만원 이하의 벌금형의 대상이 된다.
	고지의무	소속공인중개사는 자신의 신분을 의뢰인에게 고지해야 할 의무는 (없다).	① 현장안내 등 중개업무 보조시, 중개보조원임을 의뢰인에게 고지하여야 한다[위반시 ( ) 만원 이하의 과태료 대상].
			② 그를 고용한 개업공인중개사도 ( ) 만원 이하의 과태료 대상이 된다(다만, 지도·감독을 게을리하지 아니한 경우는 면제).
	서명	당해 업무를 담당한 소속공인중개사는 ("거래계약서"와 "확인·설명서")에 서명 "및" 날인을 하여야 한다.	중개보조원은 서명 및 날인의 의무가 없다.
	인장등록	인장등록 의무가 있다.	인장등록의 의무가 없다.
	거래신고	부동산거래신고 : "방문신고" 한해서 가능(전자문서는 대행 불가)	대행 불가
	행정	행정처분 : 자격취소·자격정지의 대상이 된다.	자격취소나 자격정지, 등록취소나 업무정지처분의 대상이 아니다.
	교육	* 실무교육과 연수교육의 대상이다.	* 직무교육의 대상이다. 연수교육 대상은 아니다.

■ 개업공인중개사의 고용상 책임

① 법 제15조 제2항 : 고용인의 "업무상 행위"(모든 행위 ×)는 그를 고용한 개업공인중개사의 행위로 "본다"(간주규정, 추정한다 ×)

② 고용인의 업무상 위법행위로 인하여 개업공인중개사는 의뢰인에게 발생한 손해를 배상하여야 한다. 고용인과 연대책임을 부담하여야 한다.

③ 고용인의 업무상 위법행위로 인하여 개업공인중개사 등록이 취소되거나, 업무정지처분을 받을 수도 있다.

④ 고용인의 업무상 위법행위로 인하여 고용인이 3년 이하의 징역 또는 3천만원 이하의 벌금형의 선고를 받은 경우, 개업공인중개사도 3천만원 이하의 벌금형의 선고를 받을 수 있다(1년 이하의 징역 또는 1천만원 이하의 벌금형의 경우, 1천만원 이하의 벌금형을 선고받을 수 있다). 다만, 이 경우, 개업공인중개사는 지도·감독상의 주의의무를 다한 경우에는 벌금형이 면책된다.

고용인의 책임	개업공인중개사의 고용책임	비고
민사책임	민사책임(무과실책임)	"연대"채무 / 개업공인중개사는 고용인에게 구상권 행사는 가능
행정책임 (소공 – 자격정지)	행정처분(업무정지, 등록취소 가능)	개업공인중개사의 등록취소 또는 업무정지 가능
형사책임 (징역형 또는 벌금형)	해당 조에 규정된 "벌금형"([판례] 양벌규정에 따른 벌금은 결격사유에는 해당되지 않는다)	① 양벌규정(제50조)이 적용된다. ② 면책규정 있음 (지도·감독상의 주의의무를 게을리 하지 않은 경우는 벌금형을 받지 않는다)

합격문제

38 다음은 고용인과 관련된 내용이다. "옳은" 것은?

① 개업공인중개사는 고용인을 고용한 경우에는 고용일로부터 10일 이내에 신고하여야 한다.

② 개업공인중개사가 고용관계 종료신고를 하지 아니한 경우에는 100만원 이하의 과태료처분의 대상이 된다.

③ 개업공인중개사가 외국인을 고용한 경우에는 외국인의 결격사유 없음을 증명하는 서류를 첨부하여 고용신고를 하여야 한다.

④ 소속공인중개사는 법원경매 물건의 매수신청 대리업무를 수행할 수 있으나, 중개보조원은 그러하지 아니하다.

⑤ 부동산 거래신고는 소속공인중개사가 신고를 대행(전자문서 제외)할 수 있으며, 중개보조원도 마찬가지이다.

39 개업공인중개사의 고용인에 관한 설명으로 "옳은" 것은?

① 개업공인중개사가 소속공인중개사를 고용한 경우 공인중개사 자격증 사본을 첨부하여 고용신고하여야 한다.

② 고용인의 업무상 행위는 그를 고용한 개업공인중개사의 행위로 추정한다.

③ 중개보조원은 업무를 개시하기 전까지 중개행위에 사용할 인장을 등록하여야 한다.

④ 개업공인중개사 1명과 소속공인중개사 1명이 함께 근무하는 중개사무소에는 중개보조원을 총 5명을 초과하여 고용할 수 없다.

⑤ 중개보조원은 현장안내 등의 중개업무를 수행할 때 자신의 신분을 의뢰인에게 고지하여야 하며, 위반시 500만원 이하의 과태료처분의 대상이 된다.

40 개업공인중개사 A에게 고용된 소속공인중개사 B는 중개업무를 수행하던 중 매도의뢰인 C에게 개발계획이 없는 토지를 개발이 된다고 거짓된 언행 등으로 투기를 조장하여 C에게 재산상의 손해를 가하였다. "틀린" 것은?

① 손해를 입은 의뢰인 C는 A와 B에게 공동으로 또는 선택적으로 손해배상을 청구할 수 있으며, A가 손해배상을 한 경우 B에게 구상권을 행사할 수도 있다.

② B의 행위는 "업무상 행위"에 해당되므로, 개업공인중개사 A는 B의 행위로 인한 책임을 지게 된다.

③ B의 거짓행위가 「공인중개사법」 제33조 소정의 금지행위에 해당되어 A의 중개사무소 등록이 취소될 수 있다.

④ B가 금지행위로서 징역 또는 벌금형의 선고를 받으면, A도 징역 또는 벌금형의 대상이 된다.

⑤ B에 대하여 주의 감독상의 의무를 다한 경우, A는 벌금형으로 처벌되지는 않는다.

[테마 11] 중개사무소 설치 및 이전

1. 중개사무소의 설치

원칙	① "1등록 1사무소"원칙(단, 법인인 개업공인중개사는 분사무소(지점) 설치가 가능하다) ② "이중사무소(임시시설물)"설치금지(위반시 : 상대적 등록취소 + (1년 이하의 징역 또는 1천만원 이하의 벌금)
위치	중개사무소는 등록관청 관할구역(시·군·구) 안에 두어야 한다.
중개 사무소 명칭	① "법인인 개업공인중개사" 또는 "공인중개사인 개업공인중개사"는 "공인중개사 사무소" 또는 "부동산 중개"라는 명칭을 사용하여야 한다(위반시에는 100만원 이하의 과태료). ② "부칙상의 개업공인중개사"는 반드시 "부동산중개"라는 명칭만을 사용하여야 한다["공인중개사 사무소"라는 명칭을 사용할 수 없다. 위반시, (　　)원 이하의 과태료]. ③ 개업공인중개사가 "아닌 자"는 위의 명칭을 사용할 수 없다(위반시 1년 이하의 징역 또는 1천만원 이하의 벌금).
중개 사무소 게시 의무	"개업공인중개사"는 중개사무소 보이기 쉬운 곳에 다음의 것을 게시하여야 한다[위반시 (　　)원 이하의 과태료]. ① 〈등록증〉 중개업 "등록증(원본)"(분사무소는 신고확인서 원본), 「소득세법」상) 사업자"등록증(원본)" ② 〈자격증〉 개업공인중개사 및 소속공인중개사의 공인중개사 "자격증(원본)" ③ 〈보증증서〉"보증(업무보증)"의 설정을 증명할 수 있는 서류 ④ 〈보수한도표〉"중개보수·실비의 요율" 및 한도액표[주택 외의 중개대상물에 대하여는 (0.9%) 내에서 자기가 받고자 하는 중개보수의 상한요율 명시]
옥외 광고물 중 간판	"개업공인중개사"는 옥외광고물을 설치할 의무는 "없으나", 만약 설치를 한다면, 다음은 준수하여야 한다. ① "옥외광고물 중 (간판)"에 등록증에 기재된 개업공인중개사의 "성명"을 표기하여야 한다(법인은 대표자, 분사무소는 책임자의 이름을 표기), "성명"의 크기는 "인식"할 수 있는 크기이어야 한다(위반시 100만원 이하의 과태료).

	② "등록관청"은 간판 규정 위반시 그 간판의 철거를 명할 수 있으며, 철거명령에 불응시에는 (「행정대집행법」)에 의한 (대집행)을 할 수 있다.
간판 철거 의무	① 개업공인중개사는 "등록이 취소"처분을 받거나, "폐업신고"를 했거나, 중개사무소 "이전신고"를 한 경우에는 "지체 없이" 사무소의 간판을 철거하여야 한다. ⓘ 주의: 업무정지시 간판철거 ×, 휴업시 철거 ×, 10일 이내 철거 × ② "등록관청"은 간판의 철거를 개업공인중개사가 이행하지 아니하는 경우에는 (「행정대집행법」)에 따라 (대집행)을 할 수 있다.
기타	① 중개사무소 면적에는 제한이 없다. ② 반드시 개업공인중개사 본인 명의로 소유 또는 임차하여야 하는 것은 아니다. 개업공인중개사가 사무소를 사용할 사용권한만 있으면 된다. ③ 가설건축물, 무허가건축물 등의 불법건축물에는 중개사무소 설치가 허용되지 않는다.

2. 중개사무소의 이전

사후 신고	① 동일한 관할구역(시 · 군 · 구) "안에서" 이전을 한 경우 　㉠ 개업공인중개사가 중개사무소를 등록관청 관할구역 "안"에서 이전을 한 경우, 이전한 날로부터 (　)일 이내에 "등록관청"에 이전신고를 하여야 한다. 위반시에는 100만원 이하의 과태료처분의 대상이 된다. 　㉡ 이전신고시 제출서류: 〈이.사.등〉 "이전"신고서 + "사무소"확보증명서류[임대차계약서 등(건축물대장이 없는 경우에는 "지연 사유서"를 첨부)] + "등록증" 　㉢ "등록증" 　　ⓐ 재교부 원칙: 등록관청은 이전내용이 적합하면 등록증을 "재교부"(새로이 재발급)하여야 한다(이 경우 등록증 재교부 수수료를 납부하여야 한다). 　　ⓑ 변경교부 가능 ★: 등록관청이 "동일"한 경우이므로, 등록관청은 기존의 등록증에 변동사항을 기재하여 "변경교부"(기존 등록증을 고쳐서 교부)할 수도 있다(이 경우에는 수수료 납부하지 아니한다).

	② 관할구역(시 · 군 · 구) "밖으로" 이전을 한 경우 　㉠ 개업공인중개사가 중개사무소를 등록관청 관할구역 "이외"의 지역으로 이전을 한 경우, 이전을 한 날로부터 (　)일 이내에 ("이전 후")의 등록관청에 이전신고를 하여야 한다. 위반시에는 (　)만원 이하의 과태료처분의 대상이 된다. 　㉡ 이전신고시 제출서류: 〈이.사.등〉 "이전"신고서 + "사무소"확보증명서류[임대차계약서 등(건축물대장이 없는 경우에는 "지연 사유서"를 첨부)] + "등록증"(재교부) 　㉢ "등록증": 등록관청이 달라진 경우이므로, 이전 후의 새로운 등록관청은 반드시 새로운 등록증으로 "재교부"하여야 한다. ★ 등록증 (주소 등) 기재사항을 "변경하여 교부"할 수 "없다".
서류 송부	① 이전신고를 받은 이전 "후"의 등록관청은 종전의 등록관청에 관련 서류를 송부하여 줄 것을 요청하여야 한다. ② 종전의 등록관청은 "지체 없이" 관련 서류를 이전 "후" 등록관청에 송부하여야 한다. ③ 〈송부하는 서류〉 (등. 등. 1) ㉠ 중개사무소 "등록대장" ㉡ 중개사무소 개설 "등록신청서류" ㉢ 최근 "(　)년"간의 행정처분서류 및 행정처분절차가 "진행 중"인 경우 그 관련서류
지위 승계	① 중개사무소를 이전해도 개업공인중개사의 지위는 그대로 "승계"된다. ② 중개사무소 이전신고 전에 발생한 사유로 인한 개업공인중개사에 대한 행정처분은 "이전 (　)"의 등록관청이 이를 행한다.

3. 법인의 분사무소 - 1등록 1사무소원칙의 예외

분사 무소 설치 요건	• 법인인 개업공인중개사에 한하여 주된 사무소(본점)과 별도로 분사무소(지점)을 설치할 수 있으며, 개인인 개업공인중개사는 절대로 분사무소를 설치할 수 없다. • 법인인 개업공인중개사의 분사무소 설치요건: 〈책.보.시.주〉 ① 〈책〉 분사무소의 책임자는 반드시 (공인중개사)이어야 하고, (실무)교육을 수료하여야 하고, 결격사유가 없어야 한다. 　ⓘ (다른 법에 따라 중개업을 할 수 있는 지역농업협동조합 등의 특수법인에게는 책임자 요건이 적용되지 아니한다) ② 〈보〉 업무보증설정: (　)원 이상 "추가"로 설정하여야 한다(별도로 설정 ×). ③ 〈시〉 "시, 군, 구"별로 (　)개소를 초과할 수 없다(시·도별로 1개 ×). ④ 〈주〉 주된 사무소의 소재지가 속한 시, 군, 구를 (제외)하여야 한다(포함 ×).
분사 무소 설치 신고	① "(주된 사무소 소재지)" 등록관청에 설치신고를 하여야 한다. ② 분사무소 설치신고를 받은 "주된 사무소" 소재지 "등록관청"은 7일 이내에 "신고확인서"를 교부하여야 한다. 분사무소에는 이를 보이기 쉬운 곳에 "게시"하여야 한다. ③ "주된" 사무소 등록관청은 (지체 없이) "분사무소" 관할 시·군·구청장에게 이를 통보하여야 한다.
분사 무소 이전 신고	① 분사무소를 이전한 경우, 이전을 한 날로부터 (10)일 이내 "주된 사무소" 등록관청에 신고하여야 한다(사후신고). ② 구비서류: 〈이.사.신〉 이전신고서 + 사무소 확보증명서류[임대차계약서 등(건축물대장이 없는 경우에는 "지연 사유서"를 첨부)] + "신고확인서 원본" ③ 이전신고를 받은 등록관청은 "지체 없이" 그 분사무소의 "이전 전 (및) 이전 후" 소재지를 관할 시·군·구청장에게 모두 통보하여야 한다(또는 ×).
주된 사무 소	① 분사무소의 설치신고, 이전신고, 휴업신고, 폐업신고: 모두 ("주된 사무소 소재지") 등록관청에 하여야 한다. ② 신고를 받은 "주된 사무소" 등록관청은 "다음 달 (　)일"까지 공인중개사 "협회"에 통보해야 한다.

4. 중개사무소 공동 활용

공동 사무 소의 설치	• 개업공인중개사는 중개사무소를 "다른" 개업공인중개사와 공동으로 활용할 수 "있다". ① 개업공인중개사의 ("종별을 불문하고") 설치 "가능"하다. ② 설치방법: 기존 개업공인중개사의 ("승낙서")(= 사용승낙서)를 첨부하여 "신규등록"을 하거나, 기존 개업공인중개사의 ("승낙서")(= 사용승낙서)를 첨부하여 "이전신고"를 하여야 한다. ③ 개업공인중개사의 종별 및 설치의 유형에 대한(이전신고이든, 신규등록이든) 제한 없다. ④ 공동사무소 "대표자"는 "없다". ⑤ 공동사무소 "설치신고"를 따로 할 필요가 "없다".
공동 사무 소 설치 제한	① "업무정지 기간 중"인 개업공인중개사가 다른 개업공인중개사에게 중개사무소의 공동사용을 위하여 "승낙서"를 주는 방법으로는 공동사무소 설치할 수 (없다). ② "업무정지 기간 중"인 개업공인중개사가 다른 개업공인중개사의 중개사무소를 공동으로 사용하기 위하여 중개사무소의 "이전신고"를 하는 방법으로는 공동사무소를 설치할 수는 (없다). ③ 업무정지처분 받은 개업공인중개사가 영업정지처분을 받기 전부터 "이미" 중개사무소를 공동사용 중인 "다른" 개업공인중개사는 공동활용이 "가능"하다.
각자 운영	① 구성 개업공인중개사가 "각자" 운영하고, "각자" 책임진다. ② 업무보증, 인장등록, 고용인 고용, 부동산거래신고 등 "각자" 개별적으로 하여야 한다.

<u>정답</u> (100)만원 / (100)만원 / (10)일 / (10)일 /
(100)만원 / (1)년 / (후) / (2억) / (1)개소 /
(10)일

41 다음은 개업공인중개사 등의 명칭과 게시의무에 관한 내용이다. "틀린" 것은?

① 중개사무소에는 보이기 쉬운 곳에 중개업등록증은 게시하여야 하나, 「소득세법」상의 사업자등록증은 게시할 의무가 없다.

② 법인인 개업공인중개사의 분사무소에는 법인의 대표자의 성명을 옥외광고물에 표기할 필요가 없다.

③ 소속공인중개사의 자격증 원본의 게시의무는 개업공인중개사의 의무이다.

④ 개업공인중개사가 아닌 자가 "○○공인중개사사무소" 또는 "○○부동산중개"라는 명칭을 사용하면 1년 이하의 징역 또는 1천만원 이하의 벌금형을 받을 수 있다.

⑤ 「공인중개사법」 부칙 규정에 의하여 등록을 한 것으로 보는 자는 "○○부동산중개"라는 명칭을 사용하여야 하며, 위반시에는 100만원 이하의 과태료처분의 대상이 된다.

42 공인중개사법령상 개업공인중개사가 설치된 사무소의 간판을 지체 없이 철거해야 하는 경우로 명시된 것을 모두 고른 것은?

> ㉠ 등록관청에 폐업신고를 한 경우
> ㉡ 등록관청에 6개월을 초과하는 휴업신고를 한 경우
> ㉢ 중개사무소의 개설등록 취소처분을 받은 경우
> ㉣ 등록관청에 중개사무소의 이전사실을 신고한 경우

① ㉠, ㉡　　　　　② ㉢, ㉣
③ ㉠, ㉡, ㉣　　　④ ㉠, ㉢, ㉣
⑤ ㉠, ㉡, ㉢, ㉣

43 공인중개사법령상 중개사무소 설치 및 이전에 관한 내용이다. "틀린" 것은?

① 개업공인중개사는 그 등록관청의 관할 구역 안에는 1개의 중개사무소만을 둘 수 있다.

② 개업공인중개사는 중개사무소를 이전한 후 10일 이내에 이전신고를 하여야 하며, 위반시 100만원 이하의 과태료처분의 대상이 된다.

③ 관할구역 외의 지역으로 이전한 사실을 신고받은 등록관청은 등록증을 재교부하거나, 등록증의 기재사항을 변경하여 교부하여야 한다.

④ 관할구역 외의 지역으로 이전한 경우, 이전신고 전에 발생한 사유로 인한 개업공인중개사에 대한 행정처분은 이전 후 등록관청이 이를 행한다.

⑤ 법인인 개업공인중개사가 분사무소를 이전한 경우에는 주된 사무소 소재지 등록관청에 이전사실을 신고해야 한다.

44 다음은 중개사무소 이전에 관한 내용이다. "옳은" 것은?

> 서울특별시 강서구에 중개사무소를 둔 공인중개사인 개업공인중개사 甲은 중개업과 법원경매물건의 매수신청대리업을 동시에 하고 있다. 甲은 중개사무소를 서울특별시 강동구로 이전하였다.

① 매수신청 대리업의 이전신고를 사유발생일로부터 10일 이내에 강동구 관할 지방법원장에게 하여야 한다.

② 중개업의 이전신고를 이전 후 10일 이내에 강서구청장에게 하여야 한다.

③ 甲이 중개업의 이전신고를 하는 경우에는 이전신고서에 등록증을 첨부할 필요는 없다.

④ 강서구청장이 강동구청장에게 송부할 서류에는 등록대장, 등록신청서류, 최근 3년 이내의 행정처분서류가 포함된다.

⑤ 강서구 중개사무소에서 등록하지 아니한 인장을 사용한 경우에는 강서구청장이 업무정지처분을 하여야 한다.

45 공인중개사인 개업공인중개사 甲은 중개사무소를 이전하였다. "옳은" 것은?

> 〈甲의 행정처분 기록〉
> • 2024년 3월 3일 업무정지 1개월 받음.
> • 2024년 7월 7일 업무정지 2개월 받음.
> • 2024년 10월 10일 거래계약서에 등록하지 아니한 인장을 사용한 것이 적발됨.
> • 2024년 10월 12일 강서구에서 강동구로 중개사무소를 이전함.

① 강동구청장은 甲의 공인중개사 자격을 취소하여야 한다.

② 강동구청장은 甲에게 업무정지처분을 할 수 있다.

③ 甲은 2024년 10월 12일부터 10일 이내에 등록증 등을 첨부하여 강서구청장에게 사무소 이전신고를 하여야 한다.

④ 강동구의 중개사무소가 다른 개업공인중개사 乙의 중개사무소인 경우에는 乙의 승낙서를 첨부하여 이전신고를 하여야 한다.

⑤ 이전신고를 받은 등록관청은 신고내용이 적합한 경우, 등록증에 변경사항을 기재하여 이를 교부하여야 한다.

46 서울특별시 강남구에 주된 사무소를 둔 법인인 개업공인중개사가 경기도 성남시 분당구에 분사무소를 설치하였다. "옳은" 것은? (특수법인은 제외한다)

① 강남구청장에게 분사무소 설치신고를 하여야 하며, 강남구 조례에서 정하는 행정수수료를 납부하여야 한다.

② 분당구분사무소는 2억원 이상으로, 주된 사무소와는 다른 종류의 업무보증을 별도로 설정하여야 한다.

③ 분당구분사무소는 강남구로 이전할 수도 있으며, 분당구에는 2개의 분사무소를 설치할 수도 있다.

④ 분사무소를 분당구에서 수정구로 이전을 한 경우에는 수정구청장에게 이전신고를 하여야 한다.

⑤ 분사무소 이전신고를 받은 등록관청은 분당구청장 또는 수정구청장에게 통보하고, 다음 달 10일까지 공인중개사 협회에도 이를 통보하여야 한다.

47 공인중개사법령상 법인인 개업공인중개사의 분사무소 설치에 관한 설명으로 "옳은" 것을 모두 고른 것은? (다른 법률의 규정에 의하여 중개업을 수행하는 특수법인은 제외함)

> ㉠ 분사무소의 책임자는 공인중개사이어야 한다.
> ㉡ 분사무소의 설치신고를 하려는 자는 그 신고서를 주된 사무소의 소재지를 관할하는 등록관청에 제출해야 한다.
> ㉢ 주된 사무소와 그 분사무소는 같은 시·군·구에 둘 수 없다.
> ㉣ 업무정지 중인 다른 개업공인중개사의 중개사무소로 분사무소를 이전할 수는 없다.

① ㉠, ㉡
② ㉠, ㉢
③ ㉡, ㉢
④ ㉠, ㉢, ㉣
⑤ ㉠, ㉡, ㉢, ㉣

[테마 12] 중개대상물 광고와 모니터링

1. 성명표기의무(광고실명제)
(개업공인중개사) 위반시 100만원 이하의 과태료

성명표기 의무	① 중개대상물 표시·광고를 하려면 다음의 사항을 명시하여야 한다. 　㉠ 중개사무소 소재지, 연락처, 명칭, 등록번호 　㉡ 개업공인중개사의 성명(법인은 대표자의 성명, 분사무소는 책임자성명) ② "인터넷" 광고의 경우에는 중개대상물의 소재지, 면적, 가격, 종류, 거래형태의 사항을 추가로 명시하여야 한다[건물인 경우 : 총층수, 사용승인(사용검사·준공검사 등) 받은 날, 건물의 방향, 방의 수, 욕실의 수, 입주가능일, 주차대수, 관리비를 추가로 명시]. ③ 중개대상물 광고시에 "중개보조원"의 성명을 절대로 표기해서는 아니 된다[위반시 (　　　)만원 이하의 과태료]. ④ 개업공인중개사 "아닌" 자는 중개대상물 표시·광고를 하여서는 아니 되며, 위반시에는 1년 이하의 징역 또는 1천만원 이하의 벌금형에 처한다.

2. 부당한 표시·광고의 금지
(개업공인중개사) 위반시 500만원 이하의 과태료

부당한 광고금지	① 개업공인중개사는 다음의 부당한 표시·광고를 하여서는 아니 된다. 　㉠ 중개대상물이 존재하지 않아서 실제로 거래할 수 없는 대상물에 대한 표시·광고(허위광고) 　㉡ 가격 등 내용을 사실과 다르게 거짓으로 표시·광고를 하거나, 과장되게 하는 표시·광고(거짓광고, 과장광고) 　　ⓐ 중개대상물이 존재하지만, 실제로 중개의 대상이 될 수 없는 중개대상물에 대한 표시·광고 　　ⓑ 중개대상물이 존재하지만, 실제로 중개할 의사가 없는 중개대상물에 대한 표시·광고
	㉢ 소비자가 중개대상물을 선택함에 있어 중요한 사실을 은폐, 누락, 축소하는 등의 방법으로 소비자를 기만하는 표시·광고 　　ⓓ 그 밖에 국토부장관이 정하여 고시하는 표시·광고 　㉣ 기타 거래질서를 해치거나, 중개의뢰인에게 피해를 줄 "우려"가 있는 표시·광고 ② 위반시에는 등록관청은 "(　　　)만원" 이하의 과태료를 부과할 수 있다. ③ 중개대상물에 대한 구체적인 표시·광고방법·부당한 광고의 유형 및 기준 등에 관한 사항은 "국토교통부장관"이 정하여 고시한다.

3. 국토교통부장관의 모니터링

모니터링	① "국토교통부장관"은 인터넷을 이용한 중개대상물 표시·광고가 적법한지 여부를 모니터링을 할 수 있다. ② "국토교통부장관"은 모니터링을 위하여 필요한 경우에는 "정보통신서비스제공자"에게 관련 자료의 제출을 요구할 수 있으며, 불응시에는 "(　　　) 이하"의 과태료를 부과할 수 있다. ③ "국토교통부장관"은 모니터링 결과에 따라 "정보통신서비스제공자"에게 필요한 조치를 요구할 수 있다. 불응시 "(　　　) 이하"의 과태료를 부과
모니터링 기관	"국토교통부장관"은 모니터링 업무를 대통령령이 정하는 기관에 "위탁"할 수 있다. ① 모니터링 업무는 다음의 구분에 따라 수행한다. 　1. "기본" 모니터링 업무 : 모니터링 기본계획서에 따라 "분기별"로 실시하는 모니터링 　2. "수시" 모니터링 업무 : 국토교통부장관이 필요하다고 판단하여 실시하는 모니터링 ② 모니터링 수탁기관은 "계획서"를 국토교통부장관에게 제출해야 한다. 　1. 기본 모니터링 업무 : 모니터링 대상, 모니터링 체계 등을 포함한 다음 연도의 모니터링 "기본계획서"를 매년 "12월 31일"까지 제출할 것

2. 수시 모니터링 업무: 모니터링의 기간, 내용 및 방법 등을 포함한 "계획서"를 제출할 것
③ 모니터링 수탁기관은 "결과보고서"를 국토교통부장관에게 제출해야 한다.
    1. 기본 모니터링: "매 분기"의 마지막 날부터 "(   )일" 이내
    2. 수시 모니터링: 해당 모니터링 업무를 완료한 날부터 "(   )일" 이내
④ "국토교통부장관"은 제출받은 결과보고서를 시·도지사 및 등록관청에 통보하고, 필요한 조사 및 조치를 요구할 수 있다.
⑤ "시·도지사" 및 "등록관청"은 요구를 받으면, "신속"하게 조사 및 조치를 완료하고, 완료한 날부터 "(   )일 이내"에 그 결과를 국토교통부장관에게 통보해야 한다.

합격문제

48 공인중개사법령상 개업공인중개사가 의뢰받은 중개대상물에 대하여 표시·광고를 할 때, 중개사무소와 개업공인중개사에 관한 사항을 명시하여야 하는데, 이에 해당하지 "않는" 것을 모두 고르면?

ㄱ 중개사무소의 소재지
ㄴ 중개사무소의 연락처
ㄷ 중개사무소의 명칭
ㄹ 중개사무소의 등록번호
ㅁ 개업공인중개사의 성명(법인은 대표자의 성명, 분사무소는 책임자의 성명)
ㅂ 중개보조원의 성명
ㅅ 개업공인중개사의 주민등록번호

① ㄱ, ㄴ, ㄷ   ② ㄷ, ㄹ, ㅁ
③ ㄹ, ㅁ, ㅂ   ④ ㄹ, ㅂ, ㅅ
⑤ ㅂ, ㅅ

49 공인중개사법령상 개업공인중개사가 "인터넷"을 이용하여 중개대상물에 대한 표시·광고를 하는 때에 일정한 사항을 명시하여야 하는데, 이에 해당하지 "않는" 것을 모두 고르면? (일반중개계약을 체결함을 전제로 함)

ㄱ 중개사무소의 등록번호
ㄴ 중개대상물의 소재지, 면적, 가격
ㄷ 중개대상물의 종류
ㄹ 거래형태
ㅁ 건물의 경우 준공검사·사용검사·사용승인 받은 날
ㅂ 건물의 경우 방수, 욕실수, 주차대수
ㅅ 건물의 경우 관리비
ㅇ 거래에 따른 경제적 가치
ㅈ 수도·전기·가스 등의 내·외부 시설물의 상태

① ㄱ, ㄴ, ㄷ   ② ㄹ, ㅁ, ㅂ
③ ㄹ, ㅇ, ㅈ   ④ ㅅ, ㅇ, ㅈ
⑤ ㅇ, ㅈ

50 공인중개사법령상 중개사무소 및 표시·광고 등에 관한 설명으로 "틀린" 것은?

① 개업공인중개사는 중개대상물의 가격 등 내용을 사실과 다르게 거짓으로 표시·광고하거나 사실을 과장되게 하는 표시·광고를 한 경우에는 500만원 이하의 과태료처분의 대상이 된다.

② 개업공인중개사는 중개대상물이 존재하지 않아서 실제로 거래를 할 수 없는 중개대상물에 대한 표시·광고를 한 경우에는 500만원 이하의 과태료처분의 대상이 된다.

③ 개업공인중개사가 중개대상물에 대한 표시·광고를 하면서 개업공인중개사의 성명을 표기하지 아니한 경우에는 100만원 이하의 과태료처분의 대상이 된다.

④ 국토교통부장관은 인터넷을 이용한 중개대상물에 대한 표시·광고가 적법한지 여부를 모니터링을 할 수 있다.

⑤ 국토교통부장관의 자료제출 요구에 불응한 정보통신서비스제공자는 100만원 이하의 과태료처분의 대상이 된다.

51 공인중개사법령상 중개대상물에 대한 허위광고 등을 방지하기 위한 모니터링 제도에 대한 내용으로 "틀린" 것은?

① 모니터링 수탁기관은 모니터링 대상·모니터링 체계 등을 포함한 다음 연도의 모니터링 "기본계획서"를 매년 12월 31일까지 국토교통부장관에게 제출하여야 한다

② 모니터링 수탁기관은 기본모니터링에 대한 "결과보고서"를 매 분기의 마지막 날부터 30일 이내 국토교통부장관에게 제출해야 한다.

③ 시·도지사 및 등록관청은 국토교통부장관의 요구를 받으면 신속하게 조사 및 조치를 완료하고, 완료한 날부터 10일 이내에 그 결과를 국토교통부장관에게 통보해야 한다.

④ 기본 모니터링 업무는 모니터링 기본계획서에 따라 매월 실시하는 모니터링을 말한다.

⑤ 수시 모니터링 수탁기관은 결과보고서를 해당 모니터링 업무를 완료한 날부터 15일 이내에 국토교통부장관에게 제출해야 한다.

정답 48. ⑤　49. ⑤　50. ⑤　51. ④

[테마 13] 인장

1. 인장등록의 의무

* "개업공인중개사"와 "소속공인중개사"는 중개행위에 사용할 인장을 등록을 하여야 한다.

시기	① 인장등록은 (　　　)까지 "하여야" 한다 [다만, 중개사무소 개설등록 신청시(또는 고용신고시)에도 "할 수" 있다]. ② 중개보조원은 인장등록을 하지 아니한다.
전자문서	인장등록은 전자문서에 의한 등록도 가능하다. 〈인장 − 전자〉

2. 등록할 인장

구분	등록할 인장
개인	가족관계등록부나 주민등록표에 기재된 성명(실명)이 나타난 인장으로, 그 크기는 가로·세로 각각 (　　)mm 이상, (　　)mm 이하이어야 한다. 〈가.죽.치.세〉

구분		등록할 인장	등록
법인	주된 사무소	① 법인은 "상업등기규칙"에 의하여 신고한 "법인의 인장"으로 등록을 하여야 한다(법인 대표자 ×). ② 법인은 본점(주)이든, 지점(분사무소)이든, "인감증명서" 제출로 갈음한다.	등록관청
	분사무소	① 원칙: 상업등기규칙에 의하여 신고한 "법인의 인장"으로 등록하여야 한다(분사무소 책임자 ×). ② 예외: 편의상, 상업등기규칙에 의하여, 법인의 대표자가 보증하는 인장으로 등록"할 수" 있다.	"주된 사무소" 소재지 등록관청

3. 인장변경 및 제재

인장변경	① 인장이 변경되면, 변경 후 "(　)일 이내"에 "변경등록"을 하여야 한다. ② 인장변경신고서를 제출하며, 전자문서에 의한 신고도 가능하다. 〈인장 – 전자〉
등록증 첨부	인장등록을 하거나 등록인장 변경을 할 때에는 중개사무소 개설 "등록증(원본)"을 첨부하여야 한다(등록증이 발급된 상태에만 적용).
제재 (~ 정지)	인장을 등록하지 않거나 등록된 인장을 사용하지 않은 경우: ① 개업공인중개사는 (　)처분의 대상이 되고, ② 소속공인중개사는 (　)처분의 대상이 된다.

합격문제

52 다음 중 인장에 관한 설명으로 "틀린" 것은?

① 개업공인중개사의 인장등록은 업무개시 후 지체 없이 하여야 한다.

② 소속공인중개사는 고용신고시에 인장등록을 할 수 있다.

③ 법인인 개업공인중개사의 분사무소는 상업등기규칙에 따라 법인의 대표자가 보증하는 인장으로 등록할 수 있다.

④ 법인인 개업공인중개사의 분사무소 인장등록은 주된 사무소 소재지 등록관청에 하여야 한다.

⑤ 법인인 개업공인중개사의 분사무소에서 작성된 거래계약서에 법인 대표자는 서명 및 날인은 하지 않아도 된다.

53 다음은 인장등록에 관한 설명이다. "옳은" 것은?

① 개업공인중개사가 인장을 변경한 경우에는 10일 이내에 변경등록 하여야 한다.

② 공인중개사는 중개사무소 개설등록을 신청할 때에 중개행위에 사용할 인장을 등록하여야 한다.

③ 법인인 개업공인중개사의 분사무소는 상업등기규칙에 따라 책임자의 인장을 등록하여야 한다.

④ 공인중개사인 개업공인중개사는 가족관계등록부나 주민등록표에 기재된 성명이 나타난 인장으로서 가로 · 세로 크기가 각각 10mm 이상 30mm이하의 인장이어야 한다.

⑤ 법원경매에 대한 매수신청대리업에서는 중개업에서 등록한 인장을 사용하여야 하며, 별도의 인장등록을 하지 않는다.

54 공인중개사법령상 인장등록에 관한 설명으로 "옳은" 것은?

① 중개보조원은 업무개시 전까지 중개행위에 사용할 인장을 등록하여야 한다.

② 법인인 개업공인중개사의 인장등록은 상업등기규칙에 따른 인감증명서의 제출로 갈음한다.

③ 분사무소에서 사용할 인장의 경우, 상업등기규칙의 규정에 따라 법인의 대표자가 보증하는 인장으로 등록하여야 한다.

④ 공인중개사는 중개사무소 개설등록을 신청할 때 인장등록을 함께 하여야 한다.

⑤ 소속공인중개사의 인장등록은 고용신고시에 하여야 한다.

55 공인중개사법령상 인장에 관한 설명으로 "옳은" 것은?

① 공인중개사인 개업공인중개사의 인장등록은 인감증명서 제출로 갈음한다.

② 공인중개사인 개업공인중개사가 등록하여야 할 인장은 그 크기가 가로·세로 각각 7mm 이상 10mm 이내인 인장이어야 한다.

③ 개업공인중개사는 소속공인중개사·중개보조원에 대한 고용신고와 같이 인장등록을 할 수는 없다.

④ 개업공인중개사 및 소속공인중개사의 인장등록은 전자문서에 의한 등록도 가능하다.

⑤ 개업공인중개사가 업무개시 전까지 중개행위에 사용할 인장을 등록하지 않으면 100만원 이하의 과태료에 처한다.

[테마 14] 휴업과 폐업

구분	내용(모두 사전신고)
사전 신고	개업공인중개사의 ㉠ 휴업신고·㉡ 폐업신고·㉢ 휴업신고 후의 업무재개신고·㉣ 휴업기간 변경신고는 모두 "사전"에 미리 해야 할 "사전신고사항"이다.
휴업 신고	① "( )개월"을 "초과"하여 휴업을 "하고자" 하는 경우에는 "등록증(분사무소는 신고확인서)" "원본"을 첨부하여 사전에 미리 "방문신고"하여야 한다(등록을 한 후 3개월이 경과되도록 업무를 개시하지 아니하려는 경우에도 휴업신고를 하여야 한다). ② 휴업기간은 원칙적으로 ( )개월을 초과할 수 없다. 다만, 부득이한 사유(질병으로 인한 요양, 징집으로 인한 입영, 취학, 공무, 임신, 출산 그 밖에 이에 준하는 사유)가 있는 경우에는 6개월을 초과하는 휴업도 가능하다. ③ "방문신고": 휴업신고서 + "등록증 원본" 첨부(사본 ×) ★ 휴업신고는 전자문서에 의한 신고는 ("불가")하다. 〈휴폐 - 빵〉
변경 신고	① 신고한 휴업기간을 "변경하고자"할 때 미리 신고하여야 한다(사전신고). ② 휴업기간 변경신고는 전자문서에 의한 신고가 가능하다. 〈재변 - 전자〉
업무 재개 신고	① 휴업신고를 한 후, 다시 중개업무를 "재개하고자"할 때 미리 신고하여야 한다(사전신고). ② "등록관청"은 휴업신고 때 반납 받았던 개업공인중개사의 "등록증"을 즉시 "반환"하여야 한다(등록증 재교부가 아니므로, 행정수수료를 납부하지 아니한다). ③ 재개신고는 전자문서에 의한 신고가 가능하다. 〈재변 - 전자〉

폐업 신고	① 폐업을 "하고자" 하는 경우에는, "등록증 원본"(분사무소는 "신고확인서 원본")을 첨부하여 등록관청에 미리 "방문신고"하여야 한다(폐업한 때 ×). (사전신고) ★ 폐업신고는 전자문서에 의한 신고는 ("불가")하다. 〈휴폐 – 빵〉 ② 폐업신고가 수리된 이후에도 중개업을 계속한 경우에는 "무등록 중개업"으로 처벌된다(3년 – 3천 이하). ③ 폐업신고 이후에 다시 개업공인중개사로 업무를 수행하려면 재개신고를 하는 것이 아니고, 등록을 다시 하여야 한다(재등록).
위반시 제재	① 휴업신고, 폐업신고, 재개신고, 휴업기간변경신고는 모두 "사전신고"에 해당하며, 미리 신고를 하지 아니한 경우에는 "(　　)만원" 이하의 과태료사유에 해당한다. ② 휴업기간은 "6개월"을 초과할 수 없다(징집, 질병 등). 부득이한 사유 없이 6개월을 초과 무단 휴업을 한 경우에는 "등록이 취소"될 수 있다(상대적 등록취소사유).
간판 철거	① 휴업신고시에는 간판철거를 해야 할 필요가 없다. ② "폐업신고"를 한 경우에는 "지체 없이" 중개사무소 간판을 철거하여야 한다.
일원화	「공인중개사법」상의 휴업신고, 폐업신고, 휴업기간 변경신고, 재개신고를 하려는 자가 「부가가치세법」에 따른 신고를 "같이" 하려는 경우에는 「부가가치세법」상의 신고서에 공인중개사법의 신고서를 "함께" 제출해야 한다.
통보	"등록관청"은 신고 받은 사항을 다음 달 (　　)일까지 공인중개사협회에 통보하여야 한다.

정답　(3)개월 / (6)개월 / (100)만원 / (10)일

합격문제

56 중개업의 휴·폐업 등과 관련된 내용으로 "옳은" 것은?

① 3개월을 초과하는 휴업을 한 때에는 지체 없이 등록증을 첨부하여 휴업신고를 하여야 한다.

② 휴업신고를 한 후에 다시 업무를 재개한 경우에는 지체 없이 재개신고를 하여야 한다.

③ 중개업의 휴업신고와 「부가가치세법」상의 휴업신고를 함께 할 수 없다.

④ 휴업신고나 폐업신고는 전자문서에 의한 신고도 가능하다.

⑤ 부득이한 사유 없이 6개월을 초과하는 휴업을 한 경우에는 등록이 취소될 수 있다.

57 휴·폐업과 관련한 설명으로 "틀린" 것은?

① 중개사무소를 개설등록을 한 후 3개월이 초과하도록 업무를 개시하지 아니할 경우에는 미리 휴업신고를 하여야 한다.

② 질병이나 징집은 6개월을 초과하는 휴업을 할 수 있는 부득이한 사유에 해당되나, 임신이나 출산은 그러하지 아니하다.

③ 개업공인중개사가 재개신고를 하지 아니하고, 중개업무를 수행한 경우에는 100만원 이하의 과태료처분사유에 해당된다.

④ 재개신고를 받은 등록관청은 등록증을 즉시 반환하여야 한다.

⑤ 휴업신고를 한 경우에는 옥외광고물(간판)을 철거할 필요가 없으나, 폐업신고를 한 경우에는 지체 없이 철거를 하여야 한다.

58 다음은 공인중개사법령상 개업공인중개사의 휴업에 관한 설명이다. "틀린" 것은?

① 재개신고를 받은 등록관청은 지체 없이 등록증을 재교부하여야 한다.
② 법인 분사무소의 휴업신고시에는 분사무소 설치 신고확인서를 첨부하여야 한다.
③ 취학으로 인한 휴업의 경우에는 1년의 휴업을 신고할 수도 있다.
④ 3개월 이하의 휴업은 신고할 필요가 없다.
⑤ 신고해야 할 의무가 있는 휴업신고를 하지 아니하고 휴업을 한 경우에는 100만원 이하의 과태료처분의 대상이 된다.

59 공인중개사법령상 개업공인중개사의 휴업과 폐업신고에 관한 설명으로 "옳은" 것을 모두 고른 것은?

> ㉠ 개업공인중개사는 3개월 이상의 휴업을 하고자 하는 경우 미리 등록관청에 신고해야 한다.
> ㉡ 개업공인중개사가 휴업신고를 하고자 하는 때에는 국토교통부령이 정하는 신고서에 중개사무소 등록증을 첨부해야 한다.
> ㉢ 등록관청에 폐업신고를 할 때에는 개업공인중개사는 지체 없이 자격증을 첨부하여 폐업신고를 하여야 한다.
> ㉣ 폐업신고를 한 후에 다시 중개업을 하고자 할 때에는 미리 재개신고를 하여야 한다.

① ㉡
② ㉡, ㉢
③ ㉡, ㉢, ㉣
④ ㉠, ㉡, ㉢
⑤ ㉠, ㉡, ㉢, ㉣

[테마 15] 기본윤리와 중개계약

1. 기본윤리상의 의무

품위 유지, 신의 성실, 선관주의 의무	① "개업공인중개사" 및 "소속공인중개사"는 전문직업인으로서의 품위를 유지하고 신의와 성실로써 공정하게 중개관련 업무를 수행하여야 한다("중개보조원"에게는 적용되지 아니한다). ② 판례 부동산개업공인중개사와 중개의뢰인과의 법률관계는 「민법」상의 (위임)관계와 같으므로, 개업공인중개사는 "선량한 관리자"의 주의(선관주의)로써 중개업무를 하여야 할 의무가 있다.
비밀 준수 의무	① 개업공인중개사 "등"은 이 법 및 다른 법률에 특별한 규정이 있는 경우를 제외하고는 그 업무상 알게 된 비밀을 누설하여서는 아니 된다. 비밀준수의무는 개업공인중개사 등이 그 업무를 "떠난 후"에도 "계속" 유지되어야 한다. ② 비밀준수의무는 "중개보조원"에게도 (적용된다). ③ 비밀준수의무를 위반한 경우에는 ( )년 이하의 징역 또는 ( )만원 이하의 벌금에 처한다. 다만, 피해자의 의사에 반하여 처벌할 수는 없다(반의사불벌죄).

2. 중개계약의 종류와 일반중개계약상의 의무

중개 계약의 종류	① 중개계약(중개의뢰계약)의 성격 : "민사중개"계약, "낙성·불요식"계약, 유상·쌍무계약, "위임"계약의 성격, (선관주의의무 부담). "비전형"계약에 해당된다. ② 종류 : "일반중개계약"(법 제22조, 불특정다수의 개업공인중개사에 의뢰)과 "전속중개계약"(법 제23조, "특정"한 개업공인중개사를 지정하여 그에 한하여 중개할 수 있도록 의뢰)을 규정하고 있다.
일반 중개 계약	① 중개의뢰인은 중개의뢰내용을 명확하게 하기 위하여 필요한 경우에는 개업공인중개사에게 (거래예정가격, 위치 및 규모, 중개보수, 기타 준수할 사항 등을 기재한) "일반중개계약서"의 작성을 요청(할 수 있다). ② 요청을 받은 경우, 개업공인중개사는 일반중개계약서를 작성할 의무는 "( )".

일반 중개 계약서	① "(국토교통부장관)"은 일반중개계약서의 표준이 되는 서식을 정하여 그 사용을 권장할 수 있다. ② 권장서식은 정해져 있으나, 이를 사용할 의무는 "( )". ③ 개업공인중개사는 일반중개계약서를 작성·교부한 경우이더라도, 이를 보존해야 할 의무는 "( )". ④ 일반중개계약을 체결한 개업공인중개사는 물건에 대한 정보를 공개할 의무가 "( )", 업무처리상황을 의뢰인에게 문서로 통지할 의무도 "(없다)".

3. 전속중개계약상의 의무

(1) 전속개업공인중개사의 의무

의무사항	위반시
① 〈전속중개계약서 작성의무〉 전속중개계약을 체결한 개업공인중개사는 전속중개계약서를 "작성하여야" 한다. 전속중개계약서는 법정강제서식을 "사용하여야" 하며, 작성하여 의뢰인에 교부하고, 개업공인중개사는 ( )년 동안 "보존하여야" 한다.	업무 정지
② 〈정보공개의무〉 전속중개계약을 체결한 개업공인중개사는 물건에 대한 정보를 "( )일 이내"에 거래정보망 (또는) 일간신문에 공개하여야 한다. 다만 의뢰인이 비공개를 요청한 경우에는 공개해서는 아니 된다.	상대적 등록 취소 (업무 정지)
③ 〈통지의무〉 공개한 정보의 내용을 의뢰인에게 지체 없이 문서로 통지하여야 한다.	업무 정지
④ 〈업무처리상황 보고의무〉 전속중개계약을 체결한 개업공인중개사는 "( )주일"에 "1회 이상" 업무처리 상황을 의뢰인에게 (문서)로써 보고·통지하여야 한다.	업무 정지

전속중개계약시 정보공개사항
〈기.권.공법.수.벽.일.도 - - 거.지〉

① 대상물을 특정하기 위하여 필요한 사항 ("기본적"인 사항)
② 소유권, 전세권, 저당권 등 중개대상물의 "권리관계"에 관한 사항(다만, ★ 각 권리자의 주소·성명 등 "인적사항"에 관한 정보는 공개하여서는 아니 된다)
③ "공법상" 이용제한 및 거래규제에 관한 사항
④ "수도"·전기·가스·오수·폐수시설 등의 상태
⑤ "벽면" 및 도배의 상태
⑥ "일조"·소음·진동 등 환경조건
⑦ "도로" 및 대중교통수단과의 연계성, 시장·학교 등과의 근접성, 지형 등 입지조건
⑧ "거래예정금액" 및 "공시지가"(다만, "임대차"의 경우에는 "공시지가"를 공개하지 아니할 수 있다. ★)
❶ 비교: 취득시 부담할 "조세"나, "중개보수"는 전속중개시 공개할 사항에 해당하지 아니한다. ★

(2) 중개의뢰인의 의무

전속의뢰인이 유효기간 내	"다른" 개업공인 중개사의 중개를 통해 거래성사시	소개한 전속개업공 인중개사를 "배제"하고 직거래시	"스스로" 발견한 상대방과 직거래시
유효기간에 대한 특별한 약정이 없으면, "( )개월"이 원칙	약정보수 ( )%에 해당하는 금액을 "위약금"으로 지불하여야 한다.		약정보수의 ( )% 범위 내에서 개업 공인중개사 가 소요한(비 용)을 지불하 여야 한다.

중개의뢰인은 전속개업공인중개사가 중개대상물 확인·설명의무를 이행하는 데 협조하여야 한다.

정답 (1)년, (1천)만원 / (없다) / (없다) / (없다) / (없다) /
(3)년 / (7)일 / (2)주일 / (3)개월 / (100)% /
(50)%

60 공인중개사법령상 개업공인중개사의 의무에 관한 설명으로 "옳은" 것은? (다툼이 있으면 판례에 따름)

① 개업공인중개사가 비밀준수의무를 위반한 경우, 1년 이하의 징역 또는 1천만원 이하의 벌금형의 대상이 된다.

② 중개보조원이 비밀준수의무를 위반한 경우, 의뢰인의 반대의사가 있어도 처벌할 수 있다.

③ 개업공인중개사는 업무상 알게 된 의뢰인의 비밀을 준수하여야 하나, 그 직을 떠난 후에는 비밀준수의무가 소멸된다.

④ 개업공인중개사와 중개보조원은 전문직업인으로서 품위를 유지하고 신의와 성실로써 공정하게 중개업무를 수행하여야 한다.

⑤ 개업공인중개사와 중개의뢰인과의 법률관계는 「민법」상의 대리(代理)와 같으므로 개업공인중개사는 선량한 관리자의 주의로서 중개업무를 처리하여야 할 의무가 있다.

61 다음은 공인중개사법령상의 일반중개계약 등과 관련된 설명이다. "옳은" 것은?

① 일반중개계약서는 국토교통부장관이 표준이 되는 서식을 정하여 이를 권장할 수 있다.

② 중개의뢰인은 의뢰내용을 명확하게 하기 위하여 일반중개계약서 작성을 요청하여야 한다.

③ 일반중개계약서 작성의 요청이 있는 경우에는 개업공인중개사는 이를 작성하여야 하며, 위반시에는 업무정지처분의 대상이 된다.

④ 일반중개계약서는 개업공인중개사가 이를 작성하여 3년간 보존하여야 하며, 위반시에는 업무정지처분의 대상이 된다.

⑤ 일반중개계약을 체결한 개업공인중개사가 중개대상물에 대하여 정보공개를 한 경우에는 이를 의뢰인에게 지체 없이 통지하여야 한다.

62 전속중개계약을 체결한 개업공인중개사의 의무와 관련된 내용이다. ( ) 안에 들어갈 내용으로 옳게 나열된 것은?

> ㉠ 전속중개계약서를 작성하여 교부하고, (   )년간 보존하여야 한다.
> ㉡ 해당 물건의 정보를 (   )일 이내에 공개하여야 한다.
> ㉢ 공개한 정보를 (   ) 의뢰인에게 문서(서면)로, 통지하여야 한다.
> ㉣ 의뢰인에게 (   )주일에 1회 이상 업무 처리 상황을 문서(서면)로, 보고하여야 한다.
> ㉤ 거래정보망에 공개를 한 경우에는 거래성사의 사실을 (   ) 거래정보사업자에게 통보하여야 한다.

	㉠	㉡	㉢	㉣	㉤
①	3	7	지체 없이	1	지체 없이
②	3	7	지체 없이	2	지체 없이
③	3	10	지체 없이	2	지체 없이
④	5	10	즉시	2	즉시
⑤	5	10	즉시	3	즉시

63 다음의 전속중개계약에 관한 설명으로 "옳은" 것은?

① 개업공인중개사는 의뢰인의 비공개 요청이 없는 한, 중개대상물의 정보를 지체 없이 공개하여야 한다.

② 전속중개계약을 체결한 개업공인중개사는 중개의뢰인에게 2주일에 1회 이상 중개업무처리 상황을 구두로써 정확히 통지해야 한다.

③ 전속중개계약의 유효기간은 특약이 없는 한, 1개월이 원칙이다.

④ 중개의뢰인이 전속중개계약의 유효기간 내에 스스로 발견한 상대방과 직접 거래한 경우, 중개의뢰인은 개업공인중개사에게 중개보수의 50%를 지불해야 할 의무가 있다.

⑤ 개업공인중개사는 전속중개계약서를 3년간 보존하여야 한다.

64 공인중개사법령상 "전속중개계약"에 관한 내용으로 "옳은" 것을 모두 고르면?

공인중개사인 개업공인중개사 甲과 중개의뢰인 乙은 乙 소유의 아파트에 대한 매매계약을 위하여 유효기간 2개월의 전속중개계약을 체결하였다.

㉠ 2개월의 전속중개계약은 무효가 되고, 3개월의 전속중개계약을 체결하여야 한다.

㉡ 甲은 10일 이내에 물건에 대한 정보를 일간신문 또는 거래정보망에 공개를 하여야 한다.

㉢ 乙은 유효기간 중에 다른 개업공인중개사에게 매도의뢰를 한 경우에는 거래성사와 관련 없이 위약금을 지불하여야 한다.

㉣ 乙이 유효기간 중에 다른 개업공인중개사에게 매도의뢰를 하여 거래가 성사된 경우에는 그 거래계약은 무효이다.

㉤ 乙이 유효기간 중에 다른 개업공인중개사에게 의뢰를 하여 거래가 성사된 경우에는 甲에게 약정보수의 100%에 해당하는 금액을 중개보수로 지급하여야 한다.

㉥ 乙이 유효기간 중에 스스로 발견한 상대방과 직접거래를 한 경우에는 약정보수의 50%를 甲에게 지불하여야 한다.

① 1개   ② 2개   ③ 3개
④ 4개   ⑤ 0개

[테마 16] 일반중개계약서와 전속중개계약서의 구별

구분	일반중개계약서 서식(권장서식)	전속중개계약서 서식(강제서식)
	❶ 일반중개계약서, 전속중개계약서 서식은 별지서식으로 정해져 있다.	
차이점	1. 乙(개업공인중개사)의 의무사항 2. 甲(의뢰인)의 의무사항	1. 乙(개업공인중개사)의 의무사항 2. 甲(의뢰인)의 의무사항
공통	의뢰인은 개업공인중개사의 확인·설명시에 협조하여야 한다(공통점).	
	3. 유효기간 : 3개월을 원칙(협의하여 별도로 정할 수 있음) 4. 중개보수 5. 乙(개업공인중개사)의 손해배상책임 : 초과보수는 환급, 설명위반 손해액 배상책임 6. 그 밖의 사항 : 별도의 사항에 대하여 합의하여 정할 수 있음 ＊2통을 작성하여 각자 서명 "또는" 날인한 후, 1통씩 보관(소속공인중개사는 서명·날인의무 없다)	

공통점	❶ 이 법 시행규칙 별지서식의 중개계약서 기재란에는 "권리이전용"과 "권리취득용"으로 구분되어 있다.
	〈권리 이전용〉(매도, 임대 등)
	① 소유자 및 등기명의인
	② 중개대상물의 표시
	 〈소.면.연.구.용〉(소.면.지.지.용)
	  ㉠ "건축물" : 소재지, 면적, 건축연도, 구조, 용도
	  ㉡ "토지" : 소재지, 면적, 지목, 지역·지구 등, (현재) 용도
	  ㉢ 은행융자·권리금·제세공과금 등 (또는 월임대료, 보증금, 관리비용)
	③ 권리관계
	④ 거래규제 및 공법상 제한 사항
	⑤ 중개의뢰가액
	⑥ 기타	

공통점	〈권리 취득용〉(매수, 임차 등) ① "희망"물건의 종류 ② 취득"희망"가액 ③ "희망"지역 ④ 그 밖의 "희망"조건
	* 첨부서류: 중개보수 요율표(해당 내용을 요약 수록하거나, 별지로 첨부)

65 다음은 "일반중개계약서"와 "전속중개계약서"와 관련된 내용이다. "틀린" 내용을 모두 고르면?

> ㉠ 손해배상책임과 유효기간에 대한 기술 내용이 일반중개계약서와 동일하다.
> ㉡ 권리취득용 전속중개계약서에는 희망가격, 희망 물건의 종류와 희망지역을 기재한다.
> ㉢ 권리이전용 전속중개계약서에는 "물건의 표시"란에 건물의 소재, 면적, 연도, 구조, 용도, 내·외부 시설물의 상태를 기재하여야 한다.
> ㉣ 권리이전용 전속중개계약서에는 소유자 및 등기명의인, 권리관계를 기재하여야 한다.
> ㉤ 중개보수 요율표를 첨부하거나, 핵심내용을 요약 기재하여야 한다.

① 1개   ② 2개   ③ 3개
④ 4개   ⑤ 5개

66 개업공인중개사는 자신의 주택을 "매도"하고자 하는 중개의뢰인과 전속중개계약을 체결하였다. 이 경우 공인중개사법령상 법정서식인 전속중개계약서에 기재하는 항목을 모두 고른 것은?

> ㉠ 건물의 건축연도, 구조, 용도
> ㉡ 희망 지역
> ㉢ 취득 희망가격
> ㉣ 거래규제 및 공법상 제한사항
> ㉤ 취득시 부담할 조세의 종류 및 세율

① ㉠, ㉣   ② ㉠, ㉤
③ ㉡, ㉢   ④ ㉠, ㉣, ㉤
⑤ ㉡, ㉢, ㉤

정답 65. ①(㉢)   66. ①

[테마 17] 확인 · 설명의무

* 개업공인중개사는 중개의뢰를 받아 중개계약을 체결하면, 중개대상물에 대하여 조사하고 확인하고, 조사 · 확인한 바를 권리를 취득하려는 중개의뢰인에게 설명하여야 한다(중개대상물 확인 · 설명의무).

1. 중개대상물의 확인 · 설명의 방법

① 물건에 대한 설명은 권리를 (취득)하고자 하는 의뢰인에게 (대장 · 등기부 등) 근거자료를 제시 (하고), 성실하고 정확하게 설명하여야 한다(제시하거나 ×).
② 물건에 대한 설명은 중개가 완성(되기 전)에 설명하여야 한다(완성된 후 ×).

2. 개업공인중개사의 확인 · 설명의무와 확인 · 설명서 작성 · 교부의무

구분	확인 · 설명의무	확인 · 설명서 작성, 교부의무
시기	중개계약체결시 ~ 거래계약성립 전까지 <즉, 중개가 완성되기 "전">	중개 완성되어 거래계약서를 작성하는 때 <즉, 중개가 완성된 "후">
대상	권리를 "취득"하고자 하는 의뢰인	거래당사자 "쌍방"에게 교부
내용	권리관계 등에 대하여 확인하여 근거자료를 제시하고 성실 · 정확하게 설명하여야 한다.	• 확인 · 설명한 사항을 서면(확인 · 설명서 : 법정서식)으로 작성하고, 서명 "및" 날인하여야 하며, 쌍방에게 교부하고, 보존하여야 한다 • 보존 : ( )년간 그 원본, 사본 또는 전자문서를 보관하여야 한다(공인전자문서센터에 보관시에는 제외).
위반 시	① 개업공인중개사 (500만원 이하의 과태료) ② 소속공인중개사 (자격정지)	개업공인중개사 (업무정지)

중개시 확인 · 설명사항

〈기.권.공법. / 수.벽.일.도 - .조.거.수〉

① 당해 중개대상물에 관한 기본적인 사항(소재지, 면적 등)
② 중개대상물의 권리관계에 관한 사항
③ 토지이용계획, "공법"상 거래규제 및 이용제한에 관한 사항
④ 수도 · 전기 · 가스 등 시설물의 상태
⑤ 벽면 · 바닥면 및 도배의 상태
⑥ 일조 · 소음 · 진동 등 "환경조건"
⑦ 도로 및 학교와의 근접성 등 "입지조건"
⑧ 권리를 "취득"함에 따라 부담하여야 할 조세의 종류 및 세율(이전조세 ×, 보유세 ×)
⑨ 거래예정금액, 중개보수 및 실비의 금액과 그 산출내역(거래가격 ×)

3. 주택임대차물건의 추가설명사항

㉠ 「주택임대차보호법」 제3조의6 제4항에 따라 확정일자부여기관에 정보제공을 요청할 수 있다는 사항
㉡ 「국세징수법」 제109조 제1항 · 제2항 및 「지방세징수법」 제6조 제1항 · 제3항에 따라 임대인이 납부하지 아니한 국세 및 지방세의 열람을 신청할 수 있다는 사항
㉢ 관리비 금액과 그 산출내역
㉣ 「주택임대차보호법」 제3조의7에 따른 "임대인의 정보 제시 의무 및 같은 법 제8조에 따른 보증금 중 일정액의 보호
㉤ 「주민등록법」 제29조의2에 따른 "전입세대확인서"의 열람 또는 교부에 관한 사항
㉥ 「민간임대주택에 관한 특별법」 제49조에 따른 임대보증금에 대한 보증에 관한 사항(민간임대주택인 경우)

4. 자료요구권 및 신분증요구권

① 개업공인중개사는 중개대상물의 매도 · 임대의뢰인 등 권리를 "이전"하고자 하는 자에게 당해 중개대상물에 대한 "상태"에 관한 자료를 요구할 수 있다.
② 요구할 수 있는 "상태에 관한 자료" : 수도 · 전기 · 가스 등 시설물의 상태 , 벽면 및 도배상태, 일조 · 소음 · 진동 등 환경조건[❶ 비선호시설이나 입지조건 등은 자료요구 대상이 아니다]
③ 자료 요구에 불응시 : 불응한 사실을 매수 · 임차의뢰인에게 (설명하고), 확인 · 설명서에 기재하여야 한다(직접 조사할 권한은 없다).

④ 개업공인중개사는 중개업무의 수행을 위하여 필요한 경우에는 중개의뢰인에게 주민등록증 등 신분을 확인할 수 있는 증표를 제시할 것을 요구할 수 있다.

5. 주요판례

구분	확인·설명의무 관련 주요판례
무상 중개시	1. 부동산중개계약에 따른 개업공인중개사의 "확인·설명의무"와 이에 위반한 경우의 "손해배상의무"는 중개의뢰인이 개업공인중개사에게 소정의 "중개보수"를 지급하지 아니하였다고 해서 당연히 소멸되는 것이 아니다.
권리자 확인	2. 확인·설명사항으로서의 권리관계에는 "권리자"에 관한 사항도 "포함"된다. 그러므로 개업공인중개사는 매도의뢰인이 진정한 권리자와 동일인인지의 여부를 부동산등기부와 주민등록증 등을 통하여 조사·확인해야 할 의무가 있다.
측량 의무	3. 개업공인중개사가 중개대상물의 현황을 측량까지 하여 확인·설명할 의무는 없다.
근저당 설정	4. 중개대상물건에 "근저당"이 설정된 경우에는 개업공인중개사는 "채권최고액"만을 조사·확인해서 의뢰인에게 설명하면 족하고, 실제의 현재 채무액까지 설명해 주어야 할 의무는 없다(다만, 현재 채무액에 대하여 설명을 잘못하여 중개사고 발생시에 손해배상책임은 있다).
다가구 주택 일부 임대차	5. 개업공인중개사는 "다가구주택의 일부"에 대한 임대차계약을 중개함에 있어서 … 임대의뢰인에게 그 다가구주택 내에 "이미" 거주해서 살고 있는 다른 임차인의 임대차계약내역 중 (개인정보에 관한 부분을 제외하고) 임대차 "보증금", 임대차의 시기와 종기 등에 관한 부분의 자료를 요구하여 이를 확인한 다음, 임차의뢰인에게 설명하고 그 자료를 제시하여야 한다. 6. 다가구주택에서 "먼저" 대항력을 취득한 임차인의 "보증금"이 얼마나 되는지 또는 소액임차인의 수가 어느 정도인지는 임차인이 보증금을 돌려받지 못할 위험성을 따져보고 계약체결 여부를 결정하는 데 중요한 사항이며, 이를 잘못 설명한 경우에는 중개계약상 의무 위반에 해당한다.

정답 (3)년

67 개업공인중개사의 중개대상물 확인·설명의무와 관련된 내용이다. 옳은 것은 모두 몇 개 인가?

ⓐ 개업공인중개사는 권리를 이전하고자 하는 의뢰인에게 당해 대상물의 상태에 관한 자료를 요구할 수 있으며, 이에는 일조·소음·진동·비선호시설에 관한 자료도 포함된다.
ⓑ 권리이전 의뢰인이 개업공인중개사의 자료요구에 불응한 경우에는 이를 권리를 취득하고자 하는 의뢰인에게 설명하거나, 확인·설명서에 기재하여야 한다.
ⓒ 중개의뢰를 받으면 중개대상물에 대하여 거래당사자 쌍방에게 설명의 근거자료를 제시하고 성실·정확하게 설명하여야 한다.
ⓓ 확인·설명해야 할 사항에는 당해 대상물의 권리를 "이전"할 때 부담할 조세도 포함된다.
ⓔ 확인·설명서는 반드시 원본으로 3년 보존하여야 한다(공인전자문서센터 보관시 제외).

① 1개　　　　② 2개　　　　③ 3개
④ 4개　　　　⑤ 0개

68 개업공인중개사의 중개대상물에 대한 확인·설명의무에 관한 설명으로 "틀린" 것은?

① 설명시에는 성실하고 정확하게 설명하여야 하며 설명의 근거자료를 제시하여야 한다.
② 중개대상 물건에 대한 설명은 권리를 취득하고자 하는 중개의뢰인에게 하여야 한다.
③ 취득시 부담할 조세의 종류와 세율을 설명해야 할 사항에 해당된다.
④ 점유권은 등기사항증명서로 확인할 수 없으므로, 확인·설명의 대상이 아니다.
⑤ 개업공인중개사는 확인·설명서의 원본, 사본 또는 전자문서를 3년간 보존(공인전자문서센터에 보존 시에는 제외)하여야 한다.

69 다음은 중개대상물 확인·설명의무에 관한 판례에 대한 내용이다. "옳은" 것은?

① 개업공인중개사가 중개대상물에 대하여 성실하고 정확하게 설명하지 아니한 경우에는 업무정지처분의 대상이 된다.

② 중개대상물 확인·설명사항으로서의 권리관계에는 권리자에 관한 사항은 포함되지 않는다.

③ 개업공인중개사는 다가구주택의 일부에 대한 임대차계약을 중개함에 있어서 임대의뢰인에게 그 다가구주택 내에 이미 거주해서 살고 있는 다른 임차인의 임대차계약 내역까지 확인할 필요는 없다.

④ 개업공인중개사의 확인·설명의무는 중개의뢰인이 개업공인중개사에게 소정의 중개보수를 지급하지 아니하는 경우에는 소멸된다.

⑤ 중개대상물건에 근저당이 설정된 경우에는 개업공인중개사는 채권최고액을 설명하여야 하며, 실제의 현재 채무액까지 설명해 주어야 할 의무는 없다.

70 개업공인중개사가 주택의 임대차를 중개할 때에 임차의뢰인에게 설명해야 할 사항을 모두 고르면?

> ㉠ 「주택임대차보호법」에 따라 확정일자부여기관에 정보제공을 요청할 수 있다는 사항
> ㉡ 「국세징수법」 및 「지방세징수법」에 따라 임대인이 납부하지 아니한 국세 및 지방세의 열람을 신청할 수 있다는 사항
> ㉢ 관리비 금액과 그 산출내역
> ㉣ 「주택임대차보호법」에 따른 "임대인의 정보 제시 의무 및 보증금 중 일정액의 보호
> ㉤ 「주민등록법」에 따른 "전입세대확인서"의 열람 또는 교부에 관한 사항
> ㉥ 「민간임대주택에 관한 특별법」에 따른 임대보증금에 대한 보증에 관한 사항

① ㉠, ㉡, ㉢   ② ㉣, ㉤, ㉥
③ ㉠, ㉡, ㉣, ㉤   ④ ㉢, ㉣, ㉤, ㉥
⑤ ㉠, ㉡, ㉢, ㉣, ㉤, ㉥

[테마 18] 확인·설명서 서식(개정내용)

* 중개대상물 확인·설명서 서식은 물건의 종류에 따라 4종류가 있다(영문서식도 있음).

〈주거용 건축물 확인·설명서 [Ⅰ] 작성방법〉

1. ⑩ 실제 권리관계 또는 공시되지 않은 물건의 권리사항부터 ⑬ 환경조건까지의 항목을 확인하기 위한 자료의 요구 및 그 불응 여부를 적는다(세부 확인사항).

2. ① 대상물건의 표시부터 ⑨ 취득시 부담할 조세의 종류 및 세율까지는 개업공인중개사가 확인한 사항을 적어야 한다(기본 확인사항).

3. ① 대상물건의 표시는 토지"대장" 및 건축물"대장" 등을 확인하여 적고, 건축물의 방향은 주택의 경우 거실이나 안방 등 "주실(主室)"의 방향을, 그 밖의 건축물은 주된 출입구의 방향을 기준으로 (중략) 적는다.

4. ② 권리관계의 "등기부 기재사항"은 "등기사항증명서"를 확인하여 적는다.

   가. 대상물건에 "신탁등기"가 되어 있는 경우에는 "수탁자" 및 "신탁물건(신탁원부 번호)"임을 적고, 신탁원부 약정사항에 명시된 대상물건에 대한 임대차계약의 요건(수탁자 및 수익자의 동의 또는 승낙, 임대차계약 체결의 당사자, 그 밖의 요건 등)을 확인하여 그 요건에 따라 유효한 임대차계약을 체결할 수 있음을 설명(신탁원부 교부 또는 ⑩ 실제 권리관계 또는 공시되지 않은 물건의 권리사항에 주요 내용을 작성)해야 한다.

   나. 대상물건에 공동담보가 설정되어 있는 경우에는 "공동담보 목록" 등을 확인하여 공동담보의 채권최고액 등 해당 중개물건의 권리관계를 명확히 적고 설명해야 한다.

   ※ 예를 들어, 다세대주택 건물 전체에 설정된 근저당권 현황을 확인·제시하지 않으면서, 계약대상 물건이 포함된 일부 호실의 공동담보 채권최고액이 마치 건물 전체에 설정된 근저당권의 채권최고액인 것처럼 중개의뢰인을 속이는 경우에는 「공인중개사법」 위반으로 형사처벌 대상이 될 수 있다.

5. ③ 토지이용계획, 공법상 이용제한 및 거래규제에 관한 사항(토지)의 "건폐율 상한 및 용적률 상한"은 시·군의 조례에 따라 적고, "도시·군계획시설", "지구단위계획구역, 그 밖의 도시·군관리계획"은 개업공인중개사가 확인하여 적으며, "그 밖의 이용제한 및 거래규제사항"은 토지이용계획확인서의 내용을 확인하고, 공부에서 확인할 수 없는 사항은 부동산종합공부시스템 등에서 확인하여 적는다(임대차의 경우에는 생략할 수 있다).

6. ④ 임대차 확인사항은 다음 각 목의 구분에 따라 적는다.
   가. 「주택임대차보호법」 제3조의7에 따라 "임대인"이 확정일자 부여일, 차임 및 보증금 등 정보(확정일자 부여 현황 정보) 및 국세 및 지방세 납세증명서(국세 및 지방세 체납 정보)의 제출 또는 열람 동의로 갈음했는지 구분하여 표시하고, 「공인중개사법」 제25조의3에 따른 임차인의 권리에 관한 설명 여부를 표시한다.
   나. 임대인이 제출한 전입세대 확인서류가 있는 경우에는 확인에 √로 표시를 한 후 설명하고, 없는 경우에는 미확인에 √로 표시한 후, 「주민등록법」 제29조의2에 따른 전입세대확인서의 열람·교부 방법에 대해 설명한다(임대인이 거주하는 경우이거나 확정일자 부여현황을 통해 선순위의 모든 세대가 확인되는 경우 등에는 "해당 없음"에 √로 표시한다).
   다. "최우선변제금"은 근저당권 등 선순위 담보물권이 설정되어 있는 경우 "선순위" 담보물권 설정 "당시"의 "소액"임차인범위 및 최우선변제금액을 기준으로 적어야 한다.
   라. "민간임대 등록 여부"는 대상물건이 「민간임대주택에 관한 특별법」에 따라 등록된 민간임대주택인지 여부를 같은 법 제60조에 따른 "임대주택정보체계"에 접속하여 확인하거나 임대인에게 확인하여 "[ ]"안에 √로 표시하고, 민간임대주택인 경우 같은 법에 따른 권리·의무사항을 임대인 및 임차인에게 설명해야 한다.

   ※ 민간임대주택은 「민간임대주택에 관한 특별법」 제5조에 따른 임대사업자가 등록한 주택으로서, 임대인과 임차인 간 임대차계약(재계약 포함)시에는 다음의 사항이 적용된다.

   - 「민간임대주택에 관한 특별법」 제44조에 따라 임대의무기간 중 임대료 증액청구는 5%의 범위에서 초과하여 청구할 수 없으며, 임대차계약 또는 임대료 증액이 있은 후 1년 이내에는 그 임대료를 증액할 수 없다.
   - 「민간임대주택에 관한 특별법」 제45조에 따라 임대사업자는 임차인이 의무를 위반하거나 임대차를 계속하기 어려운 경우 등에 해당하지 않으면 임대의무기간 동안 임차인과의 계약을 해제·해지하거나 재계약을 거절할 수 없다.

   마. "계약갱신요구권 행사 여부"는 임차인이 "있는" 경우 매도인(임대인)으로부터 계약갱신요구권 행사 여부에 관한 사항을 확인할 수 있는 서류를 받으면 "확인"에 √로 표시하여 해당 서류를 첨부하고, 서류를 받지 못한 경우 "미확인"에 √로 표시하며, 임차인이 없는 경우에는 "해당 없음"에 √로 표시한다.

7. ⑥ "관리비"는 직전 "1년"간 "월평균 관리비" 등을 기초로 산출한 총 금액을 적되, 관리비에 포함되는 비목들에 대해서는 해당하는 곳에 √로 표시하며, 그 밖의 비목에 대해서는 √로 표시한 후 비목 내역을 적는다. 관리비 부과방식은 해당하는 곳에 √로 표시하고, 그 밖의 부과방식을 선택한 경우에는 그 부과방식에 대해서 작성해야 한다. 이 경우 세대별 사용량을 계량하여 부과하는 전기료, 수도료 등 비목은 실제 사용량에 따라 금액이 달라질 수 있고, 이에 따라 총 관리비가 변동될 수 있음을 설명해야 한다.

8. ⑦ "비선호시설(1km 이내)"의 "종류 및 위치"는 대상물건으로부터 "1km 이내"에 "사회통념"상 기피 시설인 화장장·봉안당·공동묘지·쓰레기처리장·쓰레기소각장·분뇨처리장·하수종말처리장 등의 시설이 있는 경우, 그 시설의 종류 및 위치를 적는다.

9. ⑧ 거래예정금액 등의 "거래예정금액"은 중개가 완성되기 "전" 거래예정금액을, "개별공시지가(㎡당)" 및 "건물(주택)공시가격"은 중개가 완성되기 "전" 공시된 공시지가 또는 공시가격을 적는다[임대차의 경우에는 "개별공시지가(㎡당)" 및 "건물(주택)공시가격"을 생략할 수 있다].

10. ⑨ 취득시 부담할 조세의 종류 및 세율은 중개가 완성되기 전 「지방세법」의 내용을 확인하여 적는다(임대차의 경우에는 제외한다).

11. ⑩ 실제 권리관계 또는 공시되지 않은 물건의 권리 사항은 매도(임대)의뢰인이 고지한 사항(법정지상권, 유치권, 「주택임대차보호법」에 따른 임대차, 토지에 부착된 조각물 및 정원수, 계약 전 소유권 변동 여부, 도로의 점용허가 여부 및 권리·의무 승계 대상 여부 등)을 적는다. 「건축법 시행령」[별표 1] 제2호에 따른 공동주택(기숙사는 제외한다) 중 분양을 목적으로 건축되었으나 "분양되지 않아" 보존등기만 마쳐진 상태인 공동주택에 대해 "임대차"계약을 알선하는 경우에는 이를 임차인에게 설명해야 한다(주: 미분양 여부를 설명해야 한다).
    ※ 임대차계약의 경우 현재 존속 중인 임대차의 임대보증금, 월 단위의 차임액, 계약기간 및 임대차 계약의 장기수선충당금의 처리 등을 확인하여 적는다. 그 밖에 경매 및 공매 등의 특이사항이 있는 경우 이를 확인하여 적는다.

12. ⑪ 내부·외부 시설물의 상태(건축물), ⑫ 벽면·바닥면 및 도배 상태와 ⑬ 환경조건은 중개대상물에 대해 개업공인중개사가 매도(임대)의뢰인에게 자료를 요구하여 확인한 사항을 적고, ⑪ 내부·외부 시설물의 상태(건축물)의 "그 밖의 시설물"은 가정자동화 시설(IT 관련 시설)의 설치 여부를 적는다.

13. ⑮ 중개보수 및 실비는 개업공인중개사와 중개의뢰인이 협의하여 결정한 금액을 적되 "중개보수"는 거래예정금액을 기준으로 계산하고, "산출내역(중개보수)"은 "거래예정금액(임대차의 경우에는 임대보증금 + 월 단위의 차임액 × 100) × 중개보수 요율"과 같이 적는다. 다만, 임대차로서 거래예정금액이 5천만원 미만인 경우에는 "임대보증금 + 월 단위의 차임액 × 70"을 거래예정금액으로 한다.

14. 공동중개시 참여한 개업공인중개사(소속공인중개사를 포함한다)는 모두 서명·날인해야 하며, 2명을 넘는 경우에는 별지로 작성하여 첨부한다.

[확인·설명서 비교정리]

1. (물건표시), (권리관계), 실제권리관계(미공시된 물건의 권리에 관한 사항)는 4종류 양식에 기재란이 모두 다 있다.

2. (조세), (거래예정가격), (보수)도 4종류 양식에 기재란이 모두 다 있다.

3. Ⅰ. 개업공인중개사 "기본 확인사항("개업공인중개사"가 확인하여 기재할 사항)"에는 ① 물건의 표시, ② 권리관계, ③ 공법상 제한, ④ 임대차 확인사항, ⑤ 입지조건, ⑥ 관리에 관한 사항, ⑦ 비선호시설, ⑧ 거래예정금액, ⑨ 취득 조세를 기재한다.

4. Ⅱ. 개업공인중개사 "세부 확인사항("자료 요구"하여 확인하여 "세부적"으로 기재할 사항)"에는 ⑩ 실제권리관계, ⑪ 내·외부시설물의 상태, ⑫ 벽면·바닥면 및 도배 상태, ⑬ 환경조건(일조·소음·진동)을 기재한다.

5. "임대차" 중개의 경우에는 ① 미분양 아파트 인지를 설명하여야 하고, ② "공시"지가·"공시"가격은 기재를 생략 가능, ③ "공법"상 이용제한·거래규제는 기재를 생략 가능하고, ④ "취득 조세"는 기재를 제외한다.

5-1. 〈주거용 건축물 확인·설명서 [Ⅰ]〉

(1) ④ "주택임대차확인사항"에는 확정일자 부여현황 정보, 국세 및 지방세 체납정보, 전입세대 확인서, 최우선변제금, 민간임대등록 여부, 계약갱신요구권 행사 여부를 기재하는 란이 있다.

(2) 개업공인중개사는 임대차확인사항을 임대인 및 임차인에게 설명하였음을 확인하는 임대인과 임차인의 서명 "또는" 날인을 받고, 개업공인중개사도 서명 "또는" 날인을 하여야 한다.

(3) 〈서식내용〉
    ※ 민간임대주택의 임대사업자는 「민간임대주택에 관한 특별법」 제49조에 따라 임대보증금에 대한 보증에 가입해야 한다.
    ※ 임차인은 주택도시보증공사(HUG) 등이 운영하는 전세보증금반환보증에 가입할 것을 권고한다.
    ※ 임대차 계약 후 「부동산 거래신고 등에 관한 법률」 제6조의2에 따라 30일 이내 신고해야 한다(신고시 확정일자 자동부여).
    ※ 최우선변제금은 근저당권 등 선순위 담보물권 설정 당시의 소액임차인범위 및 최우선변제금액을 기준으로 한다.

6. "중개보수"는 "거래예정금액"을 기준으로 계산한다(거래가 기준 ×).

7. "비주거용 건축물 확인 · 설명서(Ⅱ)"에는, 도배, 환경조건, 교육시설, 비선호시설을 기재하는 란이 없다.

8. "토지용 확인 · 설명서(Ⅲ)"에는, "건물"에 대한 사항, 건물의 "상태"(내 · 외부시설물의 상태, 벽면 · 바닥면 및 도배 상태), 건물의 "관리"에 관한 사항을 기재하는 란이 없다. 또한, "교육"시설, "주차장", "환경조건"(일조 · 소음 · 진동)을 기재하는 란이 없다.

9. 입목 · 광업재단 · 공장재단 확인 · 설명서(Ⅳ)에는 모든 서식의 "공통기재사항"과, ③ 입목의 생육상태 · 재단목록을 기재하는 란이 있다(공법상 이용제한 · 거래규제는 기재란이 없다).

10. 오직 <"주거용 건축물(Ⅰ)">에만 있는 것은, "(소방)" "단독"경보형 감지기, "도배", "환경조건", "다가구 주택확인서류 제출 여부" "주택임대차관련사항", "현장안내", "관리비"는 오로지 "주거용 건축물 확인 · 설명서(Ⅰ)" 서식에만 기재란이 있다.
    ❶ 〈단독으로 도배하다, 환장해서, 다 … 주거용 … 임대차, 관리비는 현장에서 …〉

11. "⑩ 내 · 외부시설물의 상태"에서 "기타 시설물"란에는 〈주거용〉: 가정자동화 시설설치 여부를 기재한다. 〈주거는 가정자동화〉

12. "주거용 건축물" 확인 · 설명서(Ⅰ)와 "비주거용 건축물" 확인 · 설명서(Ⅱ)에는 "내진 설계"적용 여부와 "내진 능력"을 기재하며, "민간임대"등록 여부와 "계약갱신"요구권행사 여부를 확인하여 기재한다.

13. 재산세는 "6개월 1일" 기준으로 대상물건의 소유자가 납세의무를 부담한다.

[MEMO]

■ 중개대상물건의 종류에 따른 서식의 비교

구분	I (주거용 건축물)	II (비주거용 건축물)	III (토지)	IV (입목 · 광업재단 · 공장재단)
I . 개업공인중개사 기본 확인사항				
① 대상물건의 표시	○	○	○	○
② 권리관계(등기부기재사항)	○	○	○	○
③ 토지이용계획, 공법상 이용제한 · 거래규제(토지)	○	○	○	공법상 제한 × (입목생육상태 · 재단목록을 기재)
④ 임대차 확인사항 (확정일자 부여현황정보, 국세 및 지방세 체납정보, 전입세대 확인서, 최우선변제금, 민간임대등록 여부, 계약갱신요구권 행사 여부)	○	×	×	×
⑤ 입지조건 [도로(접근성), 대중교통, 주차장, 교육시설]	입지조건 ○ (도 · 대 · 차 · 교육)	입지조건 ○ (도 ○ · 대 ○ · 차 ○ · 교육 ×)	입지조건 ○ (도 ○ · 대 ○ · 차 × · 교육 ×)	×
⑥ 관리에 관한 사항 (경비실, 관리주체, 관리비)	○ (관리비 포함)	○ (관리비 제외)	×	×
⑦ 비선호시설(1km 이내)	○	×	○	×
⑧ 거래예정금액 등 (개별공시지가 · 공시가격)	○	○	○	○
⑨ 취득시 부담할 조세	○	○	○	○
II . 개업공인중개사 세부 확인사항				
⑩ 실제권리관계 또는 공시되지 않은 물건의 권리사항	○	○	○	○
⑪ 내 · 외부 시설물의 상태 [수도 · 전기 · 가스(취사용) · 소방 · 난방 · 승강기 · 배수 · 기타 시설]	○	○	×	×
⑫ 벽면 · 바닥면 및 도배 상태	○ (벽면 ○, 바닥면 ○, 도배 ○)	○ (벽면 ○, 바닥면 ○, 도배 ×)	×	×
⑬ 환경조건(일조 · 소음 · 진동)	○	×	×	×
⑭ 현장안내(현장안내자, 중개보조원 신분 고지 여부)	○	×	×	×
III . 중개보수 등에 관한 사항				
⑮ 중개보수 · 실비	○	○	○	○

71 다음은 중개업의 확인·설명서에 관한 내용이다. "틀린" 것은?

① 주거용 건축물[Ⅰ]의 경우에는 "환경조건"란에 일조·소음·진동·비선호시설을 기재하여야 한다.

② 주거용 건축물[Ⅰ]의 경우에는 "소방"란에 단독경보형감지기 설치 여부를 확인하여 세부 확인사항으로 기재하여야 한다.

③ 5층 이상의 아파트의 경우에는 단독경보형감지기 설치 여부를 기재할 필요가 없다.

④ "취득 조세"와 "중개보수"란은 확인·설명서 4가지 서식 모두에 기재되는 란이 있다.

⑤ 주거용 건축물[Ⅰ]이나 비주거용 건축물[Ⅱ]의 경우에는 내진설계 여부와 내진능력을 확인하여 기본 확인사항으로 기재하여야 한다.

72 "주거용" 건축물의 확인·설명서[Ⅰ]의 작성방법 등에 관한 내용이다. "옳은" 것은? (개정서식 기준)

① 건물의 방향은 주택의 경우에는 주된 출입구의 방향을 기준으로, 기타 건축물의 경우에는 주실(主室)의 방향을 기준으로 기재한다.

② "관리에 관한 사항"란에는 경비실, 관리주체를 기재하되, 관리비에 관한 내용을 기재할 필요는 없다.

③ "입지조건"란에는 도로, 대중교통, 주차장, 판매·의료시설, 교육시설을 확인하여 기재한다.

④ "개별공시지가" 및 "건물(주택)공시가격"은 중개완성 후의 공시된 개별공시지가 또는 공시가격을 기재한다.

⑤ 임대차의 경우에는 취득 조세의 종류 및 세율을 기재하지 아니하며, 또한 토지이용계획·공법상의 이용제한 및 거래규제에 관한 사항은 기재를 생략할 수 있다.

73 주거용 건축물의 확인·설명서[Ⅰ]의 작성방법 등에 관한 내용이다. "옳게" 연결된 것은? (개정서식 기준)

① 내·외부시설물의 상태 – 개업공인중개사 기본 확인사항 – 수도, 전기, 가스, 소방, 난방, 승강기, 배수, 기타 시설물

② 현장안내 – 개업공인중개사 세부 확인사항 – 현장안내자, 소속공인중개사 신분 고지 여부

③ 입지조건 – 개업공인중개사 세부 확인사항 – 도로, 대중교통, 주차장, 교육시설

④ 임대차확인사항 – 개업공인중개사 기본 확인사항 – 확정일자 부여현황정보, 국세 및 지방세 체납정보, 전입세대 확인서, 최우선변제금, 민간임대 등록 여부, 계약갱신요구권행사 여부

⑤ 비선호시설 – 개업공인중개사 세부 확인사항 – 1km 이내 혐오시설 등

74 "비주거용 건축물의 확인·설명서[Ⅱ]"에 기재하는 내용에 관한 설명 중 "틀린" 것은?

① "토지이용계획, 공법상 이용제한 및 거래규제에 관한 사항(토지)"의 "건폐율 상한 및 용적률 상한"은 시·군의 조례에 따라 기재하고, "도시계획시설", "지구단위계획구역, 그 밖의 도시관리계획"은 개업공인중개사가 확인하여 기재한다.

② "벽면·바닥면" 상태는 기재를 하지만, "도배" 상태는 기재하지 않는다.

③ "입지조건"란에 "도로, 대중교통, 주차장을 기재한다.

④ "내 외부의 시설물 상태(건축물)"의 "그 밖의 시설물"은 가정자동화시설을 기재한다.

⑤ 근저당 등이 설정된 경우 채권최고액을 확인하여 기재한다.

75 중개대상물 확인·설명서에 대한 내용이다. "틀린" 것은?

① "비주거용 건축물 확인·설명서[Ⅱ]"에는 도배, 환경조건, 교육시설을 기재하는 란이 없다.
② "토지용 확인·설명서[Ⅲ]"에는 "내·외부시설물의 상태"와 "벽면·바닥면 및 도배 상태"를 기재하는 란은 없다.
③ "토지용 확인·설명서[Ⅲ]"에는 "입지조건"을 기재하는 란은 없다.
④ "입목, 광업재단, 공장재단"의 경우에는 입목의 생육상태와 재단목록을 기재한다.
⑤ 확인·설명서는 외국인을 위한 영문서식이 정해져 있다.

76 공인중개사법령상 개업공인중개사가 "토지"의 중개대상물 "확인·설명서[Ⅲ]"에 기재해야 할 사항에 해당하는 것은 모두 몇 개인가?

- 일조·소음 등 환경조건
- 수도·전기·가스 등 내·외부시설물의 상태
- 비선호시설(1km 이내)의 유무
- 공법상 이용제한 및 거래규제에 관한 사항
- 도로, 대중교통수단과의 연계성

① 1개   ② 2개   ③ 3개
④ 4개   ⑤ 5개

77 공인중개사법령상 "주거용 건축물 확인·설명서[Ⅰ]"에 관한 설명으로 "틀린" 것은?

① 대상물건에 공동담보가 설정되어 있는 경우에는 공동담보 목록 등을 확인하여 공동담보의 채권최고액 등 해당 중개물건의 권리관계를 기재하여야 한다.
② 다세대주택 건물 전체에 설정된 근저당권 현황을 확인·제시하지 않으면서, 계약대상 물건이 포함된 일부 호실의 공동담보 채권최고액이 마치 건물 전체에 설정된 근저당권의 채권최고액인 것처럼 중개의뢰인을 속이는 경우에는 「공인중개사법」 위반으로 형사처벌 대상이 될 수 있다.
③ 임대차 확인사항에서, 최우선변제금은 근저당권 등 선순위 담보물권이 설정되어 있는 경우 선순위 담보물권 설정 당시의 소액임차인범위 및 최우선변제금액을 기준으로 적어야 한다.
④ 임차인은 주택도시보증공사(HUG) 등이 운영하는 전세보증금반환보증에 가입할 것을 권고한다.
⑤ 비선호시설의 종류 및 위치는 대상물건으로부터 2km 이내에 의뢰인을 기준으로 기피 시설의 종류 및 위치를 적는다.

[테마 19] 거래계약서 작성의무

1. 거래계약서 작성의무

기본 개념	개업공인중개사는 거래가 성사되면 거래계약서를 작성하여 거래당사자 쌍방에게 교부하고, 하나를 보존하여야 한다.
서식	① 거래계약서(매매계약서, 임대차계약서 등)는 공인중개사법령상의 법정 서식은 "없다". ② "국토교통부장관"은 표준서식을 정하여 그 사용을 권장할 수 있다(현재는 공인중개사법령상 권장서식조차도 없다).
거래 계약서 작성 의무	① 개업공인중개사는 필요적 기재사항을 빠뜨리지 아니하고 거래계약서를 작성하고 서명 "및" 날인하여야 한다(서명 또는 날인 ×). ② 개업공인중개사는 (　)년간 그 원본, 사본 또는 전자문서를 보관하여야 한다(공인전자문서센터에 보관시에는 제외). (위반시 모두 업무정지)
이중 계약서 작성 금지	① 거짓계약서 (이중계약서) 작성의 금지 ② 위반시: 개업공인중개사는 상대적 등록취소사유(또는 업무정지), 소속공인중개사는 자격정지) ❶ 1년 － 1천은 아님에 유의 ③ 판례 양도소득세의 일부를 회피할 목적으로 매매계약서에 실제로 거래한 가액을 그보다 낮은 금액을 매매대금으로 기재하였다 하여, 그것만으로 그 매매계약이 사회질서에 반하는 법률행위로서 무효로 된다고 할 수는 없다. ❶ 주: 거짓계약서를 작성한 경우라도, 진정한 거래계약은 유효하다.

2. 거래계약서의 필요적(필수적) 기재사항

개업공인중개사나 소속공인중개사가 거래계약서를 작성할 때에는 반드시 필요적 기재사항을 기재하여야 한다.

「공인중개사법」상 거래계약서
〈인.물.물.권.거.계.조.교.기〉
① 〈인〉 거래당사자의 "인적사항" ② 〈물〉 "물건"의 표시 ③ 〈물〉 "물건"의 인도일시 ④ 〈권〉 "권리"이전의 내용 ⑤ 〈거〉 "거래금액"·계약금액 및 그 지급일자 등 지급에 관한 사항 ⑥ 〈계〉 "계약일" ⑦ 〈조〉 계약의 조건이나 기한이 있는 경우, "조건" 또는 기한 ⑧ 〈교〉 중개대상물 확인·설명서 "교부일자" ⑨ 〈기〉 "기타(그 밖의)" 약정내용

〈주의〉 거래계약서의 필수 기재사항이 아닌 것
• 중개보수 × • 취득조세 × • 공법상의 이용제한·거래규제 × • 거래예정가격 ×

78 개업공인중개사 등의 거래계약서 작성에 관한 설명 중 "옳은" 것은?

① 개업공인중개사가 거래계약서를 작성할 때에는 국토교통부장관이 정하는 표준서식에 따라야 한다.

② 소속공인중개사가 거래계약서에 거래금액을 거짓으로 기재하면 과태료처분의 대상이 된다.

③ 개업공인중개사는 서로 다른 2 이상의 거래계약서를 작성하여서는 아니 되며, 위반시에는 등록이 취소될 수 있으며, 1년 이하의 징역 또는 1천만원 이하의 벌금에 처한다.

④ 법인인 개업공인중개사의 분사무소 소속공인중개사가 중개업무를 수행한 경우에는 법인의 대표자와 담당 소속공인중개사가 함께 서명 및 날인을 하여야 한다.

⑤ 거래계약서에 공법상 이용제한과 거래규제를 기재하지 않아도 된다.

79 다음 중 서명 · 날인의무에 관한 설명으로 "틀린" 것은?

① 개업공인중개사는 거래계약서에 반드시 서명 및 날인을 하여야 한다.

② 개업공인중개사는 확인 · 설명서에 반드시 서명 및 날인을 하여야 한다.

③ 중개업무를 수행한 개업공인중개사는 부동산거래신고서에 서명 또는 날인을 하여야 한다.

④ 중개의뢰를 받은 개업공인중개사는 중개계약서에 서명 및 날인을 하여야 한다.

⑤ 법인인 개업공인중개사의 분사무소의 소속공인중개사가 작성한 거래계약서에는 분사무소 책임자와 담당 소속공인중개사가 함께 서명 및 날인을 하여야 한다.

80 공인중개사법령상 개업공인중개사의 거래계약서의 작성에 관한 설명으로 "옳은" 것은?

① 개업공인중개사는 시행규칙의 별지서식으로 정해진 서식을 사용해야 한다.

② 거래당사자의 인적사항과 물건의 인도일시, 중개보수는 거래계약서에 기재하여야 할 사항이다.

③ 거래계약서를 작성한 개업공인중개사는 그 원본, 사본 또는 전자문서를 5년 동안 보존(공인전자문서센터에 보존시에는 제외)해야 한다.

④ 개업공인중개사가 거래금액을 거짓으로 기재한 경우 1년 이하의 징역 또는 1천만원 이하의 벌금형의 대상이 된다.

⑤ 당해 물건에 대하여 중개 업무를 수행한 담당 소속공인중개사도 개업공인중개사와 함께 서명 또는 날인하여야 한다.

정답 78. ⑤ 79. ④ 80. ③

[테마 20] 거래대금의 예치제도

구분	내용
예치권고	개업공인중개사는 거래안전상 필요하다고 인정하는 경우에는 거래의 "이행이 완료"될 때까지 계약금·중도금 또는 잔금을 예치하도록 거래당사자에게 (권고할 수 있다).
예치 명의자	① (　　　　　), ② (　　), ③ 체신관서, ④ 보험회사, ⑤ 신탁업자, ⑥ 전문회사, ⑦ 공제사업을 하는 자 ＊〈예치명의자 – 중.은.체.보.신.전.공〉
예치 기관	① 금융기관 ② 공제사업을 하는 자 ③ 신탁업자 등(체신관서, 보험회사 등) ＊〈예치기관 – 공.탁.등〉
"개업공인중개사" 명의시 개업공인중개사의 의무	① 예치금의 보존 및 관리(개업공인중개사의 명의로 예치가 된 경우에만 적용) 　㉠ 개업공인중개사는 자기소유의 예치금과 "분리"하여 관리하여야 한다. 　㉡ 예치된 계약금 등은 (거래당사자의 동의 없이) "인출"하여서는 아니 된다. ② 지급보증의무(개업공인중개사의 명의로 예치가 된 경우에만 적용) 　㉠ 개업공인중개사는 예치금액의 지급을 보장하는 내용의 보증보험이나 공제에 가입하거나 공탁을 하여야 한다. 지급보증의 관계증서 사본을 교부하거나 전자문서를 제공하여야 한다. 　㉡ 지급보증은 "예치된 금액"만큼 설정을 하여야 한다. ③ 업무정지 : 예치와 관련된 의무를 위반한 경우에는 "업무정지"처분의 대상이 된다.
실비 청구권	개업공인중개사는 권리를 (취득)하고자 하는 의뢰인과 미리 실비에 대한 약정을 하고, 약정된 실비를 청구할 수 있다.
매도인의 사전 수령권	① 계약금 등을 예치한 경우 매도인·임대인 등 계약금 등을 수령할 수 있는 권리가 있는 자는 당해 계약을 해제한 때에 계약금 등의 "반환"을 보장하는 내용의 (금융기관) 또는 (보증보험회사)가 발행하는 "보증서"를 계약금 등의 "(　　　　)"에게 교부하고 계약금 등을 미리 수령할 수 있다. ＊〈보증기관 – 금. 보증〉 ② 반환보증서를 예치기관에 교부하는 것이 아니라, "예치명의자"에게 교부하여야 한다.

정답 (개업공인중개사), (은행), (예치명의자)

81 중개완성 후 계약금 등을 개업공인중개사 명의로 예치를 하였다. "틀린" 것은?

① 개업공인중개사는 자기 소유의 재산과 분리하여 관리하여야 하며, 거래당사자의 동의 없이 이를 임의로 인출하여서는 아니 된다.

② 개업공인중개사는 예치 대상금의 지급을 보장하기 위하여 예치된 금액만큼의 지급보증을 설정하여야 한다.

③ 개업공인중개사는 계약금 등의 반환채무이행보장을 위한 예치로 인하여 소요되는 실비에 대해서도 의뢰인과 미리 약정을 하여야 한다.

④ 예치와 관련된 실비는 권리를 이전하고자 하는 의뢰인에게 받을 수 있다.

⑤ 개업공인중개사는 계약금 등의 예치와 관련되는 의무규정을 위반한 경우에는 업무정지처분의 대상이 된다.

82 계약금 등의 반환채무 이행의 보장에 관한 설명으로 "옳은" 것은?

① 법원은 예치명의자가 될 수 있다.

② 중개의뢰인이 중도금을 예치할 것을 요청한 경우, 개업공인중개사는 예치할 의무가 발생된다.

③ 이 법상 공제사업을 하는 자는 예치명의자가 될 수 있으며, 또한 예치기관이 될 수도 있다.

④ 개업공인중개사가 이러한 계약금 등의 반환채무 이행 보장업무를 수행한 경우에는 권리 이전 의뢰인으로부터 예치와 관련된 실비를 받을 수 있다.

⑤ 계약금 등을 예치한 경우, 매도인·임대인 등 계약금 등을 수령할 수 있는 권리가 있는 자는 당해 계약을 해제한 때에 계약금 등의 반환을 보장하는 내용의 보증서를 예치기관에 교부하고, 계약금 등을 미리 수령할 수 있다.

83 「공인중개사법」상 계약금 등의 반환채무이행의 보장에 관한 설명으로 "옳은" 것은?

① 개업공인중개사는 거래 안전을 보장하기 위하여 필요하다고 인정되는 경우에는 개업공인중개사의 명의로 계약금 등을 금융기관 등에 예치하도록 거래당사자에게 권고하여야 한다.

② 개업공인중개사는 계약금 등을 자기명의로 예치하는 경우에는 자기 소유의 예치금과 분리하여 관리하여야 하며, 위반시 업무정지처분의 대상이 된다.

③ 개업공인중개사뿐만 아니라, 당해 중개업무를 수행한 소속공인중개사도 예치명의자가 될 수 있다.

④ 개업공인중개사의 지급보증은 법인인 개업공인중개사는 4억원 이상으로 설정하여야 한다.

⑤ 계약금 등을 예치한 경우 매도인·임대인 등 계약금 등을 수령할 수 있는 권리가 있는 자는 당해 계약을 해제한 때에 계약금 등의 반환을 보장하는 내용의 보증서를 예치명의자에게 교부한 경우에도 계약금 등을 미리 수령할 수 없다.

정답 81. ④ 82. ③ 83. ②

[테마 21] 금지행위(법 제33조)

□ 법 제33조 제1항의 금지행위

① 적용대상 : 개업공인중개사 등(소속공인중개사, 중개보조원 등)에게 적용된다.

② 행정처분 : 개업공인중개사는 상대적 등록취소사유(업무정지사유), 소속공인중개사는 자격정지사유에 해당된다.

구분	내용
1년 이하의 징역 또는 1천 만원 이하의 벌금	① 〈거〉 "거짓"행위 ⇨ 거래상의 "중요사항"에 대하여 "거짓된 언행" 기타 방법으로 의뢰인의 판단을 그르치게 하는 행위는 금지행위에 해당되어 처벌된다. ❶ 중요사항 : 대상물의 기본적인 사항, 권리관계, "가격" 등 ❶ 판례 "가격"은 거래상의 중요사항에 해당(된다). ② 〈금〉 초과금품수수 ⇨ 중개대상물에 대한 "중개보수" 법정한도를 "초과"하는 "금품"수수는 처벌된다("사례비" 등 명목 불문). **"중개보수" 초과에 대한 주요 판례** 1. 중개를 한 후, 사례비나 수고비 등의 명목으로 금원을 받은 경우에도 법정한도를 초과하는 경우에는 처벌된다. 2. (개업공인중개사의) 법정한도를 초과하는 중개보수 약정은 "초과"하는 범위 내에서 무효이다(비교 : 무등록 중개업자는 "전부"가 무효). 3. 법정한도를 "초과"하는 액면금액의 "당좌수표"를 교부받은 경우에도 처벌된다. 부도 처리되거나 그대로 반환된 경우에도 (처벌된다). 4. 개업공인중개사가 분양권매매를 중개하면서 중개보수 산정을 "잘못" 해석하여 초과한 경우에도 (처벌된다). 정당한 착오로 인정하지 아니한다. 5. 초과중개보수로 처벌하는 것은 현실적으로 한도초과액 상당의 손해발생을 처벌의 요건으로 하지 (아니한다).
3년 이하의 징역 또는 3천 만원 이하의 벌금	**"겸업보수"와 중개보수는 구별** 6. 중개와 구별되는 "분양대행"과 관련된 보수는 초과중개보수의 대상이 아니다. 7. 영업용 건물의 유·무형의 재산적 가치 "(권리금)"을 수수하도록 중개한 것은 중개행위에 해당하지 아니하며, 중개보수 제한 규정도 적용되지 아니한다. 8. 개업공인중개사가 (신탁약정에 따라) 토지를 분할하고 택지로 조성하여 매도하는 등 위험부담과 이익을 함께 취하는 행위("신탁행위")는 중개행위에 해당하지 아니하며, 중개보수 제한규정도 적용되지 아니한다. 9. 토지와 건물의 임차권 및 권리금·시설비의 교환계약을 중개하고 그 사례 명목으로 "포괄적"으로 지급받은 금원 중에 중개보수의 한도를 초과하여 받았다고 단정할 수 없다(포괄수수료는 처벌되지 아니한다). ③ 〈매〉 중개대상물에 대한 ("매매업")은 처벌된다. ❶ 토지, 건물, 입목, 광업재단, 공장재단)의 매매를 업으로 하는 행위는 처벌된다. ④ 〈친〉 무등록 중개업자임을 (알면서 = 악의) 그 와 협력한 ("친구")행위는 처벌된다. ❶ 모르고(선의) 협력한 행위는 처벌되지 않는다. ⑤ 〈증〉 관련 법령에서 거래가 "금지"된 부동산의 분양과 임대 등에 관련된 "증서"(청약통장 등)에 대한 매매업, 중개하는 행위는 처벌된다. ❶ (동·호수가 선정된) 아파트 "분양권", (미리 인쇄해 놓은 분양계약서에 거래대금과 지급기일 등을 기재) 상가 "분양권" 등은 거래가 금지된 증서에 해당하지 아니한다. ⑥ 〈직〉 "중개의뢰인"과 "직접거래"는 처벌된다. **중개의뢰인과 직접거래와 관련된 주요 판례** 1. "중개의뢰인"에는 소유자뿐만 아니라, "대리인"이나 "수임인"도 (포함된다). 2. 개업공인중개사가 개업공인중개사의 "경제공동체"인 "배우자명의"로 직거래한 경우도 처벌된다. 3. (거래안전상) 직접 거래한 "거래계약"은 "유효"하며, 중개의뢰인과 직접거래에 대한 처벌규정은 "단속규정"에 불과하다.

4. "중개의뢰인"이 아닌, "겸업의뢰인(신탁의 뢰인 등)"과의 직접거래는 처벌되지 아니한다.
5. "다른" 개업공인중개사의 중개를 통한 거래는 처벌(되지 않는다).

⑦ 〈쌍〉 거래당사자로부터의 거래계약의 체결권한에 대한 ("쌍방대리")는 처벌된다.
   ❶ "일방대리"는 금지행위가 아니어서 처벌되지 아니한다. 〈쌍방"의뢰"는 허용〉
⑧ 〈투〉 (탈세 등 관계 법령을 위반할 목적으로 전매 등 권리의 변동이 제한된 부동산의 매매를 중개, 미등기전매행위 등) 부동산 "투기를 조장"하는 행위는 처벌된다.
   ❶ 전매차익이 없더라도 투기조장행위에 (해당한다).
⑨ 〈시〉 시세조작행위, 중개대상물의 "시세"에 부당한 영향을 주거나 줄 우려가 있는 행위 ⇨ 부당한 이익을 목적으로 거짓으로 거래가 완료된 것처럼 꾸미는 등 "시세를 조작"하는 행위로서, 처벌(된다).
⑩ 〈카〉 불법으로 단체(카르텔)를 구성하여 특정 중개대상물에 대하여 중개를 제한하거나, 단체 구성원 이외의 자와 공동중개를 제한하는 행위는 처벌(된다).

▧ 법 제33조 제2항의 금지행위

"누구든지" 시세에 부당한 영향을 줄 목적으로 개업공인중개사의 정당한 중개업무를 방해하는 행위를 하여서는 아니 된다.

3년 이하의 징역 또는 3천만원 이하의 벌금	① 〈특〉 "특정" 개업공인중개사 등에 대한 중개의뢰를 제한하거나 제한을 유도하는 행위
	② 〈특〉 "특정" 개업공인중개사에게만 의뢰하기로 담합하거나, 다른 개업공인중개사 등을 부당하게 차별하는 행위
	③ 〈특〉 "특정" 가격 이하로 중개를 의뢰하지 아니하도록 유도하는 행위
	④ 〈광〉 정당한 사유 없이 중개대상물에 대한 정당한 표시·"광고" 행위를 방해하는 행위
	⑤ 〈광〉 시세보다 현저하게 높게 표시·광고하도록 강요하거나 대가를 약속하고 시세보다 현저하게 높게 표시·"광고"하도록 유도하는 행위

합격문제

84 개업공인중개사 등의 금지행위(법 제33조)에 관한 내용이다. "옳은" 것은? (다툼이 있으면 판례에 따름)

① 개업공인중개사 등이 서로 짜고 매도의뢰가액을 숨긴 채 높은 가액으로 매도하고 그 차액을 취득한 행위는 중개의뢰인의 판단을 그르치게 하는 금지행위에 해당되지 아니한다.

② 개업공인중개사가 상가건물에 대한 분양대행과 관련하여 교부받은 금원도 공인중개사법령에 의한 중개보수의 한도 초과 금지규정이 적용된다.

③ 소속공인중개사가 중개보수한도를 초과하여 중개보수를 받은 경우에는 자격취소처분의 대상이면서, 1년 이하의 징역 또는 1천만원 이하의 벌금의 대상에도 해당된다.

④ 개업공인중개사가 매도인으로부터 매도중개의뢰를 받은 다른 개업공인중개사의 중개로 부동산을 매수하여, 매수중개의뢰를 받은 또 다른 개업공인중개사의 중개로 매도한 경우 금지행위에 해당된다.

⑤ 탈세 목적의 미등기전매행위를 중개하였으나, 의뢰인이 전매차익을 보지 못한 경우에도 부동산투기를 조장하는 행위에 해당한다.

85 개업공인중개사 등의 금지행위(법 제33조)에 관한 설명으로 "틀린" 것은?

① 중개보수 한도를 초과하여 받은 초과분은 무효로써, 반환하여야 한다.

② 초과보수의 본질은 법정의 한도를 초과하는 금품을 취득함에 있는 것이지, 현실적으로 중개의뢰인에게 그 한도 초과액 상당의 손해가 발생함을 처벌의 요건으로 하지 않는다.

③ 중개의뢰인과 직접거래를 하거나 거래당사자 일방을 대리하는 행위는 금지행위에 해당된다.

④ 중개대상물에 대한 매매업은 1년 이하의 징역 또는 1천만원 이하의 벌금형의 대상이나, 관계 법령에서 거래가 금지된 부동산 분양·임대와 관련된 증서에 대한 매매업은 3년 이하의 징역 또는 3천만원 이하의 벌금형의 대상이다.

⑤ 개업공인중개사가 금지행위에 해당되는 위반행위를 한 경우에는, 등록관청은 중개사무소 개설등록을 취소하거나, 업무정지를 명할 수 있다.

86 다음 중 「공인중개사법」 제33조의 개업공인중개사 등의 금지행위에 "해당"하는 것을 모두 고르면?

> ㉠ 거래상의 중요사항에는 해당되지 않으나, 중개의뢰인의 판단을 그르치게 할 수 있는 행위를 한 경우
>
> ㉡ 중개보수의 법정한도를 초과하여 받았으나, 중개의뢰인과 미리 약정을 하고, 약정한 중개보수를 받은 경우
>
> ㉢ 중개보수의 법정한도를 받은 후, 실비와 권리금 알선료를 별도로 받은 경우
>
> ㉣ 동과 호수가 지정되어 있는 아파트 분양권의 매매를 업으로 한 경우
>
> ㉤ 「주택법」상의 거래가 금지된 주택청약통장의 매매를 업으로 한 경우
>
> ㉥ 무등록으로 중개업을 하는 자인 것을 알면서 그를 통해 중개를 의뢰받고 자신의 명의를 이용케 한 경우
>
> ㉦ 개업공인중개사가 중개대상물이 아닌 동산에 대한 매매업을 한 경우
>
> ㉧ 개업공인중개사가 신탁을 의뢰하는 신탁의뢰인과 직접거래의 형태로 소유권을 이전받은 경우

① 1개   ② 2개   ③ 3개
④ 4개   ⑤ 5개

87 공인중개사법령상 중개보수에 대한 내용과 제33조 제1항의 금지행위로서 "초과보수금지"에 관한 설명으로 "틀린" 것은? (다툼이 있으면 판례에 따름)

① 해당 물건을 중개를 한 개업공인중개사가 중개보수 명목이 아니라, 사례금 명목으로 법령이 정한 한도를 초과하여 중개보수를 받는 행위는 금지행위에 해당하지 않는다.

② 법령상 한도를 초과하는 보수를 유효한 당좌수표로 받았으나 차후에 부도 처리되어 개업공인중개사가 그 수표를 반환한 경우에도 이는 위법하여 처벌된다.

③ 상가건물에 대한 권리금 알선료는 중개보수에 관한 제한규정이 적용되지 않는다.

④ 개업공인중개사의 법령상 상한을 초과하는 부동산 중개보수 약정은 그 한도를 넘는 범위 내에서 무효이다.

⑤ 개업공인중개사가 아파트 분양권의 매매를 중개하면서 중개보수 산정에 관한 지방자치단체의 조례를 잘못 해석하여 법에서 허용하는 금액을 초과한 중개보수를 수수한 행위라도 이는 위법하여 처벌된다.

88 개업공인중개사의 금지행위(법 제33조항) 중의 하나인 "중개의뢰인과 직접거래"에 관한 내용으로 "틀린" 것은? (다툼이 있으면 판례에 따름)

① 중개의뢰인과 직접거래에 대한 처벌규정은 단속규정에 불과하여, 중개의뢰인과 개업공인중개사 사이의 거래계약은 무효이다.

② 개업공인중개사와 토지소유자와 사이에 신탁계약을 체결하여 개업공인중개사 자신의 비용으로 토지를 택지로 조성하여 분할한 다음, 이를 타인에게 매도하여 그 수익을 나누는 약정을 한 경우, 개업공인중개사는 중개의뢰인과 직접거래로 처벌되지는 아니한다.

③ 중개의뢰인과 직접거래에서 중개의뢰인에는 중개대상물의 소유자뿐만 아니라 그로부터 대리권을 수여받은 대리인, 수임인도 포함된다.

④ 중개의뢰인과 직접거래에서 개업공인중개사가 경제공동체인 자신의 배우자 명의로 직접거래를 하는 것도 금지행위에 해당된다.

⑤ 중개의뢰인과의 직접거래를 금지하는 규정에서 직접거래에는 매매계약뿐만 아니라, 교환계약이나 임대차계약 등도 포함된다.

[테마 22] 손해배상책임과 업무보증설정 의무(법 제30조)

구분	내용
법 제30조	① "개업공인중개사"는 "중개행위"를 함에 있어서 자신의 고의 또는 과실로 인하여 거래당사자에게 재산상의 손해를 발생하게 한 경우에 그 손해를 배상할 책임이 있다(법 제30조 제1항). ② "개업공인중개사"는 자신의 중개사무소를 타인의 "중개행위" 장소로 제공함으로써 거래당사자에게 재산상의 손해를 발생하게 한 경우에 그 손해를 배상할 책임이 있다(법 제30조 제2항). ③ "개업공인중개사"는 이 법상의 배상 책임을 보장하기 위하여 "업무를 개시하기 전"에 업무보증을 설정하여야 한다(법 제30조 제3항). "보증기관"에서는 개업공인중개사와 함께 의뢰인에게 재산상의 손해를 배상할 책임을 진다.
보증 기관의 책임 한계	"보증기관"은 이 법 제30조에 규정된 것만 책임을 지게 되며, 개업공인중개사의 "중개행위"가 아닌 것을 이유로 발생된 손해이거나, 의뢰인의 "재산상 손해"가 아닌 비재산적 손해(정신적 손해, 위자료)에 대해서는 배상책임을 부담하지 않는다.
중개 행위 여부 (판례)	① "중개행위"에 해당되는지의 여부는 행위자의 주관적 의사(중개의사)에 의하여 결정하는 것이 아니고, "객관적"으로 사회통념상 판단한다. ② "중개행위의 범위"는 부동산거래행위에 대한 "알선"뿐만 아니라, 그와 "관련"되는 행위로 보이는 것도 중개행위에 해당된다. ❶ 개업공인중개사가 "잔금"이나 보증금 등을 횡령한 경우는 중개행위에 해당한다. ③ 경매(공매) 물건의 권리분석 및 취득의 "알선" 행위도 중개행위에 해당된다. ④ 거래의 일방 당사자의 의뢰에 의하여 중개(일방중개)하는 경우도 중개행위에 포함한다. ⑤ 자격증과 등록증을 대여 받아, 직접 "거래당사자"로서 임대차계약을 체결한, "거래행위"는 중개행위가 아니다(오피스텔 사건).
손해 배상 책임 관련 판례	① 〈대필사건〉 "개업공인중개사"가 실제 계약당사자가 아닌 자에게 전세계약서를 작성·교부하여, 그가 이를 담보로 금전을 대여 받음으로써 대부업자에게 손해를 입힌 경우 주의의무 위반에 따른 손해배상책임이 "(있다)". ② 〈손배 책임 인정〉 개업공인중개사가 비록 설명할 의무를 부담하지 않는 사항이더라도, 그릇된 정보를 제공하여 손해가 발생한 경우에는 선량한 관리자의 주의의무에 위반되어 배상 책임을 진다.
책임 내용	① "개업공인중개사"는 의뢰인의 손해 "전액"에 대하여 배상책임을 진다. ② "보증기관"에서는 개업공인중개사가 설정한 "업무보증금액 범위 내"에서만 배상책임을 진다.
보증 설정 방법	① 보증보험가입 ② (법 제42조 협회) 공제가입 : 공제는 보증보험적 성격을 갖는다(판례). ③ (법원) 공탁 : 공탁금은 폐업이나 사망시 (　)년간 회수할 수 없다.
최소 설정 금액	① 법인인 개업공인중개사 : 주된 사무소 (　)억 이상, 분사무소 (　)억 이상, 개인인 개업공인중개사 (　)억 이상 ② 특수법인 : 지역농업협동조합, 지역산림조합, 산업단지관리기관, 한국자산관리공사 (　)원 이상
보증 설정 및 유지 의무	① 신규설정 : "(　　　　)까지" 설정하여야 한다. ② 보증변경 : 이미 설정한 보증의 "효력이 있는 기간 중"에 다른 보증을 먼저 설정하여야 한다. ③ 기간만료 : 보증기간의 "만료일까지" 다시 설정하여야 한다.
보증 증서 사본 교부 및 설명 의무	① 업무보증을 설정하지 아니하고 중개업무를 수행한 경우 : ❶ 상대적 등록취소(업무정지)사유에 해당한다. ② 중개완성시 보증증서사본(또는 전자문서)를 의뢰인 쌍방에게 교부하여야 하며, 보증에 대하여 설명하여야 한다. 보증에 대한 설명사항은 보장금액, 보장기간, 보증기관 및 그 소재지를 의뢰인 쌍방에게 설명해야 한다. ❶ 위반시에는 100만원 이하의 과태료처분 대상이 된다.

중개 사고시 배상 절차	① 손해배상금을 지급받고자 하는 중개의 뢰인은 손해배상합의서, 화해조서, 확정된 법원의 판결문 사본, 기타 이에 준하는 효력 있는 서류를 첨부하여 보증기관에 제출하여야 한다. ② 보증기관(보증보험, 공제)은 손해배상금을 지급하고, 개업공인중개사에게 구상권 행사할 수 있다. ③ 보증기관이 "손해배상"을 한 때에는 개업공인중개사는 "(　　) 이내"에 보증보험이나 공제에 다시 가입하여야 하고, 공탁의 경우 (최소보증금에 부족하게 된 금액)을 보전하여야 한다.

정답 (3)년 / (4)억 / (2)억 / (2)억 / (2천)만원 / (업무개시 전) / (15)일

합격문제

89 다음은 손해배상책임과 업무보증의 설정에 관한 설명이다. "틀린" 것은?

① 소속공인중개사가 중개업무를 수행하기 위해서는 업무개시 전까지 업무보증을 설정하여야 한다.

② 지역농업협동조합은 2천만원 이상의 업무보증을 설정하여야 한다.

③ 법인인 개업공인중개사는 손해배상책임을 보장하기 위하여 4억원 이상, 분사무소를 두는 경우에는 분사무소마다 2억원 이상을 추가로 설정하여야 한다.

④ 개업공인중개사가 보증을 다른 보증으로 변경하고자 하는 경우에는 기존 업무보증의 효력이 있는 기간 중에 다른 보증을 설정하고 그 증빙서를 갖추어 등록관청에 신고하여야 한다.

⑤ 개업공인중개사가 공탁한 공탁금은 개업공인중개사가 폐업 또는 사망한 날로부터 3년 이내에는 이를 회수할 수 없다.

90 개업공인중개사는 "중개행위"를 함에 있어서 고의 또는 과실로서 거래당사자에게 재산상의 손해를 발생하게 한 때에는 그 손해를 배상할 책임 있다 (법 제30조). 이에 대한 설명으로 "틀린" 것은? (다툼이 있으면 판례에 따름)

① 개업공인중개사가 중도금 일부를 횡령한 경우에도 "중개행위"를 함에 있어서 거래당사자에게 재산상 손해를 발생케 한 경우에 해당한다.

② 어떠한 행위가 "중개행위"에 해당하는지 여부는 개업공인중개사의 주관적 의사에 의하여 결정하여야 한다.

③ 법원경매 대상 부동산에 대한 권리분석 및 취득의 알선행위도 '중개행위'에 해당된다.

④ 개업공인중개사는 의뢰인의 손해 전액에 대하여 배상책임을 져야 하나, 보증기관의 손해배상책임은 개업공인중개사가 설정한 보증보험의 보장금액을 한도로 한다.

⑤ 오피스텔을 임차하기 위하여 방문한 임차의뢰인에게 자신이 직접 거래당사자로서 임대차계약을 체결한 경우에는 "중개행위"에 해당하지 않는다.

91 공인중개사법령상 손해배상책임(법 제30조) 및 업무보증 설정의무에 관한 내용이다. "옳은" 것은? (다툼이 있으면 판례에 따름)

① 개업공인중개사 등이 아닌 제3자의 중개행위로 거래당사자에게 재산상 손해가 발생한 경우 그 제3자는 「공인중개사법」에 따른 손해배상책임을 진다.

② 개업공인중개사가 자기의 중개사무소를 다른 사람의 중개행위의 장소로 제공함으로써 거래당사자에게 재산상의 손해를 발생한 때에는 배상할 책임이 없다.

③ 분사무소가 3개가 있는 법인인 개업공인중개사의 전체 업무보증금은 총 6억원 이상이어야 한다.

④ 공제에 가입한 개업공인중개사로서 보증기간이 만료되어 다시 보증을 설정하고자 하는 자는 그 보증기간 만료 5일 전까지 다시 보증을 설정해야 한다.

⑤ 개업공인중개사는 보증보험금 · 공제금 또는 공탁금으로 손해배상을 한 때에는 15일 이내에 보증보험 또는 공제에 다시 가입하거나 공탁금 중 부족하게 된 금액을 보전하여야 한다.

[테마 23] 중개보수와 실비

* 개업공인중개사는 중개가 완성되면, 상인으로서 당연히 중개보수를 청구할 수 있다. 다만, 중개보수는 법정한도 범위 내에서만 받을 수 있다.

구분	내용
중개 보수 청구권	① 발생: 별도의 중개보수에 대한 약정이 없더라도 "중개계약체결시"에 중개보수 청구권은 발생한다(판례). ② 지급시기: 약정이 있으면 약정시기에 보수를 청구하며, 약정이 없는 경우에는 "대금지급이 완료된 날"에 보수를 청구할 수 있다. ③ 소멸: "개업공인중개사의 고의 · 과실"로서 거래계약이 무효 · 취소 · 해제된 경우에는 중개보수청구권은 소멸된다. **판례** 1. 공인중개사가 중개대상물에 대한 계약이 완료되지 않을 경우에도 중개행위에 상응하는 보수를 지급하기로 약정할 수 있고, 이 경우 공인중개사법령상 중개보수 제한 규정들이 적용된다. 2. 부동산 중개보수 제한에 관한 규정들은 "공매"대상 부동산 취득의 "알선"에 대해서도 적용된다.
겸업 보수와 구별	① 권리금 알선료, 분양대행료, 부동산이용개발거래에 관한 상담료, 임대관리 대행료 등은 "겸업보수"에 해당되어, 중개보수 제한 규정이 적용되지 아니한다. ② 겸업보수는 "무제한"으로 당사자 간의 합의에 따라 받을 수 있다(약정보수).

거래 대금의 산정	구분	중개보수 계산 방법 (거래대금 × 보수 요율% = 중개보수)
	매매	거래가액 × 요율 = 산출액
	교환	거래금액이 "큰" 부동산의 가액 × 요율 = 산출액
	전세권	전세금 × 요율 = 산출액
	임대차	① [보증금 + (월세액 × 100)] = 산출액 ② 산출액이 5천만원 이상 × 요율 ③ 산출액이 "5천만원 미만" ⇨ [보증금 + (월세액 × 70)] = 산출액 × 요율

	구분	내용
		ⓘ 예를 들면, 보증금 2,000만원, 월차임 20만원으로 임대차계약을 체결하였다면 중개보수의 산정시 적용되는 거래금액은 3,400만원이다.
	분양권	실제 지불금액[매도인 총 수수대금(기 계약금 + 기 납입금 + 프리미엄)] × 요율 = 산출액
보수 요율	**주택 (부속 토지 포함)**	① 국토교통부령이 정하는 범위 안에서 "(특별시·광역시)시·도 조례"로 정한다(조례: 거래대금이 15억 이상인 경우, 매매·교환은 0.7% 범위 이내, 임대차 등은 0.6% 범위 이내). ② 중개보수는 중개대상에 따라 주택과 주택 외로 구분하여 다른 기준을 적용한다.
	주택 외	① 주택 이외의 물건은 "국토교통부령"으로 정한다. ② 국토교통부령 : 거래금액의 (0.9)% 이내에서 상호 협의한다. ③ 특수물건 : 〈주거용 오피스텔〉 전용면적이 "85㎡" 이하이고, 상·하수도 시설이 갖추어진 전용입식 부엌과 전용수세식 화장실 및 목욕시설을 갖춘 오피스텔 ㉠ 매매·교환은 거래대금에 0.5% [1천분의 (5)] 범위 내에서 협의한다. ㉡ 임대차 등은 거래대금에 0.4% [1천분의 (4)] 범위 내에서 협의한다.
보수 기준 및 제한		① "동일"한 중개대상물에 대하여 "동일"당사자 간의 매매를 포함한 둘 이상의 거래가 "동일"기회에 이루어진 경우에는 "매매에 대한 보수"만을 받을 수 있다. ② 복합건축물 중 주택의 면적이 "1/2 이상"인 경우에는 "주택"으로 중개보수를 받아야 한다(주택이 1/2 미만이면, 주택 외의 대상물로 받아야). ③ 중개대상물 소재지와 중개사무소의 소재지가 다른 경우에는 "중개사무소 소재지 관할 (특별시·광역시) 시·도 조례"에 따라 주택에 대한 중개보수를 받아야 한다.
실비 (중개 보수와 별도)		① 실비부담자 : 중개보수와 별도로 실비(실제비용)를 받을 수 있다. ㉠ 권리관계 등의 "확인"에 소요된 실비 : 권리 "(이전)"하고자 하는 의뢰인에게 청구할 수 있다. ㉡ 계약금 등의 반환 "채무이행보장"과 관련된 실비(예치실비) : 권리 "(취득)"하고자 하는 의뢰인에게 청구할 수 있다. ② 지불시기는 약정으로 정하며, 개업공인중개사가 영수증 등을 첨부하여 청구한다. ③ 실비의 한도는 (사무소 소재지 관할) "(특·광) 시·도 조례"에 따른다.

1. 매매와 임대차를 동시에 중개한 경우

다음은 중개보수와 관련된 내용이다. 개업공인중개사 甲이 B에게 받을 수 있는 최고금액은 얼마인가?

> 1. 개업공인중개사 甲은 아파트에 대하여 매도인 A와 매수인 B가 2억 원에 매매계약체결을 하도록 알선하고, 동시에 그 건물을 매수인 B가 다시 A에게 보증금 1억원에 임대차계약을 체결하도록 알선을 하였다.
> 2. 〈조례〉
>   • 매매 : 2억원 이상 6억원 미만 : 0.4%(한도액 없음)
>   • 임대차 등 : 1억원 이상 3억원 미만 : 0.3%(한도액 없음)

해설 매매보수는 2억원×0.4% = 80만원이 되고, 임대차 보수는 1억원×0.3% = 30만원이 된다. 그러나 매매와 임대차가 동일당사자 간의 거래이므로, 개업공인중개사는 매매에 관한 중개보수만을 받을 수 있다. 그러므로 개업공인중개사가 B에게 받을 수 있는 최고금액은 80만원이 된다.

2. 주상복합건물의 경우

개업공인중개사가 X시에 소재하는 주택의 면적이 3분의 1인 건축물에 대하여 매매와 임대차계약을 동시에 중개하였다. 개업공인중개사가 甲으로부터 받을 수 있는 중개보수의 최고한도액은?

> 〈계약 조건〉
> 1. 계약당사자 : 甲(매도인, 임차인)과 乙(매수인, 임대인)
> 2. 매매계약 : 매매대금 : 1억원
> 3. 임대차계약 : ⓐ 임대보증금 : 3천만원, ⓑ 월차임 : 30만원

해설 주택의 면적이 전체 건축물의 1/3이므로, 전체를 주택 "외"의 중개보수가 적용된다. 그러므로 0.9% 범위 내에서 협의해서 받아야 한다. 매매에 대한 중개보수이므로, 매매대금 1억원에 0.9%를 곱하면, "90만원"이 법정한도의 중개보수가 된다.

3. 주거용 오피스텔의 임대차

주거전용면적이 85m²이고, 상·하수도 시설이 갖추어진 전용 입식 부엌, 전용 수세식 화장실 및 목욕시설을 갖춘 주거용 오피스텔이 계약기간 1년, 보증금 1천만원에 월세 40만원에 임대차계약이 체결된 경우, 개업공인중개사가 임차의뢰인으로부터 받을 수 있는 중개보수의 최고액은 얼마인가?

해설 거래대금이 [1,000만원 + (40만원×100)] = 5천만원. 그러므로 5천만원×0.4% (임대차) = 20만원. 그러므로 20만원을 임차의뢰인으로부터 받을 수 있다.

합격문제

92 다음은 개업공인중개사의 보수에 관한 내용이다. "틀린" 것은? (다툼이 있으면 판례에 따름)

① 중개보수의 지급시기에 대하여 약정이 있더라도, 중개의뢰인은 거래대금지급이 완료된 날에 지급하여야 한다.

② 개업공인중개사의 중개보수는 중개계약에서 구체적인 보수 약정을 하지 않았더라도 중개보수청구권은 인정된다.

③ 개업공인중개사의 고의나 과실로 인하여 거래행위가 취소된 경우에 보수청구권은 소멸된다.

④ 중개사무소 개설등록을 하지 아니한 채, 부동산중개업을 하면서 체결한 중개보수 약정은 무효이다.

⑤ 중개보수는 중개대상에 따라 주택과 주택 이외로 구분하여 다른 기준을 적용한다.

93 개업공인중개사가 받을 수 있는 중개보수에 대한 설명으로 "틀린" 것은?

① 주택(15억원 이상)에 대한 매매계약을 중개하고 중개의뢰인 일방으로부터 받을 수 있는 중개보수는 거래금액의 1천분의 7 이내에서 (특·광) 시·도의 조례로 정하는 바에 따른다.

② 주택 이외의 중개대상물에 대한 중개를 하고 중개의뢰인 일방으로부터 받을 수 있는 중개보수는 거래금액의 1천분의 9 이내에서 협의로 정한다(특수한 주거용 오피스텔은 제외).

③ 동일한 중개대상물에 대하여 동일 당사자 간에 매매를 포함한 둘 이상의 거래가 동일 기회에 이루어진 경우에는 매매계약에 관한 거래금액만을 적용한다.

④ 교환계약의 경우에는 교환대상 중개대상물 중 금액이 적은 물건가액을 거래금액으로 한다.

⑤ 주택의 소재지와 중개사무소의 소재지가 다른 경우에는 중개사무소 소재지 관할 (특·광) 시·도 조례에 따른다.

94 개업공인중개사가 Y시 소재 X 주택에 대하여 동일 당사자 사이의 매매와 임대차를 동일 기회에 중개하는 경우, 일방 당사자로부터 받을 수 있는 중개보수의 최고한도액은?

1. 甲(매도인, 임차인) 乙(매수인, 임대인)
2. 매매대금 : 6억원
3. 임대보증금 : 5천만원, 월차임 : 100만원
4. 임대기간 : 2년
5. Y시 주택매매 및 임대차 중개보수의 기준
   1) 매매금액 2억원 이상 9억원 미만 : 0.4%(1천분의 4)
   2) 임대차 환산보증금 1억원 이상 6억원 미만 : 0.3% (1천분의 3)

① 45만원 ② 240만원 ③ 285만원
④ 480만원 ⑤ 정답 없음

95 개업공인중개사가 ○○시 소재 주거용 오피스텔에 대하여 매매와 임대차를 동일한 날에 아래의 조건으로 중개를 하였다. 개업공인중개사가 중개의뢰인 乙에게 받을 수 있는 중개보수의 최고한도액은?

1. 중개대상물 : 「건축법 시행령」 [별표 1] 제14호 나목 2)에 따른 오피스텔 (전용면적이 80m², 상·하수도 시설이 갖추어진 전용입식 부엌, 전용수세식 화장실 및 목욕시설을 갖춤)
2. 거래당사자 : 매매계약은 甲(매도인)과 乙(매수인), 임대차계약은 乙(임대인)과 丙(임차인)
3. 거래금액 : 매매가격은 4억원, 임대차는 보증금 1억원에 월 200만원(임대차기간은 2년)
4. ○○시 조례

거래내용	거래금액	상한요율	한도액
매매	2억원 이상 ~ 9억원 미만	1천분의 4	없음
임대차	1억원 이상 ~ 6억원 미만	1천분의 3	없음

① 160만원 ② 200만원 ③ 250만원
④ 320만원 ⑤ 정답 없음

96 다음의 사례에서 개업공인중개사가 매매대금 5억원에 "매매"계약을 중개하고 매도인에게 받을 수 있는 중개보수 최고한도는?

주거용 오피스텔로서 전용면적이 "90m²"이며, 상하수도 시설이 갖추어진 전용입식 부엌, 전용수세식 화장실 및 목욕시설을 갖추었다.

① 200만원 ② 250만원 ③ 400만원
④ 450만원 ⑤ 800만원

97 개업공인중개사가 받을 수 있는 중개보수에 대한 설명으로 "틀린" 것은? (다툼이 있으면 판례에 따름)

① 실비는 중개보수와 별도로 받는다.
② 중개대상물 확인에 소요되는 실비는 권리를 이전하고자 하는 의뢰인에게 청구할 수 있다.
③ 상가건물의 권리금 알선료는 중개보수 제한 규정이 적용되지 아니한다.
④ 중개보수에는 부가가치세가 포함된 것으로 본다.
⑤ 계약이 완료되지 않을 경우에도 중개행위에 상응하는 보수를 지급하기로 약정할 수 있고, 공매물건의 알선에 대한 보수는 중개보수의 제한규정이 적용된다.

98 A는 분양금액 10억원인 ○○아파트(Y시 소재)를 분양받아 계약금 1억원, 1차 중도금 2억원을 납부하였다. 그런데 이 아파트에 1억원의 프리미엄이 붙어 A는 B에게 분양권을 전매하였다. 만약 개업공인중개사가 이 분양권 매매를 중개하였다면 매수인에게 받을 수 있는 중개보수의 한도는 얼마인가?

(* Y시 주택매매 중개보수의 기준)

거래	거래금액	상한요율	한도액
매매	2억원 이상 ~ 9억원 미만	1천분의 4	없음
	9억원 이상 ~ 12억원 미만	1천분의 5	없음
	12억원 이상 ~ 15억원 미만	1천분의 6	없음
	15억원 이상	1천분의 7	없음

① 160만원 ② 320만원 ③ 500만원
④ 550만원 ⑤ 840만원

정답 92. ① 93. ④ 94. ② 95. ④ 96. ④ 97. ④ 98. ①

[테마 24] 부동산거래정보망

구분	내용
개념	① 거래정보망은 "개업공인중개사" 상호 간의 정보교환체계이다. ② (　　　　　)은 거래정보사업자를 지정할 수 있다.
지정요건 및 지정신청시 구비서류	① 「전기통신사업법」에 따른 "부가통신사업자"일 것(부가통신사업자신고서 등 확인서류) ② 부동산거래정보망의 가입자가 이용하는 데 지장이 없는 정도로서 "국토교통부장관"이 정하는 용량 및 성능을 갖춘 "컴퓨터설비"를 확보할 것(주된 컴퓨터의 용량과 성능확인서류) ③ 정보처리기사 (　　)인 이상을 확보할 것(정보처리기사 자격증 사본) ④ 공인중개사 (　　)인 이상을 확보할 것(공인중개사 자격증 사본) ⑤ 가입·이용신청을 한 개업공인중개사의 수가 전국 (　　)인 이상이고, 2개 이상의 (특·광) 시·도에서 각각 (　　)인 이상의 개업공인중개사가 가입·이용신청을 하였을 것(개업공인중개사의 가입·이용신청서와 등록증 사본) ❶ 회원은 〈오 - 이 - 쌈빵!!〉
지정	지정신청을 받은 때에는 "30일" 이내에 검토하고, 지정기준 적합시 거래정보사업자 지정대장에 기재 후 지정서를 교부한다.
운영규정	지정 받은 날로부터 "(　　)월" 이내 운영규정 정하여 국토교통부장관에게 승인받아야 한다. 또한 운영규정을 변경하고자 할 때에도 변경승인을 받아야 한다.
설치운영	지정 받은 날부터 "(　　)년" 이내에 거래정보망을 설치·운영하여야 한다.
정보위반	거짓·허위 정보를 거래정보망에 공개를 한 경우에는 처벌된다. ① 거래정보사업자 : 지정취소 + (1년 이하 징역 또는 1천만원 이하 벌금) ② 개업공인중개사 : 업무정지처분(거래사실을 통보하지 아니한 경우에도 업무정지 대상)
지정취소사유	* 국토교통부장관은 다음의 경우, 사업자 지정을 취소 "할 수" 있다(해야 한다 ×). ① 〈일〉 정당한 사유 없이 "1년" 이내에 설치·운영하지 아니한 경우 ② 〈부〉 "부정"한 방법으로 지정을 받은 경우 ③ 〈운〉 "운영규정" 위반(승인×, 변경승인 × 내용위반) + 500만원 이하의 과태료 ④ 〈정〉 의뢰받은 내용과 다르게 "정보"를 공개하거나, 차별적으로 공개한 경우 + (1년 - 1천 이하) ⑤ 〈해〉 거래정보사업자의 사망 또는 "해산" 기타 운영이 불가능한 경우
청문	①②③④는 청문을 하여야 하나, ⑤의 사유로 지정을 취소할 때에는 청문을 생략할 수 있다.
주의	① "법인인 개업공인중개사"(중개법인)는 법 제14조에 규정된 업무만을 할 수 있으므로, 부동산거래정보사업자가 될 수 없다. ② 공인중개사 "협회"는 거래정보사업자가 될 수 있다.

정답 (국토교통부장관) / (1)인 / (1)인 / (500)인 / (30)인 / (3)개월 / (1)년

99 다음은 거래정보사업자 지정을 받기 위한 요건에 대한 내용이다. "옳은" 것은?

① 운영규정을 정하여 지정받기 전 3개월 이내에 국토교통부장관의 승인을 받아야 한다.

② 정보처리기사 2인 이상을 확보하여야 한다.

③ 거래정보사업자가 되려면 전국 500명 이상의 개업공인중개사가 가입·이용을 신청하여야 하며, 2개 이상의 (특·광) 시·도에서 각각 20명 이상의 개업공인중개사가 가입·이용신청을 하여야 한다.

④ 지정신청시 공인중개사 자격증 원본을 첨부하여야 한다.

⑤ 가입자가 이용하는 데 지장이 없는 정도로서 국토교통부장관이 정하는 용량 및 성능을 갖춘 컴퓨터 설비를 확보하여야 한다.

100 공인중개사법령상 부동산거래정보망의 지정 및 이용에 관한 설명으로 "틀린" 것은?

① 국토교통부장관은 부동산거래정보망을 설치·운영할 자를 지정할 수 있다.

② 부동산거래정보망을 설치·운영할 자로 지정을 받을 수 있는 자는 「전기통신사업법」의 규정에 의한 부가통신사업자로서 국토교통부령이 정하는 요건을 갖춘 자이다.

③ 거래정보사업자는 지정받은 날부터 3개월 이내에 부동산거래정보망의 이용 및 정보제공방법 등에 관한 운영규정을 정하여 국토교통부장관의 승인을 얻어야 한다.

④ 거래정보사업자가 부동산거래정보망의 이용 및 정보제공방법 등에 관한 운영규정을 변경하고자 하는 경우 국토교통부장관의 승인을 얻어야 한다.

⑤ 거래정보사업자는 개업공인중개사로부터 공개를 의뢰받은 중개대상물의 정보를 개업공인중개사에 따라 차별적으로 공개할 수 있다.

101 공인중개사법령상 거래정보사업자의 "지정취소" 사유에 해당하는 것을 모두 고른 것은?

㉠ 부동산거래정보망의 이용 및 정보제공방법 등에 관한 운영규정을 변경하고도 국토교통부장관의 승인을 받지 않고 부동산거래정보망을 운영한 경우

㉡ 개업공인중개사로부터 공개를 의뢰받지 아니한 중개대상물 정보를 부동산거래정보망에 공개한 경우

㉢ 정당한 사유 없이 지정받은 날부터 6개월 이내에 부동산거래정보망을 설치하지 아니한 경우

㉣ 개인인 거래정보사업자가 사망한 경우

㉤ 부동산거래정보망의 이용 및 정보제공방법 등에 관한 운영규정을 위반하여 부동산거래정보망을 운영한 경우

① ㉠, ㉡
② ㉢, ㉣
③ ㉠, ㉡, ㉤
④ ㉠, ㉡, ㉣, ㉤
⑤ ㉠, ㉡, ㉢, ㉣, ㉤

102 공인중개사법령상 부동산거래정보망에 관한 설명이다. "옳은" 것은?

① 등록관청은 부동산거래정보망을 설치·운영할 자를 지정할 수 있다.

② 거래정보사업자로 지정받기 위해서는 부가통신사업자일 필요는 없다.

③ 법인인 개업공인중개사도 일정한 요건을 갖춘 경우에는 거래정보사업자가 될 수 있다.

④ 거래정보사업자가 운영규정의 변경승인을 얻지 아니하고 부동산거래정보망을 변경 운영을 한 때에는 500만원 이하의 과태료처분을 받을 수 있다.

⑤ 개업공인중개사가 부동산거래정보망에 중개대상물에 관한 정보를 허위로 공개한 경우에는 100만원 이하의 과태료처분의 대상이 된다.

[테마 25] 공인중개사협회

구분		공인중개사협회
목적 성격		① 공인중개사인 개업공인중개사(부칙상 개업공인중개사 포함)는 품위유지, 자질 향상, 중개업 제도 개선 등을 목적으로 협회를 설립"할 수" 있다. ② 협회의 성격: 비영리사단법인(「공인중개사법」에 규정이 없는 경우에는 「민법」의 "사단법인" 규정이 적용된다) ③ 설립 인가주의, 임의 설립주의, 임의가입주의, 복수 협회 가능
설립 절차		* "발기인(개업공인중개사)" ( )명 이상이 정관을 작성하여 서명·날인 ⇨ "창립총회" 의결 ( )명 이상[서울특별시 (100)인 이상, 광역시·도·특별자치도 각 (20)인 이상] [출석자 (과반수) 찬성·동의를 받아서 의결] ⇨ "국토교통부장관"의 설립 "인가"를 받고, ⇨ 주된 사무소 소재지 관할 등기소에 "설립 등기"함으로써 협회가 "성립"한다.
조직과 구성		① "주된 사무소"는 필수적으로 두어야 한다. 다만, 그 소재지에는 제한이 없다. ② "지부": (특·광) 시·도에 정관이 정하는 바에 따라 둘 수 있다. 설치를 "한 때"에는 사후신고로서, (시·도지사)에게 설치신고를 하여야 한다. ③ "지회": 시·군·구에 정관이 정하는 바에 따라 둘 수 있다. 설치를 "한 때"에는 사후신고로서, (등록관청)에 설치신고를 하여야 한다.
업무	고유업무	〈품.질.개선.윤리.정.공〉 ① 회원의 "품"위유지를 위한 업무 ② 회원의 자"질"향상을 위한 지도 및 교육·연수에 관한 업무 ③ 부동산중개제도의 연구·"개선"에 관한 업무 ④ 회원의 "윤리"헌장 제정 및 그 실천에 관한 업무 ⑤ 부동산 "정보"제공에 관한 업무 ⑥ "공제"사업: (비영리사업)으로서 회원 간의 상호부조를 목적으로 한다. ⑦ 그 밖에 협회의 설립목적 달성을 위하여 필요한 업무

수탁업무	실무교육 등 교육에 관한 업무, 시험시행에 관한 업무 등은 시·도지사로부터 수탁받아서 시행할 수 있다.
지도·감독	① 협회, 지부, 지회에 대한 지도·감독권은 "국토교통부장관"에게 있다. ② 협회는 총회의 의결내용을 "지체 없이" 국토부장관에게 보고하여야 한다.

고유업무로서의 공제사업	
공제 사업	① 협회는 회원 간의 "상호부조"를 목적으로 개업공인중개사의 이 법상의 손해배상책임을 위한 공제사업을 할 수 있다. ② 협회가 공제사업을 하고자 할 때에는 공제규정을 정하여 "국토교통부장관"의 승인을 받아야 한다. 공제규정의 변경 시에도 또한 같다.
공제 규정	① 공제료(공제가입비): 사고 발생률과 보증보험료 등을 종합적으로 고려하여 결정한 금액으로 한다. ② 회계기준: (손해배상) 기금과 (복지) 기금으로 구분하여, 세부기준을 정한다. ③ "책임준비금"의 적립비율: (공제료수입액)의 100분의 ( ) 이상으로 "적립"할 것
관리	① 공제는 "별도" 회계로 관리하여야 한다. ② "책임준비금"을 다른 용도로 사용할 경우 국토교통부장관의 승인을 받아야 한다.
재무 건전성 유지	① "지급여력비율"은 "100분의 ( ) 이상"을 "유지"하여야 한다. "지급여력비율"은 지급여력금액을 지급여력기준금액으로 나눈 비율로 한다. ② 구상채권 등 보유자산의 건전성을 정기적으로 분류하고, "대손충당금"을 적립하여야 한다.
공시	* 공제사업 운용실적을 매 회계연도 종료 후 ( )개월 이내에 일간신문 또는 협회보에 공시하고, 협회 인터넷 홈페이지에 게시하여야 한다.
시정 명령	① (국토교통부장관)은 공제사업에 대한 개선 명령을 할 수 있다[개선명령의 내용: 업무집행방법의 변경, 자산예탁기관의 변경, 장부가격의 변경, 적립금 보유, 무가치자산에 대한 손실처리, 기타 개선명령(처분명령 ×)].

구분	공제운영위원회
② "(국토교통부장관)"은 협회의 임원이 공제사업을 건전하게 운영하지 못할 우려가 있는 경우, 그 임원에 대한 징계·해임을 요구하거나, 해당 위반행위를 시정하도록 명할 수 있다.	
③ 협회가 국토교통부장관의 임원에 대한 징계·해임의 요구를 이행하지 아니하거나, 시정명령을 이행하지 아니한 경우에는 (　　) 만원 이하의 과태료사유에 해당한다.	
④ (금융감독원장)은 국토교통부장관의 "요청"시 공제사업을 조사 또는 검사를 할 수 있다.	
필수 기관	협회는 공제사업에 관한 사항을 심의하고 그 업무집행을 감독하기 위하여 (협회)에 운영위원회를 (둔다).
구성	① 협회 공제운영위원회의 위원은 위원장 1명, 부위원장 1명을 포함하여 (　　)명 이내로 한다. ② 협회 공제운영위원회는 성별을 고려하여 구성한다. ③ 협회 공제운영위원회에서, 협회의 내부 인사(협회의 회장, 협회 이사회가 협회의 임원 중에서 선임하는 사람)에 해당하는 위원의 수는 전체 위원 수의 (　　) 미만으로 한다. ④ 운영위원회에는 위원장과 부위원장 각각 1명을 두되, 위원장 및 부위원장은 위원 중에서 각각 "호선(互選)"한다. 위원장 업무 불가시에는 "부위원장"이 직무를 대행한다. ⑤ 공무원은 재직기간, 일반 위원의 임기는 (　　)년(보궐시에는 전임자의 잔임기간). 연임은 (1회에 한하여) 가능하다.
의결	운영위원회의 회의는 재적위원 (과반수) 의 출석으로 개의(開議)하고, (출석위원) "과반수"의 찬성으로 심의사항을 의결한다.

정답 (300)명 / (600)명 / (10) / (100) / (3)개월 / (500)만원 / (19)명 / (3분의 1) / (2)년

합격문제

103 공인중개사협회에 관한 설명으로 "옳은" 것은?

① 부칙상의 개업공인중개사는 공인중개사가 아니므로, 공인중개사 협회 설립의 주체가 될 수 없다.

② 협회는 회원 300인 이상이 발기인이 되어 정관을 작성하여 서명·날인한 후 600인 이상의 개업공인중개사가 모인 창립총회의 의결을 거친 후 국토교통부장관의 인가를 받으면, 협회는 성립한다.

③ 협회는 서울특별시에 주된 사무소를 두어야 하고, 정관이 정하는 바에 따라 특별시·광역시·도에 지부를, 시·군·구에 지회를 두어야 한다.

④ 협회 지부에 대하여는 특별시장·광역시장이 지도·감독을 한다.

⑤ 협회의 업무로서 부동산 정보제공업무와 공제사업은 고유업무에 해당되나, 실무교육은 수탁업무에 해당된다.

104 공인중개사협회의 공제운영위원회에 관한 설명으로 "옳은" 것은?

① 금융감독원 또는 금융기관에서 임원 이상의 직에 재직 중인 자는 위원이 될 수 없으나, 공제사업과 관련하여 학식과 경험이 5년 이상인 자는 위원이 될 수 있다.

② 위원의 임기는 2년으로 하되, 1회에 한하여 연임할 수 있다.

③ 운영위원회의 위원의 수는 7명 이상 11명 이내로 한다.

④ 운영위원회의 구성은 협회 회장 및 협회 이사회가 협회의 임원 중에서 선임하는 사람이 전체 위원수의 2분의 1 미만이어야 한다.

⑤ 공제운영위원회는 협회의 공제사업에 관한 사항을 심의하고 그 업무집행을 감독하기 위하여 국토교통부에 둔다.

105 공인중개사협회에서 운영하는 공제사업의 내용으로 "틀린" 것은?

① 협회의 공제사업은 영리사업으로서 회원 간의 상호부조를 목적으로 한다.

② 협회는 공제사업을 다른 회계와 구분하여 별도의 회계로 관리하여야 하며, 책임준비금을 다른 용도로 전용하고자 하는 경우에는 국토교통부장관의 승인을 받아야 한다.

③ 협회는 공제사업 운용실적을 매 회계연도 종료 후 3개월 이내에 일간신문 또는 협회보에 공시하고, 협회의 인터넷 홈페이지에 게시하여야 한다.

④ 공제사업자가 적립해야 하는 책임준비금의 적립비율은 공제사고 발생률 및 공제금 지급액 등을 종합적으로 고려하여 정하되, 공제료 수입액의 100분의 10 이상으로 정한다.

⑤ 협회와 개업공인중개사 간에 체결된 공제계약이 유효하게 성립하려면 공제계약 당시에 공제사고의 발생 여부가 확정되어 있지 않은 것을 대상으로 해야 한다.

106 다음은 공인중개사협회의 공제사업의 재무건전성과 관련된 내용이다. "틀린" 것은?

① 협회는 공제금 지급능력과 경영의 건전성을 확보하기 위하여 대통령령으로 정하는 재무건전성 기준을 지켜야 한다.

② 지급여력비율은 100분의 100 이상을 유지하여야 한다.

③ 지급여력비율은 지급기준금액을 지급여력금액으로 나눈 비율로 한다.

④ 협회는 재무건전성 유지를 위하여 구상채권 등 보유자산의 건전성을 정기적으로 분류하고, 대손충당금을 적립하여야 한다.

⑤ 국토교통부장관은 협회의 공제사업 운영이 적정하지 아니한 경우에는 공제업무의 개선명령을 할 수 있으나, 처분명령은 할 수 없다.

107 다음은 공인중개사협회에 관한 설명이다. "옳은" 것은?

① 협회에 관하여 공인중개사법령에 규정된 것 외에는 「민법」중 조합에 관한 규정을 적용한다

② 협회는 회원 300인 이상이 발기인이 되어 정관을 작성하여 서명·날인한 후, 창립총회의 의결을 거쳐서 국토교통부장관의 설립인가를 받으면 협회는 성립한다.

③ 협회는 정관이 정하는 바에 따라 특별시·광역시·도에 지부를, 시·군·구에 지회를 둘 수 있다.

④ 협회는 총회의 의결내용을 다음달 10일까지 국토교통부장관에게 보고해야 한다.

⑤ 공제금은 손해배상기금과 복지기금으로 구분하되, 복지기금을 다른 용도로 전용할 때에는 국토교통부장관의 승인을 받아야 한다.

[테마 26] 보칙

1. 행정수수료

■ 지방자치단체 "조례"에 따른 수수료납부

행정수수료 납부사유(6가지)
① 공인중개사 시험에 응시하고자 하는 자(시·도 조례: 예외 있음)
② 공인중개사자격증의 "재교부"를 신청하는 자(시·도 조례)
③ 중개사무소 개설등록을 신청하는 자(시·군·자치구 조례)
④ 중개사무소등록증의 "재교부"를 신청하는 자(시·군·자치구 조례)
⑤ 분사무소설치의 신고를 하는 자(주된 사무소 소재지 관할 시·군·자치구 조례)
⑥ 분사무소설치신고 확인서의 "재교부"를 신청하는 자(주된 사무소소재지 관할 시·군·자치구 조례)

❶ (자격증·등록증·신고확인서) "처음" 교부시 ×, 거래정보사업자 지정신청 ×, 지정서 재교부신청 ×, 휴업신고 ×, 폐업신고 × 등은 조례에 따른 행정수수료 납부가 없다.

■ 시험응시수수료

① 원칙: 시도지사가 시행 - 시·도 조례
② 예외: 국토교통부장관이 시행 - 국토교통부장관이 결정
③ 시험위탁시행: 위탁받은 자가 결정(위탁한 자의 승인을 얻어서 결정)

2. 포상금 제도

구분	포상금 제도
신고 대상	* (등록관청)은 다음의 어느 하나에 해당하는 자를 (등록관청이나 수사기관 또는 부동산거래질서교란행위 신고센터)에 신고 또는 고발한 자에 대하여 대통령령이 정하는 바에 따라 포상금을 지급할 수 있다. ㉠ 〈부〉 거짓 그 밖의 부정한 방법으로 중개사무소의 개설등록을 한 자 ㉡ 〈양〉 중개사무소 "등록증"을 다른 사람에게 양도·대여하거나 다른 사람으로부터 양수·대여받은 자 ㉢ 〈무〉 중개사무소의 개설등록을 하지 아니하고 중개업을 한 자 ㉣ 〈양〉 공인중개사 "자격증"을 다른 사람에게 양도·대여하거나 다른 사람으로부터 양수·대여 받은 자(부정취득 ×) ㉤ 〈아·광〉 개업공인중개사가 "아닌 자"가 중개대상물에 대한 표시·"광고"를 한 자 ㉥ 〈특.특.특.광.광.시.카〉(법 제33조 금지행위 중) ("특정" 개업공인중개사에게만 의뢰하기로 담합, "특정" 개업공인중개사를 배제하기로 담합, "특정" 가격 이하로 의뢰하지 않기로 담합, 개업공인중개사의 정당한 "광고"를 방해, 개업공인중개사에게 허위 "광고"를 유도하는 행위를 한 자), "시세"조작, "카르텔(불법담합)"행위
금액	① 포상금은 1건당 (50)만원으로 한다. ② 포상금의 지급에 소요되는 비용 중 국고에서 보조할 수 있는 비율은 100분의 (50) 이내로 한다.
지급 절차	① 포상금은 법 제46조 제1항 각 호의 어느 하나에 해당하는 자가 행정기관에 의하여 "발각되기 전"에 신고 또는 고발사건에 대하여 "검사"가 (공소제기) 또는 (기소유예)의 결정을 한 경우에 한하여 지급한다. 　❶ 검사의 "공소제기"에 해당되는 판사의 유죄선고, 무죄선고, 선고유예나 집행유예 선고도 모두 포상금을 지급한다. ② 포상금은 지급의 결정을 한 후 (1)개월 이내에 (등록관청)이 지급하여야 한다. ③ 하나의 사건에 "2건" 이상의 신고·고발이 접수된 경우 "최초"로 신고·고발한 자에게 포상금 지급하여야 한다. ④ 하나의 사건에 "2인" 이상이 공동으로 신고·고발한 경우 - 합의가 우선, 합의가 없으면, 균등 지급한다.

3. 부동산거래질서교란행위 신고센터

① "국토교통부장관"은 부동산거래질서교란행위 신고센터를 설치·운영할 수 있다.
② 신고센터는 다음의 업무를 수행한다.
　1. 부동산거래질서교란행위 신고의 접수 및 상담
　2. 신고사항에 대한 확인 또는 시·도지사 및 등록관청 등에 신고사항에 대한 조사 및 조치 요구
　3. 신고인에 대한 신고사항 처리 결과 통보

영 제37조【부동산거래질서교란행위 신고센터의 설치·운영】 ① 신고하려는 자는 다음 각 호의 사항을 "서면"(전자문서를 포함한다)으로 "제출"해야 한다.

1. 신고인 및 피신고인의 "인적사항"
2. 부동산거래질서교란행위의 "발생일시·장소 및 그 내용"
3. 신고 내용을 증명할 수 있는 "증거자료" 또는 "참고인의 인적사항"
4. 그 밖에 신고 처리에 필요한 사항

② "신고센터"는 신고받은 사항에 대해 보완이 필요한 경우 기간을 정하여 신고인에게 보완을 요청할 수 있다.

③ "신고센터"는 제1항에 따라 제출받은 신고사항에 대해 "시·도지사 및 등록관청" 등에 "조사 및 조치를 요구해야 한다".

④ 요구를 받은 "시·도지사 및 등록관청" 등은 신속하게 조사 및 조치를 완료하고, 완료한 날부터 "10일" 이내에 그 결과를 "신고센터"에 통보해야 한다.

⑤ "신고센터"는 시·도지사 및 등록관청 등으로부터 처리결과를 통보받은 경우 "신고인"에게 신고사항 처리결과를 통보해야 한다.

⑥ "신고센터"는 "매월 10일"까지 직전 달의 신고사항 접수 및 처리 결과 등을 국토교통부장관에게 제출해야 한다.

거래질서교란행위(법 제47조의2)

1. 제7조부터 제9조까지[주 : 제7조(자격증 양도·대여, 양수·대수, 알선), 제8조(공인중개사 아닌 자의 사칭), 제9조(중개업 등록)], 제18조의4(주 : 중개보조원의 고지의무) 또는 제33조 제2항(주 : 누구든지 금지행위 : 특.특.특.광.광)을 위반하는 행위
2. 제48조 제2호(주 : 거짓등록, 부정 등록)에 해당하는 행위
3. 개업공인중개사가 제12조 제1항(주 : 이중등록금지), 제13조 제1항(주 : 이중사무소 설치금지)·제2항(주 : 임시시설물설치금지), 제14조 제1항[주 : 법인인 개업공인중개사의 겸업제한(중.관.상.기.분.경.경)], 제15조 제3항(주 : 중개보조원의 고용숫자제한), 제17조(등록증 등의 게시의무), 제18조(주 : 개업공인중개사의 명칭, 광고 성명표기, 간판철거명령), 제19조(주 : 등록증 양도·대여·양수·대수·알선), 제25조 제1항(주 : 중개대상물 확인·설명의무), 제25조의3(주 : 주택의 일부임대차 중개시의 설명의무) 또는 제26조 제3항(주 : 이중계약서·거짓계약서 작성금지)을 위반하는 행위

4. 개업공인중개사 등이 제12조 제2항(주 : 이중소속금지), 제29조 제2항(주 : 업무상 비밀준수의무) 또는 제33조 제1항(주 : 개업공인중개사 등의 금지행위)을 위반하는 행위
5. 「부동산 거래신고 등에 관한 법률」 제3조(주 : 부동산거래신고의무), 제3조의2(주 : 부동산거래해제신고의무) 또는 제4조(주 : 부동산거래신고법상의 금지행위)를 위반하는 행위

108 다음 중 공인중개사법령상 신고 또는 고발시 포상금을 지급할 수 있는 사유에 "해당" 하는 것은 모두 몇 개인가?

> ㉠ 법정한도를 초과하여 중개보수를 요구하여 받은 개업공인중개사
> ㉡ 이중으로 등록을 한 개업공인중개사
> ㉢ 부정한 방법으로 중개사무소의 개설 등록을 한 자
> ㉣ 부정한 방법으로 공인중개사의 자격을 취득한 자
> ㉤ 임시 중개시설물을 설치한 개업공인중개사
> ㉥ 공인중개사 자격증을 양수·대여받은 자
> ㉦ 개업공인중개사가 아닌 자로서 개업공인중개사의 명칭이나 유사명칭을 사용한 자
> ㉧ 개업공인중개사가 아닌 자로서 중개대상물에 대한 표시·광고를 한 자
> ㉨ 안내문 등을 이용하여 특정한 개업공인중개사에게는 의뢰하지 말 것을 담합하는 등 금지행위를 한 자

① 1개   ② 2개   ③ 3개
④ 4개   ⑤ 5개

109 「공인중개사법」상의 포상금제에 대한 설명이다. "틀린" 것은?

① 포상금의 지급은 그 결정일로부터 1개월 이내에 지급하여야 한다.
② 부동산거래질서교란행위 신고센터에 신고를 한 경우이더라도, 포상금 지급신청서는 등록관청에 제출하여야 한다.
③ 포상금은 1건당 50만원으로 하며, 포상금의 지급에 소요되는 비용 중 국고에서 보조할 수 있는 비율은 100분의 50 이내로 한다.
④ 포상금은 신고 또는 고발사건에 대하여 검사가 공소제기 또는 기소유예의 결정을 한 경우에 한하여 지급한다.
⑤ 포상금은 검사가 기소유예를 한 경우에는 지급이 되나, 판사가 선고유예나 집행유예를 한 경우에는 지급되지 아니한다.

110 공인중개사법령상 甲과 乙이 받을 수 있는 "포상금"의 최대금액은?

> ㉠ 甲은 부동산투기를 조장한 A를 고발하였고, 검사는 A를 공소제기 하였다.
> ㉡ 거짓의 부정한 방법으로 중개사무소 개설등록을 한 B에 대해 甲이 먼저 신고하고, 뒤이어 乙이 신고하였는데, 판사가 선고유예를 하였다.
> ㉢ 甲과 乙은 포상금배분에 관한 합의 없이 공동으로 공인중개사 자격증을 다른 사람에게 대여한 C를 신고하였는데, 검사가 공소제기 하였지만, C는 무죄판결을 받았다.
> ㉣ 乙은 중개사무소 등록증을 대여받은 D를 신고하였는데, 검사는 D를 무혐의처분을 하였다.
> ㉤ 乙은 이중사무소(임시시설물)을 설치한 E를 신고하였는데, 검사가 공소제기를 하였다.
> ㉥ A, B, C, D, E는 甲 또는 乙의 위 신고·고발 전에 행정기관에 의해 발각되지 않았다.

① 甲: 50만원,   乙: 25만원
② 甲: 75만원,   乙: 25만원
③ 甲: 75만원,   乙: 50만원
④ 甲: 75만원,   乙: 75만원
⑤ 甲: 125만원, 乙: 100만원

111 공인중개사법령상 甲이 받을 수 있는 포상금의 최대 금액은?

> ㉠ 甲은 중개사무소를 부정한 방법으로 개설등록한 A와 B를 각각 고발하였으며, 검사는 A를 공소제기 하였고, B를 무혐의처분 하였다.
> ㉡ 甲은 공인중개사 자격증을 양도·대여한 C를 신고하였으며, C는 형사재판에서 무죄판결을 받았다.
> ㉢ 甲은 이중으로 등록을 한 개업공인중개사 D를 고발하여 검사는 D를 공소제기 하였다.
> ㉣ 甲은 중개보수를 법정한도 초과하여 받은 개업공인중개사 E를 신고하였고, E는 형사재판에서 유죄판결을 받았다.
> ㉤ A, B, C, D, E는 甲의 신고·고발 전에 행정기관에 의해 발각되지 않았다.

① 50만원   ② 100만원   ③ 150만원
④ 200만원   ⑤ 250만원

112 공인중개사법령상 당해 지방자치단체의 "조례"가 정하는 바에 따라 수수료를 납부해야 하는 자는 모두 몇 명인가?

> ㉠ 국토교통부장관이 시행하는 시험에 응시하려는 자
> ㉡ 산업관리공단이 위탁받아 시행하는 시험에 응시하려는 자
> ㉢ 공인중개사 자격증을 처음으로 교부받는 자
> ㉣ 고용신고를 하려는 자
> ㉤ 인장등록을 하려는 자
> ㉥ 분사무소 설치신고확인서의 재교부를 신청하는 자
> ㉦ 거래정보사업자 지정을 신청하려는 자

① 1명   ② 2명   ③ 3명
④ 4명   ⑤ 5명

113 공인중개사법령상 행정수수료에 대한 내용이다. "옳은" 것은?

① 분사무소 설치신고를 하는 경우, 분사무소 소재지 관할 시·군·자치구 조례에 따라 행정수수료를 납부하여야 한다.

② 분사무소 설치신고확인서를 재교부 신청을 하는 경우, 분사무소 소재지 관할 시·군·자치구 조례에 따라 행정수수료를 납부하여야 한다.

③ 공인중개사 시험에 응시하고자 하는 경우, 시·군·자치구 조례에 따라 응시수수료를 납부하여야 한다.

④ 국토교통부장관이 시험을 시행하는 경우, 시·도 조례에 따라 응시수수료를 납부하여야 한다.

⑤ 공인중개사 시험이 위탁시행되는 경우에는 업무를 위탁받은 자가 위탁한 자의 승인을 얻어서 결정·공고하는 수수료를 납부하여야 한다.

[테마 27] 벌칙(행정처분 / 과태료 / 형벌)

구분	지정 취소	자격 취소	자격 정지	등록 취소	업무 정지
처분 권자	국토교통부 장관	"교부"한 시·도지사	"교부"한 시·도지사	등록관청	등록 관청
처분 대상자	거래 정보 사업자	공인 중개사	소속 공인 중개사	개업 공인 중개사	개업 공인 중개사
처분 성격	재량	기속	재량	절대적 취소 (기속) 상대적 취소 (재량)	재량
사전 절차	"청문"	"청문"	없음	"청문"	없음
사후 절차	없음	(5)일 이내 국토 교통부 장관과 다른 시·도 지사에게 통보	없음	없음	없음
반납	없음	(7)일 이내 자격증 반납 (분실시 사유서)	없음	(7)일 이내 등록증 반납	없음
소멸 시효	없음	없음	없음	없음	사유 발생일 로부터 (3)년이 경과하면 처분 불가

정답 108. ④ (㉢, ㉥, ㉤, ㉦)   109. ⑤   110. ②   111. ②
112. ① (㉥)   113. ⑤

구분	행정처분의 내용
공인 중개사 대상	① "자격취소"의 처분권자 　㉠ 자격증을 "교부"한 시·도지사가 자격취소 "처분"과 자격정지 "처분"권한이 있다. 　㉡ 자격증을 교부한 시·도지사와 공인중개사 사무소의 소재지를 관할하는 시·도지사가 서로 다른 경우: 사무소의 소재지를 관할하는 시·도지사가 자격취소처분(청문절차) 또는 자격정지처분에 필요한 절차(의견진술 등 확인절차)를 모두 이행한 후, 자격증을 교부한 시·도지사에게 통보 ⇨ 자격증 "교부"한 시·도지사가 자격취소 "처분" 및 자격정지 "처분"을 한다. 　㉢ 자격을 취소한 시·도지사는 이를 "5일 이내"에 국토부장관과 다른 시·도지사에게 통보하여야 한다. ② "자격취소"사유 : 〈부.양.자.징역/금고〉 시·도지사는 자격취소 (하여야 한다). 　㉠ 부정취득 ㉡ 자격증 양도 또는 대여 (+ 1년 - 1천) ㉢ 자격정지 중 중개업무 또는 이중소속 ㉣ 이 법(「공인중개사법」) 위반하여 금고 이상의 (징역, 금고) (집행유예 포함)의 선고를 받은 경우 ㉤ 「형법」 위반으로 (범죄단체구성, 사문서 위조·변조·행사, 사기, 횡령, 배임, 업무상 횡령, 업무상 배임)으로 금고 이상의 형의 선고를 받은 경우(집행유예 포함) 〈뱀.사.사.횡.배〉 ③ "자격정지"사유 : (소속공인중개사를 대상) 〈금.니.2.서.서.확.인〉 시·도지사는 6개월 범위 내에서 자격정지 (할 수 있다). 　㉠ 법 제33조 제1항 "금지행위"를 위반 ㉡ 이중소속 (+ 1년 - 1천) ㉢ 이중계약서 (거짓계약서)를 작성 ㉣ 거래계약서에 서명 및 날인하지 아니한 경우 ㉤ 확인·설명서에 서명 및 날인을 하지 아니한 경우 ㉥ 확인·설명의무를 위반, 근거자료를 제시하지 아니한 경우 ㉦ 인장등록을 하지 아니하거나, 미등록 인장을 사용

구분	자격정지 부과기준	
6개월	금지행위, 이중소속, 이중계약서	금. 니. 2
3개월	거래계약서·확인·설명서 서명 날인 ×, 확인·설명의무 위반, 인장 위반	서서 확인

부과 기준의 "2분의 1" 범위 내에서 가중(중대한 과실 등) 하거나 경감(경미한 과실 등)할 수 있다. 가중 처분하는 경우에도 업무정지나 자격정지는 절대로 6개월을 초과할 수 없다.

④ 등록관청은 소속공인중개사의 자격정지 사유를 알게 된 때에는 지체 없이 그 사실을 (특·광) 시·도지사에게 통보하여야 한다.

구분	
개업 공인 중개사 대상	① 절대적 등록취소 〈결. 이. 허. 사. 이. 양. 업. 1 - 2, 보초〉 　㉠ 등록의 결격 ㉡ 이중등록 (+ 1년 - 1천) ㉢ 허위·부정 등록 (+ 3년 - 3천) ㉣ 개인의 사망 또는 법인의 해산 ㉤ 이중소속 (+ 1년 - 1천) ㉥ 등록증 양도 또는 대여 (+ 1년 - 1천) ㉦ 업무정지 기간 중에 중개업무 및 자격정지 중인 소속공인중개사에게 중개업무를 하게 함. ㉧ 최근 1년 이내에 2회 이상의 업무정지처분을 받고, + 다시 업무정지 사유가 발생한 경우 ㉨ 중개보조원을 법정 채용숫자 한도를 초과하여 고용한 경우 ② 상대적 등록취소 〈전. 육. 손. 미. 금. 다방 - 따운 - 겸업. 1 - 3. 똑똑〉 　㉠ 전속 중개계약시 정보공개의무 위반 ㉡ 6개월 초과하는 무단 휴업을 한 경우 ㉢ (손해배상책임을 위한) 업무보증 미설정 후 업무개시 ㉣ 등록기준 미달 ㉤ (법 제33조 제1항) "금지행위" ㉥ 이중사무소, 임시시설물 설치 (떳다방) ㉦ 거짓 계약서 및 이중계약서 (따운계약서 등) ㉧ 중개법인의 겸업 (법 제14조) 위반 ㉨ 최근 1년 이내에 3회 이상 (업무정지 또는 과태료)처분을 받고, + 다시 (업무정지 또는 과태료)사유가 발생 (절대적 등록취소사유는 제외) ㉩ 「독점규제법」 위반으로 공정거래위원회로부터 최근 2년 이내에 2회 이상 과징금이나 시정조치를 받은 경우

③ 업무정지(6개월의 범위 내) 〈고.전.설.계.과.거.범.인.임.명.독〉
㉠ 고용 위반 - 고용인의 결격사유 (2개월 내 해소하지 ×) / 고용신고 위반 ㉡ "전속중개계약서" 작성 × 교부 × 보존 × ㉢ "확인·설명서" 작성 × 교부 × 보존 × 서명 및 날인 × ㉣ "거래계약서" 작성 × 교부 × 보존 × 서명 및 날인 × ㉤ 최근 1년 이내에 2회 이상 (업무정지 또는 과태료)처분을 받고, + 다시 과태료 사유 발생한 경우 ㉥ 개업공인중개사가 거래정보망에 거짓공개 또는 거래사실을 통보하지 × ㉦ 부칙상의 개업공인중개사가 업무 지역적 범위 (특·광·도)를 위반 ㉧ "인장" 등록 위반 및 미등록 인장 사용 ㉨ "임의적 (상대적)" 등록취소사유 ㉩ 지도·감독상의 명령 위반, 이 법 또는 이 법에 의한 명령 위반한 경우 ㉪ 「독점규제법」 위반으로 공정거래위원회로부터 과징금이나 시정조치를 받은 경우

구분	업무정지 부과기준	
6개월	(결격사유에 해당하는 자를 고용) "고용" 위반, 개업공인중개사가 "거래정보망"에 거짓 정보를 공개, "임의적(상대적)" 등록취소사유, 최근 1년 내 2회 이상…(업무정지 또는 과태료)를 받고, 다시 "(과태료)"사유가 발생한 경우	고.거.임.과
3개월	나머지 … (전속중개계약서, 확인·설명서, 거래계약서 작성·교부·보존·서명 날인을 하지 아니한 경우)	종이 쪼가리
1개월	이 법상 명령 위반(거래대금 예치시 예치금 분리관리 의무 등)	

* 부과기준의 2분의 1 범위 내에서 가중(중대한 과실 등) 하거나 경감(경미한 과실 등)할 수 있다. 가중 처분하는 경우에도 업무정지나 자격정지는 절대로 "6개월"을 초과할 수 "없다".

④ 업무정지처분의 시효제도 : 업무정지는 해당 "사유"가 "발생"한 날부터 "(3)년"이 경과한 때에는 등록관청은 이를 할 수 없다(이것은 오로지 업무정지에만 있는 제도이다). 〈사발삼〉
⑤ 개업공인중개사의 지위 승계
㉠ 원칙 : 폐업신고 후 재 등록을 한 때에는 폐업신고 전의 개업공인중개사의 지위를 승계한다(법인의 대표자 포함). 그러므로 폐업 전의 위반사유로 재등록 관청에서 행정처분을 할 수 있다.
㉡ 예외
ⓐ 폐업기간(반성기간)이 (3)년을 초과한 경우에는 폐업 "전"의 사유로 "등록취소 할 수 없다".
ⓑ 폐업기간(= 반성기간)이 (1)년을 초과한 경우에는 폐업 "전"의 사유로 "업무정지처분을 할 수 없다".
❶ 폐업기간이 3년을 초과한 경우에는 폐업 전의 사유로 등록취소나 업무정지 등의 행정처분을 등록관청은 할 수 없다.
㉢ 폐업신고 전의 업무정지나 과태료처분의 효과는 그 (처분일)부터 (1)년간 재등록업자 승계된다(행정 전과 기록은 1년간은 누적 적용된다는 의미).

주 체		과태료(행정질서벌)	한도
국토부 장관	거래 정보 사업자	① 〈운〉 "운영규정" 제정 및 변경승인 받지 ×, 운영규정 위반 ② 〈명〉 지도·감독상 "명령" 위반	(500) 만원 이하
	정보 통신 서비스 제공자	① 〈자〉 국토교통부장관이 모니터링을 위한 "자료제출 요구"에 불응한 경우 ② 〈조〉 국토교통부장관의 필요한 "조치에 불응"한 경우	(500) 만원 이하
	협회	① 〈공〉 공제사업 운영실적을 "공시 ×" ② 〈개〉 공제사업 "개선명령·시정명령"을 이행 × ③ 〈지〉 "지도·감독"상 명령 위반 ④ 〈징〉 임원에 대한 "징계요구"에 따르지 ×	(500) 만원 이하

개업 공인 중개사 대상

시·도지사	연수교육	① 연수교육대상자가 연수교육을 수료하지 아니한 경우	(500)만원 이하
	공인중개사	② 〈자〉 자격취소 후 자격증(분실시 사유서) 미반납	(100)만원 이하
등록관청 (사무소 소재)	개업공인중개사	① 중개대상물 확인·설명의무를 위반(근거자료 제시 ×)	(500)만원 이하
		② 중개대상물에 대한 허위광고, 과장광고, 거래질서를 침해하는 광고 등 ③ 중개보조원의 신분고지의무에 대한 지도·감독 위반(중개보조원도 함께 500만원 이하의 과태료)	(500)만원 이하
		① 〈휴〉 "휴업"·폐업·재개·휴업기간변경 "신고의무" 위반 ② 〈게〉 중개업 등록증 및 「세법」상 등록증 등 (등록증, 자격증, 보증증서, 수수료 한도표) "게시의무" 위반 ③ 〈소이〉 중개 "사무소" "이전신고" 의무 위반 ④ 〈간판〉 옥외광고물 중 "간판"에 성명을 표기하지 아니한 경우 ⑤ 〈명칭〉 개업공인중개사의 "명칭" 규정(공인중개사사무소, 부동산중개) 위반 / 부칙상 개업공인중개사가 "공인중개사사무소" 명칭을 사용 ⑥ 〈광고〉 중개대상물 "광고"물에 성명 등(사무소 소재지, 연락처, 명칭, 등록번호, 개업공인중개사의 성명)을 표기하지 아니한 경우(인터넷 광고 추가명시사항을 명시하지 아니한 경우) ⑦ 〈등〉 등록취소 후 "등록증" 반납을 하지 아니한 경우 ⑧ 〈보〉 (중개완성시) 업무 "보증" 설명을 하지 아니하거나, "보증증서" 사본(또는 전자문서) 교부하지 아니한 경우	(100)만원 이하

구분	행정형벌(징역 또는 벌금)
3년 이하의 징역 또는 3천만원 이하의 벌금형	〈허.무.증.직.쌍.투.시.카.특.특.특.광.광〉 ① 〈허〉 허위(거짓)·부정 등록 (+ 절대적 등록취소) ② 〈무〉 무등록 중개업 ③ 〈증〉 (법 제33조 제1항 금지행위) 거래금지 증서 매매업·중개 (+ 상대적 등록취소) ④ 〈직〉 (법 제33조 제1항 금지행위) 중개의뢰인과 직접거래 (+ 상대적 등록취소) ⑤ 〈쌍〉 (법 제33조 제1항 금지행위) 쌍방대리 (+ 상대적 등록취소) ⑥ 〈투〉 (법 제33조 제1항 금지행위) 투기조장 (+ 상대적 등록취소) ⑦ 〈시〉 (법 제33조 제1항 금지행위) 시세조작 (+ 상대적 등록취소) ⑧ 〈카〉 (법 제33조 제1항 금지행위) 불법단체(카르텔)를 결성하여 담합행위 (+ 상대적 등록취소) ⑨ 〈특.특.특.광.광〉 (법 제33조 제2항 금지행위) "누구든지" (㉠ "특정" 개업공인중개사를 배제하거나, ㉡ "특정" 개업공인중개사에게 의뢰를 유도하거나, ㉢ "특정" 가격 이하로 의뢰하는 것을 제한하거나, ㉣ 개업공인중개사의 정당한 "광고"를 방해하거나, ㉤ 개업공인중개사에게 허위·거짓 "광고"를 유도하는 행위)
1년 이하의 징역 또는 1천만원 이하의 벌금형	〈보초. 이.양.이. 비.정.유. 거.금.매.친〉 ① 〈보초〉 중개보조원을 법정 숫자(5배)를 초과하여 고용한 경우 ② 〈이〉 이중등록 (+ 절등취) 및 이중소속 (+ 개·공은 절등취, + 소공은 자격정지) ③ 〈양〉 등록증(+ 절등취)이나 자격증(+ 자격취소)을 양도·대여하거나, 양수·대여 받는 자 ④ 〈이〉 이중 사무소, 임시시설물 (+ 상대적 등록취소) ⑤ 〈비〉 비밀 준수의무 위반 ⑥ 〈정〉 거래정보사업자의 정보 위반(허위정보 공개) (+ 지정취소) ⑦ 〈유〉 ~ 아닌 자, ~ 유사명칭 사용 등 　㉠ 개업공인중개사 "아닌 자"가 "공인중개사사무소", "부동산중개" 또는 이와 유사한 명칭을 사용한 경우 　㉡ 공인중개사 "아닌 자"가 공인중개사 또는 유사명칭을 사용한 경우

	㉢ 개업공인중개사가 "아닌 자"가 중개대상물에 대한 표시·광고를 한 경우 ⑧ 〈거〉 (법 제33조 제1항 금지행위) 거짓행위 (+ 상대적 등록취소) ⑨ 〈금〉 (법 제33조 제1항 금지행위) (중개보수한도) 초과 금품수수 (+ 상대적 등록취소) ⑩ 〈매〉 (법 제33조 제1항 금지행위) 중개대상물 매매업 (+ 상대적 등록취소) ⑪ 〈친〉 (법 제33조 제1항 금지행위) 무등록 중개업자와의 (악의) 협력행위 (+ 상대적 등록취소)
양벌 규정	① 〈법 제50조〉 고용인이 3년 - 3천 이하 또는 1년 - 1천 이하 의 규정에 해당하는 위반행위를 한 때에는 그 행위자를 벌하는 외에 그를 "고용한 개업공인중개사"에 대하여도 해당 조에 규정된 "벌금형"을 과한다. ② 〈면책규정〉 단, 개업공인중개사가 그 위반행위를 방지하기 위하여 상당한 주의와 감독을 게을리하지 아니한 경우에는 벌금형이 면제된다.

합격문제

114 공인중개사법령상 공인중개사의 자격취소에 관한 설명으로 "옳은" 것은?

① 공인중개사자격증 교부 시·도지사와 중개사무소 소재지 관할 시·도지사가 다른 경우 자격취소처분은 중개사무소 소재지 관할 시·도지사가 하여야 한다.

② 소속공인중개사가 자격정지처분을 받은 기간 중에 다른 법인인 개업공인중개사의 소속공인중개사가 된 경우에는 자격취소사유에 해당한다.

③ 공인중개사가 폭행죄로 징역형을 선고받은 경우에는 자격취소사유가 된다.

④ 공인중개사자격이 취소된 자는 그 취소처분을 받은 날부터 10일 이내에 자격증을 반납해야 한다.

⑤ 공인중개사자격이 취소된 자는 취소된 후 5년이 경과하지 않으면, 다시 공인중개사가 될 수 없다.

115 다음 중 소속공인중개사에 대한 자격정지처분의 사유가 "아닌" 것은?

① 「공인중개사법」 위반으로 징역형에 대한 집행유예를 받은 경우

② 거래당사자 쌍방을 대리하는 행위를 한 경우

③ 업무를 담당한 소속공인중개사가 확인·설명서에 서명 및 날인을 하지 아니한 경우

④ 거짓된 언행으로 의뢰인의 판단을 그르치게 한 경우

⑤ 거래가 없음에도 불구하고 거래가 된 것처럼 가장하여 시세를 조작하는 등의 금지행위를 한 경우

116 다음은 공인중개사에 대한 자격취소처분 및 자격정지처분에 관한 설명이다. "옳은" 것은?

① 자격취소 후 자격증을 반납함에 있어서 분실 등의 사유로 인하여 반납할 수 없는 자는 그 이유를 기재한 사유서를 시·도지사에게 제출하여야 한다.

② 시·도지사는 자격취소처분을 한 때에는 이를 7일 이내에 국토교통부장관에게 보고하여야 한다.

③ 시·도지사는 자격정지 기간을 가중하여 처분하는 경우에는 6개월을 초과할 수 있다.

④ 소속공인중개사가 자격정지기간 중에 다른 개업공인중개사의 소속공인중개사가 된 경우, 시·도지사는 자격을 취소할 수 있다.

⑤ 자격취소 사유가 발생한 날로부터 3년이 경과한 경우에는 자격취소처분을 할 수 없다.

117 다음은 공인중개사에 대한 자격취소와 자격정지처분에 관한 내용이다. "옳은" 것은?

① 「공인중개사법」을 위반하여 징역형의 선고를 받는 것은 자격정지 사유에 해당한다.

② 자격정지처분을 받은 소속공인중개사는 그 날로부터 7일 이내에 자격증을 반납하여야 한다.

③ 자격이 취소된 공인중개사는 그 취소된 날로부터 3년 이내에는 이 법에 의한 자격을 다시 취득하지 못한다.

④ 자격을 취소한 (특·광) 시·도지사는 7일 이내에 국토교통부장관과 다른 (특·광) 시·도지사에게 통보하여야 한다.

⑤ (특·광) 시·도지사는 자격정지처분을 하기 전에는 원칙적으로 청문을 실시하여야 한다.

118 중개사무소의 개설등록을 반드시 취소하여야 하는 것은 모두 몇 개인가?

⊙ 특별한 사유 없이 계속하여 6개월을 초과하여 휴업한 경우
⊙ 부정한 방법으로 중개사무소의 개설등록을 한 경우
⊙ 법인이 아닌 개업공인중개사가 2 이상의 중개사무소를 둔 경우
⊙ 손해배상책임을 보장하기 위한 조치를 이행하지 아니하고 업무를 개시한 경우
⊙ 업무정지기간 중에 중개업무를 행한 경우
⊙ 정당한 사유 없이 관계 공무원의 검사 또는 질문에 불응한 경우

① 1개   ② 2개   ③ 3개
④ 4개   ⑤ 5개

119 다음 중 등록관청이 개업공인중개사에게 업무정지를 명할 수 있는 사유에 해당되지 "않는" 것은?

① 개업공인중개사가 연수교육의 통지를 받고도 이를 수료하지 아니한 경우

② 부칙상의 개업공인중개사가 업무지역의 제한을 위반하여 중개행위를 한 경우

③ 개업공인중개사가 서로 다른 2 이상의 거짓 거래계약서를 작성한 경우

④ 인장등록을 하지 아니하거나 등록한 인장을 사용하지 아니한 경우

⑤ 개업공인중개사가 중개대상물의 정보를 거래정보망에 허위로 공개하거나 거래사실을 거래정보사업자에게 통보하지 아니한 경우

120 「공인중개사법」상 중개업의 "업무정지"처분에 대한 설명이다. "옳은" 것은?

① 업무정지처분은 가중 처벌하는 경우 6개월을 초과할 수 있다.

② 업무정지처분을 받은 경우, 그 정지 기간이 경과되면 재개신고를 하여야 한다.

③ 업무정지처분 받은 개업공인중개사는 출입문에 그 사실을 표시하거나, 간판을 철거하여야 한다.

④ 업무정지처분은 그 사유 발생일로부터 1년이 경과하면 업무정지처분을 할 수 없다.

⑤ 업무정지처분을 한 등록관청은 다음 달 10일까지 이를 공인중개사 협회에 통보하여야 한다.

121 다음은 공인중개사법령상의 규정들을 기술하고 있다. "옳은" 것은?

① 등록취소를 받은 개업공인중개사가 등록증을 분실한 경우, 등록증 반납을 대신하여 그 이유를 기재한 사유서를 대신 제출할 수 있다.

② 등록관청은 최근 1년 이내에 2번의 업무정지처분과 1번의 과태료를 받고 다시 과태료처분사유에 해당하는 행위를 한 개업공인중개사의 등록을 취소하여야 한다.

③ 등록관청이 위반행위의 동기·결과 등을 참작하여 업무정지기간을 감경하여 처분하는 경우, 5분의 1 범위 내에서 하여야 한다.

④ 시장·군수 또는 구청장은 공인중개사 자격정지사유 발생시 6개월의 범위 안에서 기간을 정하여 그 자격을 정지할 수 있다.

⑤ 법인인 개업공인중개사가 해산하여 등록취소처분을 받은 경우, 법인의 대표자이었던 자가 등록증을 반납하여야 한다.

122 공인중개사법령에서 규정한 과태료 부과처분 대상자, 부과금액, 부과권자가 "옳게" 연결된 것은?

① 중개대상물에 대하여 성실·정확하게 확인·설명하지 아니한 개업공인중개사 − 500만원 이하 − 시·도지사

② 중개사무소 이전신고의무를 위반한 개업공인중개사 − 500만원 이하 − 등록관청

③ 중개사무소 개설등록이 취소된 후 등록증을 반납하지 않은 자 − 100만원 이하 − 시·도지사

④ 휴업신고를 하지 아니하고 무단 휴업한 개업공인중개사 − 100만원 이하 − 시·도지사

⑤ 국토교통부장관의 자료제출요구 및 필요한 조치명령에 불응한 정보통신서비스 제공자 − 500만원 이하 − 국토교통부장관

123 공인중개사법령상 "행정제재처분효과의 승계" 등에 관한 설명으로 "틀린" 것은?

① 폐업기간이 3년 3개월인 재등록 개업공인중개사에게 폐업신고 전의 중개사무소 개설등록 취소사유에 해당하는 위반행위를 이유로 개설등록취소처분을 할 수 없다.

② 폐업기간이 1년 1개월인 재등록 개업공인중개사에게 폐업신고 전의 업무정지사유에 해당하는 위반행위에 대하여 업무정지처분을 할 수 없다.

③ 폐업신고 전에 개업공인중개사에게 한 업무정지처분이나 과태료 부과처분의 효과는 그 처분일부터 9개월이 된 때에 재등록을 한 개업공인중개사에게 승계된다.

④ 개업공인중개사가 공인중개사법령 위반으로 2024. 6. 6. 업무정지처분에 해당하는 행위를 하였으나 2024. 7. 7. 폐업신고를 하였다가 2024. 8. 8. 다시 중개사무소 개설등록을 한 경우, 종전의 위반행위에 대하여 업무정지처분을 받을 수 없다.

⑤ 재등록 개업공인중개사에 대하여 폐업신고 전의 개설등록취소 및 업무정지에 해당하는 위반행위에 대한 행정처분을 함에 있어서는 폐업기간과 폐업의 사유 등을 고려하여야 한다.

124 다음 중 「공인중개사법」상 3년 이하 징역 또는 3천만원 이하의 벌금사유에 "해당" 되는 것을 모두 고르면?

ⓐ 법 제33조 제2항을 위반하여, 특정 가격 이하로 중개의뢰를 하지 아니하기로 담합하는 금지행위를 한 경우

ⓑ 이중소속금지를 위반한 개업공인중개사

ⓒ 허위(거짓) 기타 부정한 방법으로 등록을 한 자

ⓓ 등록증을 양도·대여한 자

ⓔ 중개의뢰인과 직접거래를 한 개업공인중개사

ⓕ 개업공인중개사가 아닌 자가 중개대상물에 대한 표시·광고를 한 경우

ⓖ 중개보조원이 업무상 알게 된 중개의뢰인의 비밀을 누설한 경우

---

① 1개   ② 2개   ③ 3개
④ 4개   ⑤ 5개

125 다음 중 공인중개사법령상의 1년 이하의 징역 또는 1천만원 이하의 벌금형 사유에 해당되는 것은 모두 몇 개인가?

ⓐ 개업공인중개사로서, 중개사무소 이전신고의무를 위반한 자

ⓑ 개업공인중개사로서, 중개대상물에 대한 확인·설명의무를 위반한 자

ⓒ 개업공인중개사가 아닌 자로서 "공인중개사사무소", "부동산중개" 또는 이와 유사한 명칭을 사용한 자

ⓓ 이중으로 중개사무소 개설등록을 한 자

ⓔ 개업공인중개사로서, 등록관청의 지도·감독상의 명령에 불응한 자

ⓕ 개업공인중개사로서, 중개보조원의 채용숫자 제한규정을 위반하여 초과 고용한 자

ⓖ 중개의뢰인과 직접거래·쌍방대리를 한 자

---

① 1개   ② 2개   ③ 3개
④ 4개   ⑤ 5개

[MEMO]

정답 114. ②   115. ①   116. ①   117. ③   118. ② (ⓛ,ⓜ)
119. ①   120. ⑤   121. ⑤   122. ⑤   123. ④
124. ③ (ⓐ, ⓒ, ⓔ)   125. ③ (ⓒ, ⓓ, ⓕ)

부동산 거래신고 등에 관한 법령

[테마 28] 부동산거래신고제도

구분	부동산 거래신고 등에 관한 법령의 내용
법의 목적	이 법은 부동산 거래신고나 허가 등에 관한 사항을 정하여, (건전)하고 (투명한) 부동산 (거래질서)를 확립하여, 국민경제에 이바지함을 목적으로 한다.
신고 대상물	① "부동산의 매매계약"("현존"하는 토지 및 건물의 매매계약) (증여계약×, 교환계약×) ② "지위[분양권·(재)입주권]의 매매계약" 　㉠ "부동산 공급계약"을 통하여 부동산을 공급받는 자로 "선정된" 지위 (즉, 토지 분양권·주택 분양권 등 분양권 매매계약) 　㉡ 「도시 및 주거환경정비법」 제48조에 따른 관리처분계획의 인가로 취득한 입주자로 "선정된" 지위(즉, 재건축·재개발 입주권의 매매계약) ③ "부동산에 대한 공급계약":「도시개발법」·「도시 및 주거환경정비법」(「빈집 및 소규모주택 정비법」 포함)·「공공주택 특별법」·「주택법」·「건축물분양법」·「산업입지 및 개발에 관한 법률」·「택지개발촉진법」상의 공급계약
대상	* "매매계약(공급계약 포함)"을 신고한다.
신고관청	* 거래계약(매매계약) 체결일로부터 (30)일 이내에 신고 * 당해 "부동산"이 소재하는 관할 시장·군수·구청장(신고관청)에 신고하여야 한다. ❶ 중개사무소가 있는 등록관청에 신고하는 것이 아님.
기본 신고사항 (인.계. 부부. 실제. 업.조. 위탁관리)	① 〈인〉 매수인 및 매도인의 "인적사항" ② 〈계〉 "계약일"·중도금 지급일 및 잔금 지급일 ③ 〈부〉 "부동산"의 "면적" 및 "종류" ④ 〈부〉 "부동산"의 "소재지" "지번" 및 "지목" ⑤ 〈실제〉 "실제" 거래가격 ⑥ 〈업〉 (개업공인중개사가 중개한 경우) 개"업"공인중개사의 인적사항 및 중개사무소 개설등록에 관한 사항(사무소 소재지, 상호, 전화번호) ⑦ 〈조〉 (계약의 "조건"이나 기한이 있는 경우) "조건" 또는 기한

⑧ 〈위탁관리〉 (서류수령) "위탁관리인"의 "인적사항") ⓐ [매수인이 국내에 주소 또는 거소(잔금 지급일부터 60일을 초과하여 거주하는 장소)를 두지 않을 경우] (매수인이 외국인인 경우로서 「출입국관리법」 제31조에 따른 외국인등록을 하거나 「재외동포의 출입국과 법적 지위에 관한 법률」 제6조에 따른 국내거소신고를 한 경우에는 그 체류기간 만료일이 잔금 지급일부터 60일 이내인 경우를 포함한다)

"개인"이 "주택" 거래시 "추가" 신고사항	* 개인의 "주택" 거래시 추가 신고사항: "자금조달계획(입주계획)" 추가 신고 ① 「주택법」상 "투기과열지구"와 "조정대상지역" 내의 "모든" "주택"의 경우에는 "자금조달(지급방식 등 포함)과 입주계획"을 신고(자금조달계획서 제출)하여야 한다. "투기과열지구"내의 주택의 경우에는 "자금조달계획"에 "증빙서류"(통장잔고증명서 등)"를 첨부하여야 한다. ② 비(非) 규제지역은 "6억 이상"의 주택 매매의 경우 "자금조달"과 입주계획(자금조달계획서)을 신고(제출)한다.
"법인"이 "주택" 거래시 "추가" 신고사항	* "법인"의 "주택" 거래시 추가 신고사항 ① "법인의 현황"에 관한 다음의 사항 (거래당사자 중 "국가 등"이 포함된 경우이거나, "(신규)공급계약"이나 "신규 분양권"은 제외) 　㉠ 〈등〉 법인의 "등기" 현황 　㉡ 〈친〉 법인과 거래상대방 간의 관계가 다음의 어느 하나에 해당하는지 여부 　　ⓐ 거래상대방이 개인인 경우: 그 개인이 해당 법인의 임원이거나 법인의 임원과 "친족"관계가 있는 경우 　　ⓑ 거래상대방이 법인인 경우: 거래당사자인 매도법인과 매수법인의 임원 중 같은 사람이 있거나 거래당사자인 매도법인과 매수법인의 임원 간 "친족관계"가 있는 경우 ② 〈법인이 주택을 "매수"하는 경우에만 해당〉 주택 취득 목적 및 취득 자금 등에 관한 다음의 사항

		ⓐ〈목〉 거래대상인 주택의 취득 "목적" ⓑ〈자.리〉 거래대상 주택의 취득에 필요한 "자금"의 조달계획 및 지급방식. 임대 등 거래대상 주택의 "이용"계획 ❶ "법인"이 "주택 매수"시 무조건 "자금조달계획서"를 제출해야 한다(금액 무관). ❶ 투기과열지구 내의 주택인 경우에는 자금조달계획의 증빙서류까지 제출하여야 한다.	(2) 중 개 시	① 개업공인중개사가 중개를 한 경우에는 개업공인중개사가 신고하여야 한다(신고서 제출 + 신분증 제시). ② 이 경우 거래당사자는 아무런 신고의무가 없다. ③ "공동중개"의 경우에는 공동명의로 "공동"으로 신고(하여야 한다. ④ "신고서 제출의 대행(방문신고에 한함)": 고용신고된 "소속공인중개사"에 한하여 개업공인중개사를 대리하여 신고서를 제출할 수 있다. 소속공인중개사는 부동산거래 신고서(제출)에 자신의 신분증을 제시한다(소속공인중개사는 위임장을 제출 ×).
〈토지〉 자금조달 계획(서) (추가)		① (수도권 등) "수도권, 광역시(인천 제외), 세종시"에 소재하는 "1억 이상"의 토지(지분 거래시는 금액 상관없이 자금조달계획 추가) : "자금조달계획"과 토지이용계획을 추가로 신고하여야 한다. ② "기타 지역"의 토지는 "6억 이상"의 토지(해당 토지의 지분거래도 포함) : "자금조달계획"과 토지이용계획을 추가로 신고하여야 한다. ❶ 매수인이 국가 등이거나, 매수인에 국가 등이 포함되어 있는 토지거래는 제외한다. ❶ 토지거래허가구역에서 허가를 받아야 하는 토지거래는 제외한다.	신고필증	신고관청은 신고내용을 확인한 후 신고필증을 신고인에게 "(지체 없이)" 교부한다.
신고방법 / 신고대행		① 방문신고 : 부동산거래신고서(법정강제서식) 제출 + 신고인의 신분증(주민등록증, 여권, 운전면허증 등) 제시 ② 인터넷신고 : 전자문서 + 전자인증(공인인증서 등) ③ 방문신고는 대리인에 의한 신고대행이 가능하나, 전자문서에 의한 신고는 대리 신고가 불가하다.	검증 후 통보	① "국토교통부장관"은 가격 검증체계 "구축" 및 운영하며, "한국부동산원"에 위탁한다. ② "신고관청(시·군·구청장)"은 부동산거래신고를 받은 때 "적정성 검증" 후 그 결과를 관할 "세무관서의 장"에게 통보하여야 한다(세무관서장은 과세자료로 활용). ③ 신고가격을 검증한 "신고관청"은 특별시장, 광역시장, 도지사, 특별자치도지사에게 보고하여야 하며, "시·도지사"는 신고관청의 신고가격 검증 결과를 "매월 1회" 국토교통부장관"에게 보고하여야 한다.
신 고 의 무 자	(1) 직 접 거 래 시	① 원칙 : 〈공동신고〉 거래당사자가 "공동"으로 부동산거래신고서를 "작성"하고 서명 "또는" 날인 (전자문서 포함) 한 후, "신고서"는 거래당사자 중 "1인"이 제출하여야 한다(+ 신분증 제시). ② 예외 : 〈단독신고〉 1인이 신고를 "거부"한 경우에는 나머지 1인이 단독신고 할 수 있다. 이 경우 부동산거래신고서에 + 신분증(제시) + (거부) "사유서" + 거래"계약서" 사본을 첨부하여야 한다. ③ 거래당사자 중 일방이나 쌍방이 국가·지자체·공공기관 등인 경우에는 "국가 등"이 신고하여야 한다. ④ 신고서 제출의 대행(방문신고에 한함) : 대리인은 부동산거래신고서에 + 자신의 신분증(제시) + "위임장"(자필서명, 법인은 인감) + (위임인의) 신분증 사본을 첨부하여야 한다.	계약의 해제 등 신고	① 공동신고 원칙 : "거래당사자"는 부동산거래신고를 한 후, 거래계약이 무효·취소·해제가 되면, 그 "확정일"로부터 "(30)일" 이내에 해제 등의 신고를 "하여야" 한다(위반시 500만원 이하의 과태료). ② 일방이 신고를 거부시 타방이 단독신고 할 수 있다(거부사유서와 해제 등 입증자료 첨부). (신고를 거부한 자, 신고의무 위반자는 500만원 이하의 과태료) ③ "개업공인중개사"는 해제 등의 신고를 "할 수" 있다(공동중개시 공동 해제신고, 일방 거부시 단독해제신고 가능).

	④ "거래당사자"이든, 개업공인중개사이든, "해제신고서"는 법정서식을 제출하여야 한다. 해제신고를 받은 신고관청은 "지체 없이" "해제신고 확인서"를 교부하여야 한다.
	⑤ "부동산거래계약(전자)시스템"을 통하여 거래계약을 해제한 경우에는 부동산 거래계약 해제 등 신고서를 제출한 것으로 본다.
정정신청 (할 수 있다)	① "거래당사자" 또는 "개업공인중개사"는 (신고필증 등) "잘못 기재"된 경우 이를 수정하여 정정신청 "할 수" 있다. ❶ 정정신청사항: 〈주.전.지 / 소.상.전 / 면. 종류 / 대 지. 지〉 거래당사자의 주소·전화번호(또는 휴대전화번호)·거래 지분 / 중개사무소 소재지·상호·전화번호 / 거래대상 부동산 등의 면적·건축물 종류·대지권비율·지목·거래 지분) ❶ 거래대금 ×, 날짜 × ② 공동신고 원칙: 정정신청을 하려는 "거래당사자" 또는 "개업공인중개사"는 "신고필증"에 "정정사항"을 표시하고 (정정신청서 제출 ×), 해당 정정 부분에 (공동으로) 서명 또는 날인을 하여 신고관청에 제출하여야 한다(다만, 거래당사자 본인의 "주소"·"전화번호" 또는 휴대전화번호를 정정하는 경우에는 해당 거래당사자 일방이 "단독"으로 서명 또는 날인하여 정정을 신청할 수 있다). ③ 신고관청은 "지체 없이" 신고필증을 (수정된 내용으로) 재발급(재교부)하여야 한다.
변경신고 (할 수 있다)	① "거래당사자" 또는 "개업공인중개사"는 부동산 거래계약 신고 내용 중 어느 하나에 해당하는 사항이 "변경"된 경우에는 「부동산등기법」에 따른 부동산에 관한 "등기신청 전"에 신고관청에 (공동으로) 신고 내용의 변경을 신고할 수 있다.

	❶ 변경신고사항: 〈면.지 / 조.기 / 공동. 다수 / 대금, 날짜 / 위탁관리〉 부동산의 면적(정정신청 공통), 지분(정정신청 공통) / 조건, 기한 / 공동 매수인의 일부 변경(일부가 제외되는 경우만 변경 가능), 다수 물건의 일부 변경(일부가 제외되는 경우만 변경 가능) / 거래가격, 중도금·잔금 및 지급일) / 위탁관리인의 성명, 주민등록번호, 주소 및 전화번호(휴대번호 포함). ❶ "계약일" × "계약금" ×, 일부 "교체"나 "추가" × ② 공동신고 원칙: 변경신고를 하는 거래당사자 또는 개업공인중개사는 "변경신고서"에 서명 "또는" 날인을 하여 신고관청에 제출하여야 한다[다만, 신규 공급계획, 분양권, (재)입주권의 매매계약의 경우, 거래가격 중 분양가격 및 선택품목은 거래당사자 일방이 단독으로 변경신고를 할 수 있다]. ③ 부동산 등의 "면적"은 변경 없이 거래 "금액"만 변경신청시에는 "변경신고서"에 거래계약서 등의 "증명서류"를 첨부해야 한다. ④ 신고관청은 "지체 없이" 변경된 내용으로 신고필증을 재발급(재교부)하여야 한다.
제재	① 〈거, 계, 미친, 요, 자〉 신고를 거부하거나, 게을리 신고하거나, 미신고, 거짓신고를 요구·조장·방조한 자, 대금지급자료 "이외"의 자료(매매계약서 등) 제출요구에 불응한 자: (500)만원 이하의 과태료 ② 〈대지자, 조치자, 허, 허〉 신고관청이 요구한 거래대금지급자료 요구에 불응, 기타 조치명령 위반한 자, (거래가 없음에도 불구하고) "허위"신고, (해제가 없음에도 불구하고) "허위해제"신고: (3천)만원 이하의 과태료 ③ 〈목적범 − −허, 허〉 위 ②의 허위신고나 허위해제신고를 부당하게 재물이나 재산상 이득을 취득하거나, 제3자로 하여금 이를 취득하게 할 "목적"으로 한 경우: (3년 이하의 징역 또는 3천만원 이하의 벌금) ③ (가격 등) "거짓"신고: 취득가액의 (10)% 이하의 과태료

타 제도와의 관계	① 부동산거래신고를 한 경우, 「부동산등기 특별조치법」상의 검인은 받은 것으로 본다. ② 외국인이 매매계약을 체결한 후, 부동산거래신고를 한 경우, 외국인특례상의 취득신고는 한 것으로 본다. ③ 토지거래허가를 받은 경우라도 부동산거래신고는 하여야 한다. ④ 농지취득자격증명이 있어도 부동산거래신고는 하여야 한다. ⑤ "부동산거래계약(전자)시스템"을 통하여 거래계약을 체결한 경우에는 부동산거래신고서를 제출한 것으로 본다.
신고 관청의 통보	"신고관청"(부동산 소재지 시·군·구청장)이 개업공인중개사에게 과태료를 부과한 경우에는 "10일 이내"에 "등록관청"(중개사무소가 소재하는 시·군·구청장)에게 이를 통보하여야 한다.
리니언시 (자진 신고자, 과태료 감면제도)	① 신고관청은 제28조 제2항 제1호부터 제3호까지(신고거부, 미신고, 거짓신고 요구·조장 : 500만원 이하의 과태료) 및 제3항(거짓신고 : 취득가액의 10% 이하의 과태료)부터 제5항(외국인 특례상, 계약 원인 : 300만원 이하의 과태료, 계약 이외 원인 : 100만원 이하의 과태료 등)까지의 어느 하나에 따른 위반사실을 "자진신고"한 자에 대하여 대통령령으로 정하는 바에 따라 같은 규정에 따른 과태료를 "감경" 또는 "면제"할 수 있다. ② "자료"제출요구에 대한 불응과 "3천만원" 이하의 과태료사유는 리니언시가 적용되지 않는다.

합격문제

01 다음은 「부동산 거래신고 등에 관한 법률」상의 부동산거래신고에 대한 내용이다. "틀린" 것은?

① 아파트에 대한 증여계약은 부동산거래신고대상이다.

② 「주택법」상의 주택의 분양권, 「건축물분양법」상의 상가의 분양권, 「택지개발촉진법」상의 택지의 분양권의 거래는 부동산거래 신고대상에 해당한다.

③ 입목, 광업재단, 공장재단은 중개대상물에는 해당되나, 부동산거래신고의 대상은 아니다.

④ 권리이전의 내용과 공법상 이용제한·거래규제는 부동산거래신고사항에 해당하지 아니한다.

⑤ 투기과열지구 안에 소재하는 주택은 금액에 상관없이, 자금조달계획서에 이를 증명할 수 있는 증빙서류를 첨부하여야 한다.

02 다음은 부동산거래신고의 절차 등에 대한 설명이다. "틀린" 것은?

① 일반 법인 간의 주택에 대한 매매거래인 경우에는 법인의 등기현황과 거래상대방 간의 친족관계 여부를 신고하여야 한다.

② 부동산거래신고이든 주택임대차신고이든 계약일로부터 30일 이내에 신고를 하여야 한다.

③ 개업공인중개사가 공동으로 중개를 한 경우라도, 그중 1인이 서명 또는 날인을 하여 단독으로 신고하면 된다.

④ 소속공인중개사가 개업공인중개사를 대리하여 신고서 제출을 대행하는 경우에는 신분증을 제시하고 부동산거래계약신고서를 제출하면 되며, 위임장은 제출하지 않아도 된다.

⑤ 거래당사자 중 1인이 거부하여 타방 1인이 단독으로 신고를 하는 경우에는 신고서에 그 사유서와 거래계약서 사본을 첨부하여 제출하여야 한다.

03 다음은 부동산 거래신고 등에 관한 법령상의 부동산거래의 신고에 관한 설명이다. "옳은" 것은?

① 부동산거래신고를 거짓으로 신고한 자는 취득가액의 5% 이하의 과태료처분의 대상이 된다.
② 잔금 지급일로부터 30일 이내에 당해 토지 또는 건축물 소재지 관할 시장·군수 또는 구청장에게 신고하여야 한다.
③ 부동산 취득시 부담할 조세의 종류 및 세율을 신고하여야 한다.
④ 신고의무자가 신고필증을 교부받은 때에는 매수인은 「부동산등기 특별조치법」에 따른 검인을 받은 것으로 본다.
⑤ 토지거래허가구역 내에서 토지거래허가를 받은 경우에는 부동산거래의 신고를 할 필요 없다.

04 부동산거래신고 등과 관련된 내용이다. "틀린" 것은?

① 부동산거래신고를 한 매매계약이 무효·취소·해제가 되면 그 확정일로부터 30일 이내에 해제 등의 신고를 하여야 하며, 위반시에는 500만원 이하의 과태료처분의 대상이 된다.
② 해제신고 확인서나 신고필증의 재교부는 신고관청이 지체 없이 교부하여야 한다.
③ 신고한 계약의 내용 중 중도금 지급일이나 잔금지급일이 변경이 되면, 개업공인중개사는 부동산거래계약의 변경신고를 할 수 있다.
④ 신고관청은 부동산거래신고를 거짓으로 신고한 자가 행정기관에 발각되기 전에 자진신고를 한 경우에는 과태료를 감경 또는 면제할 수 있다.
⑤ 거래가 없음에도 불구하고 거래가 된 것처럼 허위로 가장하여 부동산거래신고를 한 경우에는 3천만원 이하의 과태료 부과대상이 되며, 부당한 이득을 얻을 목적으로 한 경우에도 마찬가지이다.

05 부동산 거래신고 등에 관한 법령상 부동산 거래신고에 관한 설명으로 "옳은" 것은? (단, 수도권 등은 수도권, 광역시, 세종특별시를 말한다)

① 「주택법」상의 투기과열지구에 소재하는 주택매매의 경우, 자금조달계획을 신고하여야 하며, 자금조달계획에 따른 객관적인 증명자료도 제출하여야 한다.
② 「주택법」상의 조정대상지역의 주택매매의 경우, 6억 이상의 주택의 경우에만 자금조달계획을 신고하여야 한다.
③ 수도권 등에 소재하는 1필지 토지에 대한 매매계약의 경우에는 금액 상관없이 자금조달·이용계획을 신고하여야 한다.
④ 수도권 등이 아닌 토지에 대한 매매계약의 경우에는 3억 이상의 토지에 대하여는 자금조달·이용계획을 신고하여야 한다.
⑤ 일반 법인과 국가가 현존하는 주택을 매매한 경우에는 법인의 등기현황과 친족관계 여부를 신고하여야 한다.

06 부동산 거래신고 등에 관한 법령상 부동산 거래신고 등에 관한 설명으로 "틀린" 것은?

> 법인 甲은 법인 소유의 현존하는 주택(투기과열지구나 조정대상지역이 아님)을 법인 乙에게 매매계약을 통하여 5억원에 매도를 하고자 한다(단, 甲법인과 乙법인은 국가 등이 아닌 일반 민간법인을 말하며, 신규 공급계약이나 분양권 전매는 제외한다).

① 주택에 대한 매매계약이 체결되면 계약일로부터 30일 이내에 甲과 乙이 공동으로 부동산 거래신고를 하여야 한다.
② 甲과 乙은 법인의 등기현황과 둘 사이의 특수관계(친족관계 등)의 여부를 신고하여야 한다.
③ 법인 乙은 주택취득의 목적을 신고하여야 한다.
④ 법인 乙은 주택이 6억 이상이 아니므로, 주택취득의 자금조달과 이용계획을 신고할 필요는 없다.
⑤ 법인 乙은 자금조달계획에 대한 구체적인 입증자료를 제출할 필요는 없다.

07 부동산 거래신고 등에 관한 법령상 부동산 거래신고를 한 후, 계약의 내용이 변경된 경우 변경신고를 할 수 있는 사유로 명시된 것을 모두 고른 것은?

> ㉠ 거래대상 부동산 등의 "면적"
> ㉡ 거래 "지분", 거래 "지분" 비율
> ㉢ 계약의 "조건" 또는 "기한"
> ㉣ "공동"매수의 경우, 일부 매수인의 변경(매수인 중 일부가 제외되는 경우)
> ㉤ 공동 매수인 중 일부가 교체되거나, 새로 추가된 경우
> ㉥ 계약일과 계약금

① ㉠, ㉡, ㉢   ② ㉡, ㉢, ㉤
③ ㉠, ㉡, ㉢, ㉣   ④ ㉡, ㉢, ㉣, ㉤
⑤ ㉢, ㉣, ㉤, ㉥

08 부동산 거래신고 등에 관한 법령상 부동산거래신고에 대한 내용으로 "틀린" 것은?

① 부동산거래신고시에는 매수인 및 매도인의 인적사항을 신고하여야 한다.
② 개업공인중개사는 부동산거래신고시에 실거래가에 대한 중개보수를 신고하여야 한다.
③ 비(非)규제지역에서는 6억원 이상의 주택의 경우에는 자금조달 및 입주계획을 신고하여야 한다.
④ 신고관청이 요구하는 거래대금지급증명자료를 제출하지 아니한 경우에는 3천만원 이하의 과태료 처분의 대상이 된다.
⑤ 신고한 내용 중 부동산의 면적은 변경 없이 거래금액만 변경된 경우에도 변경신고를 할 수 있다.

정답 1. ①   2. ③   3. ④   4. ⑤   5. ①   6. ④   7. ③
8. ②

[테마 29] 부동산거래신고서 작성방법과 주택임대차신고

[유의사항]

① 거래당사자 간 직접거래의 경우에는 공동으로 신고서에 서명 또는 날인을 하여 거래당사자 중 (일방)이 신고서를 제출하고, 중개거래의 경우에는 (개업공인중개사)가 신고서를 제출해야 하며, 거래당사자 중 일방이 국가 및 지자체, 공공기관인 경우에는 (국가 등)이 신고하여야 한다.
② 거래대상의 종류가 공급계약(분양) 또는 전매계약(분양권, 입주권)인 경우 ⑦ 물건별 거래가격 및 ⑧ 총 실제거래가격에 부가가치세를 (포함)한 금액을 적고, 그 외의 거래대상의 경우 부가가치세를 (제외)한 금액을 적는다.
③ "거래계약의 체결일"이란 거래당사자가 구체적으로 "특정"되고, 거래목적물 및 거래대금 등 거래계약의 중요 부분에 대하여 거래당사자가 "합의한 날"을 말한다. 이 경우 합의와 더불어 "계약금"의 전부 또는 일부를 지급한 경우에는 그 "지급일"을 거래계약의 체결일로 보되, 합의한 날이 계약금의 전부 또는 일부를 지급한 날보다 앞서는 것이 서면 등을 통해 인정되는 경우에는 "합의한 날"을 거래계약의 체결일로 본다.

[작성방법]

①·② 거래당사자가 다수인 경우 매도인 또는 매수인의 "주소"란에 ⑤의 거래대상별 거래 "지분"을 기준으로 각자의 거래 지분 비율(매도인과 매수인의 거래 지분 비율은 일치해야 한다)을 표시하고, 거래당사자가 "외국인"인 경우 거래당사자의 "국적"을 반드시 기재하여야 하며, 외국인이 부동산 등을 매수하는 경우 "매수용도"란의 용도 중 하나에 √표시를 한다.
⑤ 소재지는 지번(아파트 등 집합건축물의 경우에는 동·호수)까지, 지목 /면적은 "토지대장"상의 지목·면적, "건축물대장"상의 건축물 면적(집합건축물의 경우 호수별 전용면적, 그 밖의 건축물의 경우 연면적), "등기사항증명서"상의 대지권 비율, 각 거래대상의 토지와 건축물에 대한 거래 지분을 정확하게 적는다.
⑥ 계약대상 면적에는 실제 거래면적을 계산하여 적되, 건축물 면적은 "집합건축물"의 경우 "전용면적"을 적고, "그 밖"의 건축물의 경우 "연면적"을 적는다.

⑦ "물건별" 거래가격란에는 "각각"의 부동산별 거래가격을 적는다. 최초 공급계약(분양) 또는 전매계약(분양권, 입주권)의 경우 공급가격(분양가액 등), 발코니 등 옵션비용(발코니 확장비용, 시스템에어컨 설치비용 등) 및 추가지불액(프리미엄 등 공급가액을 초과 또는 미달하는 금액)을 각각 적는다. 비용에 부가가치세가 있는 경우 부가가치세를 "포함"한 금액으로 적는다.

⑧ "총 실제" 거래가격란에는 "전체"거래가격(둘 이상의 부동산을 함께 거래하는 경우 각각의 부동산별 거래가격의 "합계" 금액)을 적는다.

⑨ "종전"부동산란은 "입주권" 매매의 경우에만 작성하고, 거래금액란에는 추가지불액(프리미엄 등 공급가액을 초과 또는 미달하는 금액) 및 권리가격, 합계금액, 계약금, 중도금, 잔금을 적는다.

구분	주택임대차신고제도
신고 지역	㉠ 대통령령으로 정하는 지역 〈특.특.시.군.자치구〉 (시골 군 제외) ㉡ "대통령령으로 정하는 지역"이란 특별자치시·특별자치도·시·군(광역시 및 경기도의 관할구역에 있는 군으로 한정한다)·구(자치구를 말한다)를 말한다(시행령 제4조의3) (일반 도(道) 지역의 군은 신고 ×)
신고 대상	㉠ "「주택임대차보호법」"의 적용을 받는 주택으로서, 대통령령으로 정하는 금액을 초과하는 주택임대차계약 ㉡ "대통령령으로 정하는 금액을 초과하는 임대차 계약"이란 보증금이 "6천만원"을 초과하거나, "또는" 월 차임이 "30만원"을 초과하는 주택 임대차 계약을 말한다. ㉢ 계약을 갱신하는 경우로서 보증금 및 차임의 증감 없이 임대차 기간만 연장하는 계약은 "제외"한다.
주택 임대차 신고 사항	〈인. 계. 부부. 실제. 계갱, 개소〉 1. 〈인〉임대차계약당사자의 "인적사항" 　가. 자연인인 경우 : 성명, 주소, 주민등록번호 (외국인인 경우에는 외국인등록번호) 및 연락처 　나. 법인인 경우 : 법인명, 사무소 소재지, 법인등록번호 및 연락처 　다. 법인 아닌 단체인 경우 : 단체명, 소재지, 고유번호 및 연락처
	2. 〈계〉"계약체결일" 및 "계약 기간" 3. 〈부부〉임대차 "목적물"(주택을 취득할 수 있는 권리에 관한 계약인 경우에는 그 권리의 대상인 주택을 말한다)의 "소재지", "종류", 임대 "면적" 등 임대차 목적물 "현황" 4. 〈실제〉보증금 또는 월 차임(주: 실제거래가격) 5. 〈계·갱〉「주택임대차보호법」제6조의3에 따른 "계약갱신요구권"의 행사 여부(계약을 갱신한 경우만 해당한다) 6. 〈개·소〉해당 주택 임대차 계약을 중개한 "개업공인중개사"의 사무소 명칭, 사무소 소재지, 대표자 성명, 등록번호, 전화번호 및 "소속공인중개사" 성명
신고 기한	임대차계약 체결일로부터 "30일" 이내 신고하여야 한다.
신고 의무자	㉠ 거래당사자(임대인과 임차인)가 "공동"으로 신고(일방이 신고 거부시 단독신고 가능) ㉡ 일방이 국가 등인 경우, 국가 등이 신고 ㉢ 개업공인중개사에게는 (중개를 한 경우라도) 임대차신고의무 "없다".
신고 관청	부동산 관할 "시장·군수·구청장"에게 신고 (읍·면·동·출장소장 위임 가능)
제재	미신고, (가격 등) 거짓신고 : "100만원 이하"의 과태료
변경 및 해제신고	거래당사자는 주택임대차 신고를 한 후, 가격이 변경되거나, 계약이 해제된 때에는 변경 또는 해제가 확정된 날로부터 "30일 이내"에 "공동"으로 신고하여야 한다.
타 제도와의 관계	① "특별법"(「공공주택 특별법」, 「민간임대주택특별법」)상의 주택임대차 신고나 변경신고를 한 경우에는 이 법상의 주택임대차 신고 등을 한 것으로 본다. ② 「주민등록법」에 따른 "전입신고"를 하면, 임대차신고를 한 것으로 본다. ③ 이 법상의 주택임대차신고시에 "임대차계약서"를 첨부하면, (「주택임대차보호법」상) "확정일자"를 받은 것으로 본다.

09 부동산 거래신고 등에 관한 법령상 "부동산 거래계약 신고서"의 작성·제출에 관한 설명으로 "틀린" 것은?

① "외국인"이 건물을 매수하는 경우에는 국적은 기재하여야 하나, 매수용도까지는 기재할 필요 없다.

② "계약대상 면적"에는 실제 거래면적을 계산하여 적되, 건축물 면적은 집합건축물의 경우 전용면적을 기재한다.

③ 합의한 날이 계약금 지급일보다 앞서는 것이 서면 등을 통해 인정되는 경우에는 합의한 날을 거래계약의 체결일로 본다.

④ "종전 부동산"란은 "입주권" 매매의 경우에만 종전 부동산에 대해 작성한다.

⑤ "실제거래가격"을 신고할 때, 공급계약과 분양권·입주권 전매계약의 경우에는 부가가치세를 "포함"한 금액을 기재하고, 현존하는 토지나 건물에 대한 신고시에는 부가가치세를 "제외"한 금액으로 기재한다.

10 부동산 거래신고 등에 관한 법령상 "부동산 거래계약 신고서"의 작성에 관한 설명으로 "옳은" 것은?

① 지목과 면적은 토지등기사항증명서상의 지목과 면적을 기재한다.

② 거래당사자가 다수인 경우 각자의 지분비율을 기재할 필요는 없다.

③ 거래계약 체결일은 계약금을 지급한 날만을 말한다.

④ "물건별 거래가격"란에는 2 이상의 부동산을 함께 거래하는 경우 각각의 부동산별 거래가격을 적는다.

⑤ "종전 부동산"란은 (신규)분양권 매매의 경우에만 작성한다.

11 「부동산 거래신고 등에 관한 법률」상의 "주택임대차신고" 제도에 관한 내용이다. "틀린" 것은?

① 계약을 갱신하는 경우로서 보증금 및 차임의 증감 없이 임대차 기간만 연장하는 계약도 주택임대차신고를 하여야 한다.

② 신고대상 지역으로서 군(郡)은 광역시 및 경기도의 관할구역에 있는 군으로 한정한다.

③ 신고관청은 그 신고내용을 확인한 후 신고인에게 신고필증을 지체 없이 발급하여야 한다.

④ 주택임대차신고를 보증금·월차임 등을 거짓으로 신고를 한 경우에는 100만원 이하의 과태료처분의 대상이 된다.

⑤ 「공공주택 특별법」에 따른 공공주택사업자 및 「민간임대주택에 관한 특별법」에 따른 임대사업자는 관련 법령에 따른 주택임대차계약의 신고 또는 변경신고를 하는 경우 이 법에 따른 주택임대차계약의 신고 또는 변경신고를 한 것으로 본다.

12 다음 중 임대인과 임차인이 주택임대차신고를 하는 경우, 신고사항에 해당하는 것을 모두 고르면?

┌───┐
│ ㉠ 임대차계약당사자의 인적사항
│ ㉡ 계약체결일 및 계약 기간
│ ㉢ 임대차 목적물의 소재지, 종류, 임대 면적 등 임대차 목적물 현황
│ ㉣ 보증금 또는 월 차임
│ ㉤ 「주택임대차보호법」 제6조의3에 따른 계약갱신 요구권의 행사 여부(계약을 갱신한 경우)
│ ㉥ 중개를 한 개업공인중개사와 소속공인중개사의 성명
└───┘

① 2개   ② 3개   ③ 4개
④ 5개   ⑤ 6개

[테마 30] 토지거래허가제도

구분	토지거래허가제도
허가 구역 지정	① 지정권자: 허가구역이 "둘 이상"의 시·도의 관할구역에 "걸치는" 경우에는 "(국토교통부장관)"이 지정할 수 있다. ② 지정권자: 동일한 시·도 안의 "일부" 지역인 경우에는 "(시·도지사)"가 지정할 수 있다(다만, 국가시행사업으로서, 대통령령이 정하는 경우에는 국토부장관이 지정 가능). ③ 특정허가제: 허가구역 내에서 허가를 받아야 할 허가대상을 특정 대상자, 특정 지목, 특정 용도 등을 따로 지정할 수도 있다. ④ 지정 및 통지 절차: 지가동향파악(재지정 시에는 의견청취) ⇨ 도시계획위원회의 "심의"(국토부장관은 "중앙"도시계획위원회의 심의, 시·도지사는 "시·도" 도시계획위원회의 심의) ⇨ "지정"("5년 이내" 기간을 정하여 지정) ⇨ 국토교통부장관, 시·도지사에게 지체 없이 통지 및 (일반인에게) "공고" ⇨ 시·도지사는 시·군·구청장에게 통지 ⇨ 시·군·구청장은 "지체 없이" 관할 등기소장에게 통지. 7일 이상 (일반인) 공고하고, 15일간 열람하게 한다. ⑤ 지정의 효과발생: 지정을 공고한 날부터 (5)일 후에 효력이 발생한다.
허가 대상 토지	① 허가 받아야 할 기준면적: ㉠ "도시지역 안"의 주거지역(60㎡ 초과시)·상업지역(150㎡ 초과시)·공업지역(150㎡ 초과시)·녹지지역(200㎡ 초과시)·기타 미지정(60㎡ 초과시), ㉡ 도시지역 "이외"의 지역에서 농지(500㎡ 초과시), 임야(1,000㎡ 초과시), 기타 (250㎡ 초과시) / (단, 지정한 자는 "10%" 이상 "300%" 이하에서 특별공고로 허가대상 면적을 달리 정할 수도 있다)

〈면적산정〉
㉠ 면적을 산정할 때, "일단(一團)"의 토지이용을 위하여 거래계약을 체결한 날로부터 "1년 이내"에 일단의 토지 일부에 대하여 계약을 체결한 경우에는 그 일단의 토지 "전체"에 대한 거래로 본다(즉, 허가를 받아야 한다).
㉡ 허가구역 지정 당시 기준면적을 초과하는 토지가 허가구역 지정 "후"에 분할로 기준면적 이하가 된 경우, "분할 후 최초"의 거래계약은 기준면적을 "초과"하는 계약으로 본다(즉, 허가를 받아야 한다).

② 허가 받아야 할 거래계약: "소유권"·"지상권"의 설정 및 이전에 관한 "유상"의 계약 및 "예약"(매매계약 ○, 교환계약 ○, 유상의 지상권 설정 및 이전계약 ○) (「공익사업법」상의 토지수용 ×, 법원경매(압류부동산 공매) ×, (무상)증여계약 ×, 무상의 지상권 설정 및 이전 ×)

허가 신청	토지거래계약의 허가를 받으려는 자는 그 "허가신청서"에 "계약내용, 예정가격"과 그 토지의 "이용계획", 취득 "자금 조달계획" 등을 적어 시장·군수 또는 구청장에게 제출하여야 한다.
허가 권자 (시· 군·구 청장)	① 허가처분: "15일" 이내 허가(또는 불허가) 처분을 한다. ㉠ "실수요성"이 있어야 허가처분을 한다. ㉡ [자기의 거주용 주택용지(2년 이용), 자기 주민의 복지시설, 편의시설(2년 이용), 자기 농업용 임업용 축산업 등(2년 이용), 사업시행자의 사업시행용(4년 이용) 피수용 후, 대체 토지(2년 이용), 현상보존 목적(5년 보존) 등] ㉢ 허가를 받은 경우에는 허가받은 목적대로 일정 기간 (5년 이내) "사용(이용)의무"가 있다.

	㉣ 사용(이용)하지 아니하고 의무위반시 : ⓐ "이행명령[3개월 이내 이용하라, 문서(서면)주의]" 및 ⓑ (이행명령일 기준으로 매년 1회) "이행강제금"을 부과한다[이행강제금 부과기준 : "실제 거래가" 기준 "10% 범위" 내, 매년 "한 번" 부과(그대로 방치한 경우는 10%, 무단 임대 7%, 무단 변경 5%, 기타 7%)]. (이행 강제금 부과처분 고지 받은 날로부터 "30일" 이내 이의제기 가능)(이미 부과된 것은 징수한다)

무허가 계약	① 허가를 "배제"하거나 "잠탈"하고 거래계약을 체결한 경우에는 "확정적" 무효. 형벌은 2년 이하의 징역 또는 토지가액(공시지가 기준)의 100분의 30에 해당하는 금액 이하의 벌금 ② 허가받는 것을 "전제"로 한 계약은 "유동적" 무효이며, 처벌하지 아니한다.
유동적 무효	① 유동적 무효상태에서는 "이행"을 청구(중도금 지급, 잔금지급, 등기이전 등)할 수 "없다". ② 상호 협력하여 허가를 받아야 할 "협력의무"가 있으며, 일방이 허가신청의 "협력의무"를 위반시에는 소(訴)를 통하여 이행을 청구할 수 있으며, "손해배상액"을 미리 예정할 수도 있다. ③ "계약금계약"에 기한 해제권은 "인정"된다. ④ 토지허가구역 내에서 "중간생략등기"의 효력은 "무효"이다.
타 제도와의 관계	① "토지거래허가"를 받은 경우에는 "검인"을 받은 것으로 본다. ② "토지거래허가"를 받은 경우에는 "농지취득자격증명"을 받은 것으로 본다. ③ 외국인이 "토지거래허가"를 받은 경우에는 외국인특례상의 취득 허가도 받은 것으로 본다(군사시설보호구역 등). ④ "토지거래허가"를 받은 경우에도 "부동산거래신고"는 별도로 하여야 한다.

	② 불허가 처분 : 〈계〉 토지이용이 도시계획에 맞지 아니한 경우, 〈생〉 생태계의 보전과 〈생〉 생활환경보호에 중대한 위해를 끼칠 경우, 〈면〉 면적이 토지이용목적에 적합하지 아니한 경우에는 불허가 처분을 한다. ③ 불허가 처분시 매수청구 : 불허가처분을 받은 자는 "(1)개월 이내" 시·군·구청장에게 매수청구를 할 수 있다. 이 경우, 가격은 "공시지가"를 기준으로 한다(다만, 신청서 가격이 더 "낮으면" 신청서 가격으로 매수할 수 있다).
선매 제도	① 토지거래허가 신청을 한 토지에 대하여 "국가 등"은 먼저 매수하고자 하는 선매를 신청할 수 있다. ② "공익"사업용 토지이거나, "허가" 목적대로 사용하지 아니한 토지에 대하여 "국가 등"이 선매를 신청할 수 있으며, 이 경우, 가격은 "감정가"를 기준으로 한다(다만, 허가신청서 가격이 더 "낮으면" 허가신청서 가격으로 선매할 수 있다). 〈선매절차〉 ㉠ 시·군·구청장은 토지거래허가신청이 있는 날로부터 "(1)개월 이내"에 선매자를 "지정"하여 토지소유자에게 통지하여야 하며, 선매자는 지정통지를 받은 날부터 "(1)개월 이내"에 선매 협의를 끝내야 한다. ㉡ 선매자로 지정된 자는 지정통지를 받은 날로부터 "(15)일 이내"에 매수가격 등 선매조건을 기재한 서면을 토지소유자에게 통지하여 선매협의를 하여야 하며, 지정통지를 받은 날로부터 "(1)개월 이내"에 "선매협의조서"(선매계약체결시에는 거래계약서 사본까지 첨부)를 허가관청에 제출하여야 한다.

13 부동산 거래신고 등에 관한 법령상 토지거래계약 허가구역의 지정 등과 관련된 내용으로 "옳은" 것은?

① 국가가 시행하는 개발사업 등에 따라 투기적인 거래가 성행하거나 지가가 급격히 상승하는 지역이더라도, 동일한 시·도 안의 일부인 경우에는 시·도지사만이 허가구역을 지정할 수 있다.

② 허가구역의 지정통지를 받은 시장·군수 또는 구청장은 지체 없이 그 공고내용을 그 허가구역을 관할하는 세무서의 장에게 통지하여야 한다.

③ 허가구역의 지정통지를 받은 시장·군수 또는 구청장은 지체 없이 그 사실을 7일 이상 공고하고, 그 공고내용을 15일간 일반이 열람할 수 있도록 하여야 한다.

④ 국토교통부장관 또는 시·도지사는 허가구역의 지정 사유가 없어졌다고 인정되면 도시계획위원회의 심의를 거치지 않고 지정을 해제하거나 허가구역의 일부를 축소할 수 있다.

⑤ 허가구역의 지정은 허가구역의 지정을 공고한 날부터 지체 없이 그 효력이 발생한다.

14 부동산 거래신고 등에 관한 법령상의 토지거래계약의 허가 등에 관한 설명으로 "틀린" 것은?

① 토지거래계약의 허가를 받으려는 자는 그 허가신청서에 계약내용과 그 토지의 이용계획, 취득자금 조달계획 등을 적어 시장·군수 또는 구청장에게 제출하여야 한다.

② 「민원 처리에 관한 법률」에 따른 처리기간에 허가증의 발급 또는 불허가처분 사유의 통지가 없거나, 선매협의 사실의 통지가 없는 경우에는 그 기간이 끝난 날에 토지거래계약의 허가가 있는 것으로 본다.

③ 토지거래계약의 불허가처분에 이의가 있는 자는 그 처분을 받은 날부터 1개월 이내에 시장·군수 또는 구청장에게 이의를 신청할 수 있다.

④ 토지거래계약의 불허가처분에 이의가 있는 자는 그 불허가처분의 통지를 받은 날부터 1개월 이내에 시장·군수 또는 구청장에게 불허가 처분된 토지에 대하여 매수청구를 할 수 있다.

⑤ 매수청구는 공시지가를 기준으로 하고, 선매가격은 감정가를 기준으로 한다.

15 토지를 허가받은 목적대로 이용하여야 하는 토지이용 의무기간으로 "틀린" 것은? (단, 예외 사유는 고려하지 않음)

① 자기의 거주용 주택용지로 이용하려는 목적으로 허가를 받는 경우: 2년

② 허가구역을 포함한 지역의 주민을 위한 편익시설의 설치에 이용하려는 목적으로 허가를 받은 경우: 2년

③ 농업을 영위하기 위한 목적으로 허가를 받은 경우: 2년

④ 「공익사업을 위한 토지 등의 취득 및 보상에 관한 법률」이나 그 밖의 법률에 따라 토지를 수용하거나 사용할 수 있는 사업을 시행하는 자가 그 사업을 시행하기 위하여 필요한 경우: 3년

⑤ 관계 법령의 규정에 의하여 건축물이나 공작물의 설치행위가 금지된 토지에 대하여 현상보존의 목적으로 토지를 취득하기 위하여 허가를 받은 경우: 5년

16 다음은 토지거래허가대상인 토지에 대한 내용이다. "옳은" 것은?

① 토지거래허가를 받은 경우라도, 매매계약에 대한 부동산거래신고를 하여야 한다.

② 농지인 경우에는 토지거래허가를 받은 경우에도 「농지법」상의 농지취득자격증명은 있어야 한다.

③ 지상권 설정이나 이전의 경우에는 토지거래허가를 받을 필요가 없다.

④ 허가를 받지 아니하고 계약을 체결한 경우에는 2년 이하의 징역 또는 2천만원 이하의 벌금에 처한다.

⑤ 법원경매로 취득하는 경우에도 토지거래허가를 받아야 한다.

17 다음은 이행명령과 이행강제금에 대한 내용이다. "틀린" 것은?

① 시장·군수 또는 구청장은 토지거래계약을 허가 받은 자가 허가받은 목적대로 이용하고 있는지를 국토교통부령으로 정하는 바에 따라 매년 1회 이상 조사하여야 한다.

② 시장·군수 또는 구청장은 토지의 이용 의무를 이행하지 아니한 자에 대한 이행명령은 문서로 하여야 하며, 이행기간은 3개월 이내로 정하여야 한다.

③ 시장·군수 또는 구청장은 이행명령이 정하여진 기간에 이행되지 아니한 경우에는 토지 취득가액의 "100분의 10의 범위"에서 대통령령으로 정하는 금액의 이행강제금을 부과한다.

④ 시장·군수 또는 구청장은 최초의 이행명령이 있었던 날을 기준으로 1년에 한 번씩 그 이행명령이 이행될 때까지 반복하여 이행강제금을 부과·징수할 수 있으며, 이용의무기간이 지난 후에도 이행강제금을 부과할 수 있다.

⑤ 이행강제금 부과처분을 받은 자가 이의를 제기하려는 경우에는 부과처분을 고지받은 날부터 30일 이내에 하여야 한다.

18 다음은 부동산거래신고 등에 관한 법령상의 토지거래허가제도와 관련된 선매절차에 대한 내용이다. 순서대로 "옳게" 연결된 것은?

- 시장·군수 또는 구청장은 토지거래계약 허가신청이 있는 경우에는 그 신청이 있는 날부터 (㉠) 이내에 선매자를 지정하여 토지소유자에게 알려야 하며, 선매자는 지정 통지를 받은 날부터 (㉡) 이내에 그 토지소유자와 대통령령으로 정하는 바에 따라 선매협의를 끝내야 한다.
- 선매자로 지정된 자는 지정통지를 받은 날로부터 (㉢) 이내에 매수가격 등 선매조건을 기재한 서면을 토지소유자에게 통지하여 선매협의를 하여야 하며, 지정 통지를 받은 날부터 (㉣) 이내에 국토교통부령이 정하는 바에 따라 선매협의조서를 허가관청에 제출하여야 한다.

① (㉠) 1개월, (㉡) 1개월, (㉢) 15일, (㉣) 1개월

② (㉠) 1개월, (㉡) 2개월, (㉢) 15일, (㉣) 2개월

③ (㉠) 15일, (㉡) 15일, (㉢) 1개월, (㉣) 1개월

④ (㉠) 15일, (㉡) 1개월, (㉢) 15일, (㉣) 2개월

⑤ (㉠) 1개월, (㉡) 1개월, (㉢) 1개월, (㉣) 1개월

19 부동산 거래신고 등에 관한 법령상의 토지거래계약에 관한 허가구역 내에서 행하는 다음 거래 중 토지거래의 허가가 "필요"한 것은? (단, 국토교통부장관 또는 시·도지사의 특별 공고는 없음)

① 주거지역에서 60m²의 토지를 매매하는 계약

② 상업지역에서 150m²의 토지를 매매하는 계약

③ 공업지역에서 150m²의 토지를 매매하는 계약

④ 녹지지역에서 300m²의 토지를 매매하는 계약

⑤ 도시지역 외에 지역에서 500m²의 임야를 매매하는 계약

20 다음은 개업공인중개사가 부동산거래신고 등에 관한 법령상의 토지거래허가제도에 관하여 의뢰인에게 설명한 내용이다. "옳은" 것은?

① 국토교통부장관이 허가구역을 지정하려면 시·도 도시계획위원회의 심의를 거쳐야 한다.

② 허가구역으로 지정되고 공고되면 공고일로부터 지체 없이 그 효력이 발생된다.

③ 도시지역 내의 주거지역의 경우에는 별도의 특별공고가 없는 경우, 토지 면적이 60m² 이상을 거래할 때에는 허가를 받아야 한다.

④ 토지거래허가구역 내의 허가대상 토지에 대한 소유권이전청구권 보전가등기를 하고자 하는 경우에는 허가를 받아야 한다.

⑤ 토지거래허가를 받기 전이라도 매수인의 매수대금미지급을 이유로 매도인은 계약을 해제하고 손해배상을 청구할 수 있다.

[테마 31] 외국인의 부동산 취득에 대한 특례

구분	외국인 취득 특례의 적용범위
개념	① 외국인이 대한민국 내의 "부동산(토지 및 건물)"의 "소유권"을 "취득"시에 이를 적절히 규제한다. ② 외국인은 부동산 소재 관할 "시·군·구청장"에게 신고하여야 한다(원칙: 신고제, 예외: 허가제). (하여야 한다) ③ 방문신고 또는 전자문서(전자문서는 대리 불가) 가능
외국인	① 대한민국 국적이 없는 자 ② 한국법에 따라 설립된 법인·단체라 하더라도, (임원, 의결권, 구성원, 자본금 등) "1/2 이상"이 한국국적이 아닌 법인 또는 단체 ③ 외국법에 따라 설립된 법인 또는 단체, 외국정부, 국제기구 등
부동산 소유권	① 부동산 (토지 및 건물)의 "소유권"을 취득할 때 규제된다. ② 저당권이나 지상권·전세권 등을 취득할 때에는 아무런 제한이 없다. ③ 토지뿐만 아니라, "건물"에 대한 소유권 취득시에도 "취득신고"를 하여야 한다.
취득	*"처분"시에는 적용되지 아니한다(즉, 처분시에는 취득신고 할 필요가 없다).
제한	① 허가구역에서는 "허가"를 받아야 하고, 그 이외의 지역에서는 "신고"를 하여야 한다. ② 허가를 위반하면 "징역 또는 벌금형"으로 처벌 (2년 − 2천 이하) 하고, 신고의무를 위반하면 "과태료"로 처벌한다.

구분		취득신고제(시·군·구청장에게)	위반시
신고제	계약	㉠ 외국인이 "매매계약"을 원인으로 부동산을 취득한 경우에는 "부동산거래신고"를 "30일" 이내에 하여야 한다. 〈부동산거래신고〉	(500) 만원 이하의 과태료
		㉡ 외국인이 (매매계약 이외의) "계약"(증여계약 등)을 원인으로, 부동산의 소유권을 취득한 경우에는 그 계약체결일부터 "(60)일" 이내 외국인 "취득신고"를 하여야 한다. 〈외국인 취득신고〉	(300) 만원 이하의 과태료
	계약 외	외국인이 "계약 이외"의 원인(상속, 경매, 판결 등)으로의 소유권을 취득한 경우에는, 그 부동산 소유권을 "취득한 날"(상속은 피상속인의 사망시, 경매는 매각대금 완납시)로부터 "(6)개월" 이내에 취득신고를 하여야 한다. 〈계약 이외의 원인〉 ① 「공익사업법」 등 법정 환매권의 행사 ② 법원의 확정판결 ③ 법인의 합병 ④ 건축물의 "신축", 증축, 개축, 재축	(100) 만원 이하의 과태료
	계속	한국인이 부동산을 소유하고 있다가, 외국인으로 "국적"이 변경된 후, 당해 부동산을 계속 보유하려면, 외국인으로 국적이 "변경된 날"로부터 "(6)개월" 이내에 "계속 보유"의 신고를 하여야 한다.	(100) 만원 이하 과태료

취득 허가제(시·군·구청장의 사전허가)	
허가대상지역	① 외국인 허가제: 외국인이 토지취득계약을 체결하기 전에 "신고관청(시장·군수 또는 구청장)"의 "허가"를 받아야 한다(법 제9조 제1항). ② 외국인 전용 허가구역: 〈군사, 문화, 천연, 야, 생〉 　㉠ (군사기지 및 군사시설 보호법) 군사시설 보호구역 등 대통령령이 정하는 지역 　㉡ (문화유산법) 문화유산보호구역 　㉢ (자연유산보존법) 천연기념물 등 보호구역 　㉣ (야생생물보호법) 야생생물특별보호구역 　㉤ (자연환경보전법) 생태·경관보존지역

❶ (녹지지역 ×, 전통사찰보존지역 × 공원보호구역 × …)

> **영 제6조【외국인등의 토지거래 허가】** ② 법 제9조 제1항 제1호에서 "대통령령으로 정하는 지역"이란 "국방목적상 필요"한 다음 각 호의 어느 하나에 해당하는 지역으로서, 국방부장관 또는 국가정보원장의 요청이 있는 경우에 "국토교통부장관"이 관계 중앙행정기관의 장과 "협의"한 후 「국토의 계획 및 이용에 관한 법률」 제106조에 따른 중앙도시계획위원회의 "심의"를 거쳐 "고시하는 지역"을 말한다. 〈개정 2023. 10. 4.〉
> 1. 섬 지역
> 2. 「국방·군사시설 사업에 관한 법률」에 따른 군부대 주둔지와 그 인근지역
> 3. 「통합방위법」에 따른 국가중요시설과 그 인근지역

허가처분	① 허가처분: 허가 신청서를 받은 신고관청은 신청서를 받은 날부터 다음의 구분에 따른 기간 안에 허가 또는 불허가 처분을 하여야 한다. 1. 법 제9조 제1항 제1호에 따른 구역·지역의 경우: "30일"(군사시설보호구역 등) 2. 제1호 외의 구역·지역의 경우: "15일"(문화유산보호구역, 천연기념물 등 보호구역, 야생생물특별보호구역, 생태경관보존지역) ② 부득이한 사유로 1호의 군사시설보호구역 등에서 30일 이내에 허가 또는 불허가 처분을 할 수 없는 경우에는 "30일"의 범위에서 그 기간을 연장할 수 있으며, 기간을 "연장"하는 경우에는 연장 사유와 처리예정일을 지체 없이 신청인에게 알려야 한다.
상호관계	① 외국인이 부동산 "거래" 신고(매매계약)를 한 경우에는 외국인특례상의 "취득"신고는 한 것으로 본다. ② 외국인이 토지 "거래" 허가를 받은 경우에는 외국인특례상의 "취득" 허가는 받은 것으로 본다.

21 다음은 「부동산 거래신고 등에 관한 법률」상의 외국인 특례에 대한 내용이다. "틀린" 것은? (부동산은 대한민국 내에 소재하는 것을 전제로 한다)

① 외국인이 법원경매로 토지를 취득한 경우에는 경락대금을 완납한 날로부터 6개월 이내에 신고하여야 한다.

② 외국인이 거래계약이 아니라, 건물의 신축이나 개축으로 소유권을 취득한 경우에는 취득의 신고를 할 필요는 없다.

③ 외국인으로 국적이 변경된 경우에도 토지 소유권을 계속 보유하려면, 국적이 변경된 날로부터 6개월 이내에 신고를 하여야 하며, 위반시에는 100만원 이하의 과태료처분의 대상이 된다.

④ 외국인이 부동산 저당권을 설정 받은 경우에는 이 법상의 외국인취득신고는 할 필요가 없다.

⑤ 신고를 하지 아니하거나 거짓으로 신고를 한 자가 위반사실을 자진해서 신고한 자에 대하여 과태료를 감경하거나 면제할 수 있다.

22 다음은 「부동산 거래신고 등에 관한 법률」상의 외국인 등의 취득의 특례에 대한 내용이다. "옳은" 것은?

① 외국인이 매매계약을 원인으로 취득한 경우, 부동산거래신고를 한 경우에도 외국인특례상의 취득신고를 별도로 하여야 한다.

② 외국인이 토지취득 계약을 체결하고 신고를 하지 않거나 거짓으로 신고를 한 경우, 500만원 이하의 과태료에 처한다.

③ 외국인이 상수원보호구역 내의 토지를 취득하는 계약을 체결하고자 하는 경우, 계약 체결 전에 허가를 받아야 한다.

④ 허가를 받지 않고 토지 취득계약을 체결한 외국인은 2년 이하의 징역 또는 토지가액의 30% 이하의 벌금에 처한다.

⑤ 외국의 법령에 따라 설립된 법인이 자본금의 2분의 1 이상을 가지고 있는 법인은 "외국인 등"에 해당한다.

23 대한민국 안의 토지를 취득하고자 하는 외국인에게 설명한 내용으로 "틀린" 것은?

① 허가신청서를 받은 신고관청은 「군사기지 및 군사시설 보호법」상의 군사시설보호구역의 경우에는 30일 이내에 허가 또는 불허가처분을 하며, 부득이한 사유가 있으면 15일의 범위 내에서 그 기간을 연장할 수 있다.

② 허가신청서를 받은 신고관청은 허가기간을 연장하는 경우에는 연장 사유와 처리예정일을 지체 없이 신청인에게 알려야 한다.

③ 외국인은 「자연유산의 보존 및 활용에 관한 법률」상의 천연기념물 등과 이를 위한 보호물 또는 보호구역 내의 토지를 취득하는 계약을 체결하기 전에 신고관청의 허가를 받아야 한다.

④ 외국인이 허가구역에서 허가를 받지 않고 체결한 토지취득계약은 그 효력이 발생하지 아니한다.

⑤ 외국인이 토지거래허가구역 안에 소재하는 토지에 대한 토지거래허가를 받은 경우에는 외국인 취득의 허가는 받은 것으로 본다.

정답 21. ② 22. ⑤ 23. ①

[테마 32] 「부동산거래신고법」상의 포상금 제도

구분	신고고발대상	처벌(지급요건)	포상금액
신고위반	① 부동산거래신고를 실제거래가격을 거짓으로 신고한 자	취득가액의 10% 이하의 과태료 (과태료 부과시)	과태료의 20%를 지급 (한도는 1천만원)
신고위반	② 주택임대차 신고를 거짓으로 신고한 자	100만원 이하의 과태료(과태료 부과시)	과태료의 20%를 지급
신고위반	③ 거래가 없음에도 불구하고 거래가 있는 것처럼 허위·가장 신고를 한 자	3천만원 이하의 과태료 (과태료 부과시)	과태료의 20%를 지급
신고위반	④ 해제가 없음에도 불구하고 해제된 것처럼 허위·가장 신고를 한 자	3천만원 이하의 과태료 (과태료 부과시)	과태료의 20%를 지급
허가위반	⑤ 부정한 방법으로 토지거래 허가를 받은 자	2년 이하의 징역 또는 토지가액의 30% 이하의 벌금(검사의 공소제기 또는 기소유예 결정시)	1건당 50만원
허가위반	⑥ 허가받은 목적대로 토지를 이용(사용)하지 아니한 자	이행명령 및 이행강제금 (이행명령시)	1건당 50만원
허가위반	⑦ 무허가(허가를 받지 아니하고) 계약을 한 자	2년 이하의 징역 또는 토지가액의 30% 이하의 벌금(검사의 공소제기 또는 기소유예 결정시)	1건당 50만원

❶ 주의
1. 부동산거래신고를 미신고하거나, 신고를 거부하거나, 거짓신고를 요구·조장·방조한 자는 포상금지급대상이 되는 신고·고발대상이 아님.
2. 토지거래허가위반의 경우, 판사가 무죄선고를 한 경우에도 검사는 공소제기를 한 경우에 해당하므로 포상금 지급이 됨에 유의

부동산거래신고법령상의 포상금 지급관련

① 시장·군수 또는 구청장은 신고대상에 해당하는 자를 관계 행정기관이나 수사기관에 신고·고발한 자에게 "예산의 범위"에서 포상금을 지급할 수 있다.
② 포상금 지급 비용은 "시·군이나 구"의 재원으로 충당한다(국고 보조 규정은 없다).
③ 신고하려는 자는 신고서에 "증거자료"를 첨부하여 제출하여야 한다.
④ 신고관청 또는 허가관청은 포상금지급신청서가 "접수"된 날로부터 "(2)개월" 이내에 지급하여야 한다.
   ❶ 비교: 「공인중개사법」은 결정일로부터 1개월 이내 지급
⑤ 다음의 경우는 포상금을 지급하지 아니할 수 있다.
   ㉠ 공무원이 직무와 관련하여 발견한 사실을 신고·고발한 경우
   ㉡ 해당 위반행위를 한 자이거나, 관여한 자가 신고·고발한 경우
   ㉢ 익명이나 가명으로 신고·고발하여 (신고인·고발인을) 확인할 수 없는 경우
⑥ 하나의 사건에 여러 명이 신고·고발을 공동으로 한 경우에는 균등하게 지급하고, 각각 한 경우에는 최초로 신고·고발한 자에게만 지급한다.

24 부동산 거래신고 등에 관한 법령상의 포상금에 대한 내용이다. 甲이 받을 수 있는 포상금의 총 합계액은?

> ㉠ 甲은 부동산거래신고를 거짓으로 신고한 A를 신고하였고, 신고관청은 A에 대하여 과태료를 2억원을 부과하였다.
> ㉡ 甲은 부동산거래신고를 거짓으로 신고한 B를 신고하였고, 신고관청은 B에 대하여 과태료를 1천만원을 부과하였다.
> ㉢ 甲은 토지거래허가를 받은 C가 허가받은 목적대로 그 토지를 이용(사용)하지 아니하고 방치한 C를 신고하였고, C는 이행명령을 받았고, 아직 이행강제금은 부과되지 아니하였다.
> ㉣ 甲은 모두 행정기관에 의하여 발각되기 전에 신고하는 등 다른 지급의 조건은 모두 갖추었다.

① 100만원   ② 1,200만원   ③ 1,250만원
④ 4,200만원   ⑤ 4,250만원

25 부동산 거래신고 등에 관한 법령상 "신고포상금"에 관한 설명으로 "옳은" 것은?

① 포상금의 지급에 드는 비용은 국고로 충당한다.
② 해당 위반행위에 관여한 자가 신고한 경우라도 신고포상금은 지급하여야 한다.
③ 신고관청에 포상금지급신청서가 접수된 날부터 1개월 이내에 포상금을 지급하여야 한다.
④ 부동산 등의 거래가격을 신고하지 않은 자를 수사기관이 적발하기 전에 수사기관에 1건 고발한 경우 1천5백만원의 신고포상금을 받을 수 있다.
⑤ 신고관청 또는 허가관청으로부터 포상금 지급 결정을 통보받은 신고인은 포상금을 받으려면 국토교통부령으로 정하는 포상금 지급신청서를 작성하여 신고관청 또는 허가관청에 제출하여야 한다.

26 「부동산 거래신고 등에 관한 법률」상 부동산거래신고제도와 관련한 내용이다. "틀린" 것은?

> ㉠ 개업공인중개사 A는 서울특별시 강서구 소재의 甲 소유의 아파트에 대하여 甲과 매수인 乙과 매매계약체결을 중개하였다.
> ㉡ 甲과 乙은 개업공인중개사 A에게 실제거래된 가격인 10억이 아닌, 8억으로 거래계약서를 작성해 줄 것과, 8억으로 부동산거래신고를 해 줄 것을 요구하였다.
> ㉢ 개업공인중개사 A는 의뢰인의 요구대로, 8억으로 거래계약서를 작성하고, 8억으로 부동산거래신고를 하였다.

① 10억에 대한 매매계약은 유효하다.
② 甲과 乙은 거짓신고를 요구했다는 이유로, 500만원이하의 과태료처분의 대상이 된다.
③ A는 거짓계약서 작성을 이유로, 등록이 취소되거나, 업무정지처분을 받을 수 있다.
④ A는 거짓신고를 이유로, 취득가액의 10% 이하의 과태료처분을 받을 수 있다.
⑤ 거짓신고를 한 A를 신고·고발한 甲은 거짓신고에 관여하였다 하더라도 A가 부과받은 과태료의 20% 해당하는 금액을 포상금으로 받게 된다.

정답 24. ③   25. ⑤   26. ⑤

MEMO

PART

03

중개실무

테마 33~40

[테마 33] 중개실무 개관과 중개대상물 조사와 확인

구분	중개실무 개관
중개 실무	중개계약 ➡ 중개대상물 조사·확인 ➡ 영업 (판매)활동 ➡ 거래계약의 체결
중개 계약	① 성격: 부동산중개계약의 성격은 민사중개계약, 낙성·불요식 계약, 유상·쌍무계약, 「민법」상의 위임계약과 유사한 계약(선량한 관리자의 주의의무 발생)이다. ② 종류: 독점성을 기준(일반, 전속, 독점), 보수지급방식 기준(정가, 정률, 순가), 개업공인중개사의 숫자(단독, 공동) 등으로 구별할 수 있다. ③ 순가 중개계약의 체결, 그 자체는 (허용된다). 다만, 순가 중개계약을 체결하고 법정중개보수를 초과하여 받으면, 그때는 초과중개보수로 처벌된다.
중개 대상물 조사· 확인	① 중개대상물 조사·확인방법 　㉠ 공부상 검토: ⓐ 사실관계는 (대장)을 기준으로, 권리관계는 (등기부)를 기준으로 한다. ⓑ 토지의 경계는 (지적도, 임야도) 경계를 기준으로 한다. 　㉡ 현장답사: 토지의 지세(경사), 법정지상권, 유치권, 분묘기지권 등은 현장답사를 통하여 확인한다. 　㉢ 자료요구: 물건의 "상태"에 관한 자료를 권리를 (이전)하고자 하는 의뢰인에게 요구할 수 있다. ② 확인·설명 사항: 물건의 기본적인 사항, 권리관계, 공법상 이용제한·거래규제, 내·외부시설물의 상태, 벽면·바닥면 및 도배 상태, 환경조건, 입지조건, 취득 조세, 거래예정가격, 중개보수
영업 활동	아이다(AIDA) 원리, 셀링포인트(selling point) 등을 활용하여 클로징(Closing)을 유도
거래 계약의 체결	① 거래계약서(서면): (자유 서식)으로, 필요적 기재사항을 기재하여 작성한다. ② 전자계약서(국토교통부): 현재는 중개사무소 개설 등록된 개업공인중개사만이 회원 가입할 수 있다. 부동산전자계약시스템에 계약의 내용을 입력한 경우, 전자서명·날인을 하여, 전자거래계약서와 전자확인·설명서를 작성하면, 자동으로 공인전자문서센터에 보존되며, 부동산거래신고(매매)나 확정일자(임대차)가 자동으로 부여되는 편리함이 있다.

▌ 중개대상물 조사 확인

구분	Ⅰ. 기본적인 사항의 조사
면적	① 토지대장상의 면적과 토지등기사항증명서상의 면적이 서로 다른 경우에는 (토지대장)에 기재된 면적을 기준으로 확인·설명한다. ② 개업공인중개사에게 측량의 의무는 없다. ③ 계량법상 법정단위를 사용해야 한다(평 × 3.3058 = m²). (m² × 0.3025 = 평)
지목	① 지목은 (토지/임야) "대장"으로 확인한다. ② 지목부호: 지적도(임야도)는 지목이 약어(부호)로 표시된다. 지목부호는 두문자를 사용함이 원칙이다. 다만, 예외적으로 차(次) 문자를 사용하는 것도 있다. ❶ 공장용지, 주차장용지, 하천, 유원지: 장, 차, 천, 원
경계	① 원칙: 지적도(도면)상의 경계에 의하여야 한다. "도면상"의 경계로 소유권의 범위가 특정된다(판례). ② 예외: 지적도가 기점선택 등 원시적으로 잘못 만들어진 경우나 거래당사자의 특별한 의사표시가 있는 경우 등(특별한 경우)에는 실제 경계를 기준으로 한다.
지세 등	① 지세(경사): 현장확인으로만 가능 ② 지형(형상): 지적도·임야도와 현장답사

구분	Ⅱ. 권리관계의 조사 (+ 권리자에 관한 사항도 포함)
등기부	① 등기부 갑구(소유권)와 을구(소유권 이외 권리) 권리관계 확인 ② 등기부상 소유자와 실제 소유자가 다른 경우 "실제 소유자"와 거래계약 체결 ③ 등기부등본 「갑구」란을 조사하여 (소유권)에 대한 가등기·가압류·가처분 등을 확인한다. ④ 동일 부동산의 권리순위: 〈동.순.별.접〉 "동구"의 경우에는 "순위번호", "별구"는 "접수번호"순으로 권리의 우열을 결정한다.

권리의 진정성 확인	① 진정한 권리자 확인 - 등기부와 주민등록증 등(등기필증 소지 여부, 재산세납부 여부 등)을 통하여 확인하여야 한다. ② 소유권의 공유 - 공유물의 보존행위(각자), / 사용수익(지분의 비율대로), / 처분행위(지분의 처분은 자유, 공유물 자체의 처분은 전원의 동의) / 상가건물이 공유인 경우, 임차인의 계약갱신요구에 대한 거절은 관리행위에 해당하므로 지분의 과반수로 결정한다. ③ 유치권 - 보증금이나 권리금, 매매대금에 대하여는 유치권을 행사할 수 없다. 경매등기 이후의 유치권은 낙찰자에게 대항할 수 없다. ④ 법정지상권: 「민법」제305조(전세권 "설정자"에게 인정), 제366조(저당권), 「가등기담보 등에 관한 법률」제10조, 「입목법」제6조, 관습법상 법정지상권(건물철거특약이 없는 경우에 인정된다) 　㉠ 토지와 건물을 "공동저당"을 설정한 후, 건물이 "철거"되고, "신축"된 경우에는 법정지상권이 인정되지 아니한다. 　　〈공 - 철 - 신, 법정지상권 인정 ✕〉 　㉡ "건물이 없는 대지(나대지)"에 저당권 설정 후 건물이 신축된 경우에도 법정지상권은 인정되지 아니한다. 　　〈나대지 … 법정지상권 ✕〉 　㉢ 미등기 건물과 대지를 "함께 양수"한 경우 … 법정지상권이 인정 ✕ 　㉣ 건물 소유자는 건물과 법정지상권 중 건물만을 처분하는 것은 (가능)하다.

구분	Ⅲ. 공법상의 이용제한 거래규제의 확인
조사· 확인	① 용도지역·지구·구역 등 - 주로 "토지이용계획확인서"를 기준으로 확인 ② 기타 - "부동산종합정보망" 등을 통하여 확인 ③ 건폐율 "상한" 및 용적률 "상한"은 "(시·군 조례)"를 통하여 조사한다.

합격문제

01 다음은 개업공인중개사의 중개대상물 조사·확인과 관련된 내용이다. "틀린" 것은?

① 지적도상의 경계와 실제 경계가 일치하지 않는 경우 특별한 사정이 없는 한 실제 경계를 기준으로 한다.

② 유치권, 법정지상권, 분묘기지권은 등기사항증명서로는 확인할 수 없으므로 현장 확인을 하여야 한다.

③ 토지대장에 "공장용지"라고 기재된 지목은 지적도에는 "장"이라고 기재된다.

④ 대지와 건물이 동일소유자에게 속한 경우, 건물에 전세권을 설정한 때에는 그 대지소유권의 특별승계인은 전세권설정자에 대하여 지상권을 설정한 것으로 본다.

⑤ 건물이 없는 토지에 대하여 저당권이 설정된 후, 저당권설정자가 그 위에 건물을 건축하였다가 담보권의 실행을 위한 경매절차에서 경매로 인하여 그 토지와 지상건물이 소유자를 달리하였을 경우에는 법정지상권이 인정되지 않는다.

02 다음은 개업공인중개사의 토지중개와 관련된 내용이다. "틀린" 것을 고르면? (다툼이 있으면 판례에 따름)

① 공유물을 처분할 때에는 공유자 전원의 동의가 있어야 한다.

② 상가건물의 보증금이나 권리금은 물건에 관하여 생긴 채권이므로, 임차인은 유치권을 행사할 수 있다.

③ 상가건물의 공유자가 공유물을 타인에게 임대하는 행위 및 그 임대차계약을 해지하는 행위는 공유물의 관리행위에 해당하므로, 공유자의 지분의 과반수로써 결정하여야 한다.

④ 미등기건물을 그 대지와 함께 양수한 사람이 그 대지에 대해서만 소유권이전등기를 넘겨받고 건물에 대해서는 그 등기를 이전 받지 못하고 있는 상태에서 그 대지가 경매되어 소유자가 달라진 경우에는 법정지상권이 발생할 수 없다.

⑤ 동일인 소유의 토지와 그 지상건물에 관하여 "공동저당"이 설정된 후 그 건물이 "철거"되고 다른 건물이 "신축"된 경우, 저당물의 경매로 인하여 토지와 신축건물이 서로 다른 소유자에게 속하게 되면 법정지상권이 성립하지 않는다.

03 개업공인중개사가 부동산 이중매매에 대하여 의뢰인에게 설명한 내용이다. "틀린" 것은? (다툼이 있으면 판례에 따름)

> 甲은 자신의 X 토지를 乙에게 매도하고 중도금을 수령한 후, 다시 丙에게 매도하고 소유권이전등기까지 경료해 주었다.

① 특별한 사정이 없는 한 丙은 X 토지의 소유권을 취득한다.
② 특별한 사정이 없는 한 乙은 최고 없이도 甲과의 계약을 해제할 수 있다.
③ 丙이 甲의 乙에 대한 배임행위에 적극 가담한 경우, 乙은 丙을 상대로 직접 등기의 말소를 청구할 수 없다.
④ 甲과 丙의 계약이 사회질서 위반으로 무효인 경우, 丙으로부터 X 토지를 전득한 丁은 선의이더라도 그 소유권을 취득하지 못한다.
⑤ 만약 丙의 대리인 戊가 丙을 대리하여 X토지를 매수하면서 甲의 배임행위에 적극 가담하였다면, 그러한 사정을 모르는 丙은 그 소유권을 취득한다.

04 개업공인중개사가 중개실무상, 전세권에 대하여 중개의뢰인에게 설명한 내용으로 "틀린" 것은? (다툼이 있으면 판례에 따름)

① 채권담보의 목적으로 전세권을 설정한 경우, 그 설정과 동시에 목적물을 인도하지 않았으나 장래 전세권자의 사용·수익을 완전히 배제하는 것이 아니라면, 그 전세권은 유효하다.
② 건물위에 1순위 저당권 – 전세권 – 2순위 저당권이 차례대로 설정된 후, 2순위 저당권자가 경매를 신청하면 전세권과 저당권은 모두 소멸하고, 배당순위는 설정등기의 순서에 의한다.
③ 건물 일부에 대한 전세권자는 건물 전부의 경매를 청구할 수 없다.
④ 전세금의 지급은 반드시 현실적으로 수수되어야 하고, 기존의 채권으로 갈음할 수 없다.
⑤ 건물전세권이 법정(法定)갱신된 경우, 전세권자는 전세권 갱신에 관한 등기 없이도 제3자에게 전세권을 주장할 수 있다.

[테마 34] 분묘기지권과 「장사 등에 관한 법률」

구분	분묘기지권(분묘의 수호와 봉사를 위해 타인의 토지를 사용할 수 있는 권리)
성립 요건	㉠ 다음의 하나를 갖추어야 한다. ⓐ [시] 토지소유자의 승낙없더라도, 시효취득 (20년 이상)을 한 경우 ⓑ [승] 토지소유자의 승낙을 얻어 분묘를 설치할 경우(즉시 인정) ⓒ [자] 자기 소유의 토지에 분묘를 설치한 자가 후에 그 분묘에 대한 철거나 이장 등의 특약 없이 토지를 매매 등으로 처분한 때 ㉡ [봉] 공시기능으로서의 봉분이 있어야 한다 (암장 × 평장 ×). ㉢ [유] 본질상 유골이 있어야 한다(가묘 ×).
인정 범위	㉠ 시간적 범위: 분묘의 수호와 봉사(봉제사)를 계속하며 그 분묘가 존속하는 한 "계속" 존속한다. ㉡ 장소적 범위: 분묘의 수호 및 제사에 필요한 "주위의 공지(빈 땅)"를 포함한다(사성이 기준 ×). [공지의 범위는 "개별적"으로 구체적으로 결정한다(판례)]
권리	㉠ 타인의 토지를 사용할 수 있는 "물권"을 취득한다. 물권적 청구권이 인정된다(방해배제청구권 등). (사용차권 ×, 임차권 ×) ㉡ 기존의 분묘 외에 "새로운" 분묘를 신설할 권능은 인정되지 않는다(합장 ×, 쌍분 ×). ㉢ "토지"에 대하여는 타주점유이므로, "토지"에 대한 소유권 시효취득은 인정되지 아니한다(판례).
지료 지급 의무	㉠ 시효취득: 지료배제특약이 없는 한, 시효로 취득한 경우에 토지소유자가 지료를 "청구한 날"로부터 지료를 지급해야 할 의무가 "있다"(소급하여 지급 ×). ㉡ 처분취득: 자기소유토지에 분묘를 설치한 후, 토지만 처분한 경우에는 분묘기지권이 "성립시"부터 지료지급의무가 있다. ㉢ 특약으로 지료와 존속기간을 달리 정할 수 있다.

「장사 등에 관한 법률」 (2001. 1. 13. 이후 설치된 분묘부터 적용)	
분묘 기지권의 제한	① 타인의 토지에 "승낙 없이" "분묘"를 설치한 분묘의 연고자는 당해 토지 소유자·묘지 설치자 또는 연고자에 대하여 토지 사용권 기타 분묘의 보존을 위한 권리를 주장할 수 (없다). ② 토지소유자의 "승낙 없이" 타인 소유의 토지에 "자연장"을 한 자는 토지소유자에 대하여 시효취득을 이유로 자연장의 보존을 위한 권리를 주장할 수 (없다).

사설묘지	개인묘지 (개인 + 배우자)	가족묘지 (「민법」상 친족묘지)	종중, 문중묘지	법인묘지 (재단 법인이 조성)
신고, 허가 (시·군·구청장)	매장 후 (30)일 이내에 사후 "신고"	* 사전"허가"(시장 등) * 허가를 받으면 입목 벌채 등의 허가가 있는 것으로 본다.		
묘지 1기	"30m² 이하"	1기당 (10)m² 초과 금지 [합장시 (15)m² 초과 금지]		
전체 면적	(30)m² 이하	(100)m² 이하	1천m² 이하	10만m² 이상
설치 기간	① 30년[단, 30년 1회에 한해서 연장 가능 (최장 존속 기간은 60년)] (합장시 합장된 날 기준) ② 설치 기간 종료 후 (1)년 이내에 철거하여 화장 또는 납골하여야 한다.			
자연 장지	① 분골하여 흙과 섞어서 묻어야 한다(30cm 이상 깊이). 용기는 생화학적으로 자연분해 가능하여야 한다. 유품을 함께 묻어서는 안 된다. ② 개인 자연장지 – 사후신고 – (30)m² "미만" ③ 가족 자연장지 – 사전신고 – (100)m² "미만" ④ 종중·문중 자연장지 – 사전신고 – 2,000m² 이하 ⑤ 법인 자연장지 – 사전허가 – 5만m² 이상(종교단체자연장지 4만m² 이하)			

ℹ️ 「장사법」에서 설치면적과 설치기간의 규정을 위반한 경우에는 "1년"이하의 징역 또는 "1천만원"이하의 벌금형에 처한다.

■ 신고 및 허가 여부

묘지(매장)	신고? 허가?	자연장지 (수목장)	신고? 허가?
개인묘지	사후신고	개인자연장지	사후신고
가족묘지	(사전허가)	가족자연장지	(사전신고)
종중·문중 묘지	(사전허가)	종중·문중 자연장지	(사전신고)
법인묘지	사전허가	법인자연장지	사전허가

05 개업공인중개사가 묘지가 있는 토지를 매수하려는 중개의뢰인에게 설명한 내용 중 "틀린" 것은? (다툼이 있으면 판례에 따름)

① 「장사 등에 관한 법률」에 따르면, 토지소유자의 승낙 없이 분묘를 설치한 자는 토지소유자에게 분묘에 관한 권리를 주장할 수 없다.

② 유골이 존재하여 원상회복이 가능한 정도의 일시적인 멸실인 경우에는 분묘기지권은 소멸되지 아니한다.

③ 분묘기지권의 효력이 미치는 범위 내에서 기존의 분묘에 단분(單墳)형태로 합장(合葬)하여 새로운 분묘를 설치하는 것은 허용되지 않는다.

④ 분묘기지권을 시효로 취득하는 경우에는 20년을 소급하여 지료를 지급하여야 한다.

⑤ 판결에 따라 분묘기지권에 관한 지료의 액수가 정해졌음에도 판결 확정 후 책임 있는 사유로 지체된 지료가 판결 확정 전후에 걸쳐 2년분 이상이 되는 경우에는 토지소유자는 분묘기지권의 소멸을 청구할 수 있다.

06 다음은 분묘기지권과 「장사 등에 관한 법률」의 내용이다. "틀린" 것은 모두 몇 개인가?

> ㉠ 가묘나 암장, 평장의 경우에는 분묘기지권이 성립되지 않는다.
> ㉡ 사성(莎城)이 조성되어 있는 경우에는 사성까지는 당연히 분묘기지권이 인정된다.
> ㉢ 분묘기지권의 범위 내에서라면 그 이후에 사망한 다른 일방을 합장하거나, 쌍분의 형태로 분묘를 설치하는 것도 인정된다.
> ㉣ 분묘가 일시적으로 멸실된 경우라도 원상회복이 금방 가능하고 유골이 존재하는 경우에는 분묘기지권은 소멸되지 않는다.
> ㉤ 개인묘지는 30m²를 초과할 수 없으며, 위반시에는 1년 이하의 징역 또는 1천만원 이하의 벌금형의 대상이 된다.

① 1개   ② 2개   ③ 3개
④ 4개   ⑤ 5개

07 다음은 「장사 등에 관한 법률」에 관한 설명이다. "틀린" 것은?

① 가족묘지를 조성하고자 하는 자는 시장 등의 사전 허가를 받아야 하나, 가족자연장지를 조성하려는 자는 사전신고를 하여야 한다.

② 가족묘지는 100m² 이하이어야 하고, 가족자연장지는 100m² 미만이어야 한다.

③ 공설묘지, 가족묘지, 종중묘지, 법인묘지의 분묘는 1기당 점유면적이 10m²를 초과할 수 없으며, 합장한 경우라도 15m²를 초과할 수 없다.

④ 개인묘지는 설치한 후 30일 이내에 시장 등에게 신고하여야 하며, 개인 자연장지를 조성한 경우에도 30일 이내에 시장 등에게 신고하여야 한다.

⑤ 종교단체가 신도 및 그 가족관계에 있었던 자를 대상으로 조성하려 하는 자연장지는 1개소에 한하여 조성할 수 있으며, 그 면적은 3만m² 이하이어야 한다.

08 다음 중 분묘기지권과 「장사 등에 관한 법률」에 관한 내용으로 "옳은" 것은? (다툼이 있으면 판례에 따름)

① 분묘기지권은 타인 토지에 분묘를 설치한 자가 그 분묘를 관리·소유하기 위해 타인의 토지를 사용할 수 있는 지료지급의무가 있는 임차권을 말한다.

② 약정기한이 없는 한 분묘의 수호와 봉사를 계속하고, 또한 분묘가 존속하고 있는 동안에는 30년간 분묘기지권이 존속된다.

③ 분묘기지권의 효력이 미치는 범위는 분묘기지 자체에 한정하여 인정된다.

④ 자연장을 설치하는 경우에는 용기는 생화학적으로 자연분해가 가능하여야 하며, 유품을 함께 묻어야 한다.

⑤ 설치기간이 끝난 분묘의 연고자는 설치기간이 끝난 날부터 1년 이내에 해당 분묘에 설치된 시설물을 철거하고 매장된 유골을 화장하거나 봉안해야 한다.

정답 5. ④ 6. ②(㉡, ㉢) 7. ⑤ 8. ⑤

[테마 35] 농지취득자격증명제

구분	농지취득자격증명제의 내용
경자 유전 원칙	① 소유제한 : 경자유전의 원칙 　❶ 농지는 자기의 농업경영에 이용하거나 이용할 자가 아니면, 소유하지 못함이 원칙이다. ② "비(非)농업인"의 소유 상한제("농업인"은 소유상한 없음)<hr>　* 농어촌공사 위탁시에는 무제한 소유 가능 　㉠ 상속에 의하여 농지를 취득한 자로서 농업경영을 하지 아니하는 자 : 1만m² 이내 소유 　㉡ 8년 이상 농업경영을 한 후 이농하는 자 : 1만m² 이내 소유 　㉢ (도시민) 주말 체험 영농자 (세대 전원의 총면적) : 1천m² 미만(999m²)
농지 취득 자격 증명	① 발급자 : 농지 소재지를 관할하는 "시·구·읍·면장"(시·군·구청장 ×) ② 발급일(7일, 4일, 14일) 　㉠ 농업경영계획서 첨부하여 ⇨ 농지 "취득"자격증명 발급시 (7)일 이내 발급 　㉡ 농업경영계획서 없이 ⇨ 농지취득자격증명 발급시 (4)일 이내 발급 　㉢ "농지위원회" 심의를 거치는 경우 ⇨ 농지취득자격증명 발급시 (14)일 이내 발급 ③ 농지취득자격증명원의 성격 　㉠ 농지취득자격증명원은 농지에 대하여 소유권 이전 등기 신청할 때 첨부해야 할 "첨부서류"이며, 농지취득의 원인이 되는 매매계약 등의 거래계약의 효력발생요건은 아니다(판례). 　㉡ 농지를 취득하려는 자가 농지에 관하여 소유권이전등기를 마쳤다고 하더라도, 농지취득자격증명을 발급받지 못한 이상 그 소유권을 취득하지 못한다(판례). 　㉢ 농지를 취득하려는 자가 매매계약 등으로 농지에 관한 소유권이전등기청구권을 취득하였다면, 농지취득자격증명 발급신청권을 보유하게 된다. 농지취득자격증명발급신청권은 채권자대위권의 행사대상이 될 수 있다(판례).

④ 농지취득자격증명의 면제 : 〈국.지.상.담.협의.분할.합병. 시.도. 허가〉

> ㉠ "국가"나 지자체가 소유하는 경우
> ㉡ "상속"으로 취득하는 경우
> ㉢ "담보" 농지를 취득하는 경우
> ㉣ 농지전용 "협의"가 완료된 농지를 취득하는 경우
> ㉤ 공유농지를 "분할"하는 경우
> ㉥ 농업법인이 "합병"하는 경우
> ㉦ "시효"로 취득하는 경우
> ㉧ "도시지역" 내 주거·상업·공업지역 내의 농지. 녹지지역 중 도시계획사업에 필요한 농지
> ㉨ 토지거래 "허가"를 받은 경우(농지취득자격증명 면제)

⑤ 농업경영계획서의 면제 : 농업경영계획서 없어도 농지취득자격증명이 발급되는 경우

> ㉠ 연구·실습지 목적으로 농지를 취득하는 경우
> ㉡ 농지전용허가를 받거나 전용신고를 한 자가 당해 농지 소유하는 경우

⑥ 법원경매·한국자산관리공사 공매로 농지를 취득하는 경우와, 증여계약, 법원 판결로 농지를 취득하는 경우에도 농지취득자격증명이 있어야 한다.

⑦ 법원경매는 "매각결정기일"까지 농지취득자격증명을 제출하여야 매각허가결정을 받을 수 있다(매각기일 ×).

주말 체험 영농	① 도시민은 세대별(총면적)로 1,000m² 미만의 농지에 한하여 소유할 수 있다. ② "주말·체험 영농계획서"를 작성하여 "농지취득자격증명"을 발급 신청하여야 한다. ③ 법인의 경우에는 주말 체험 영농 목적의 농지취득이 제한된다(자연인에 한하여 주말농장 소유가 가능). ④ 분산취득이 가능하며, 거주지 제한이나 통작 거리 제한 없다. ⑤ "농업진흥지역(농업진흥구역 + 농업보호구역) 내"에 소재하는 농지는 주말·체험 영농으로 취득할 수 "없다".

농지 임대차	① 임대차계약은 (서면계약)을 원칙으로 한다. ② 임대차계약은 그 등기가 없는 경우에도 임차인이 농지소재지를 관할하는 시·구·읍·면의 장의 확인을 받고, 해당 농지를 인도받은 경우에는 (그 다음날부터) 제3자에 대하여 효력(대항력)이 생긴다. ③ 임대차 기간은 원칙적으로 (3)년 이상으로 한다. 임대차 기간을 정하지 아니하거나 3년보다 짧은 경우에는 (3)년으로 약정된 것으로 본다. ＊ 다만, "다년생식물"재배지, "고정식온실", "비닐하우스" 등 대통령령으로 정하는 경우는 (5)년 이상으로 하여야 한다. ④ 임대 농지의 양수인(양수인)은 이 법에 따른 임대인의 지위를 승계한 것으로 본다.

합격문제

09 다음은 개업공인중개사가 농지를 중개하는 경우에 농지취득자격증명 등과 관련된 내용이다. "틀린" 것은?

① 도시민의 주말·체험 영농 목적인 경우, 농업진흥지역에 소재하는 농지는 취득할 수 없다.

② 도시민이 주말·체험영농을 하고자 하는 자는 1,000m² 미만의 농지에 한하여 이를 소유할 수 있으며, 면적은 세대원 전부가 소유하는 총면적을 기준으로 한다.

③ 도시민이 주말·체험영농을 하고자 하는 경우에는 주말·체험영농계획서가 없어도 농지취득자격증명을 발급받을 수 있다.

④ 농지를 법원경매로 취득하는 경우에는 매각기일이 아니라, 매각결정기일까지 농지취득자격증명을 제출하여야 한다.

⑤ 비 농업인이 상속으로 농지를 취득하는 경우에는 농지취득자격증명은 필요가 없으나, 원칙적으로 1만m² 이내만 소유할 수 있다.

10 다음은 중개실무와 관련하여 농지에 대한 내용이다. "틀린" 것은?

① 시·구·읍·면장은 농지취득자격증명의 발급신청을 받은 때에는 그 신청을 받은 날로부터 10일 이내(농업경영계획서를 작성하지 아니하는 경우는 4일 이내, 농지위원회의 심의대상인 경우는 14일 이내)에 농지취득의 적합 여부를 확인하여 발급하여야 한다.

② 농지임대차 기간은 3년 이상으로 하여야 하며, 임대차 기간을 정하지 아니하거나 3년보다 짧은 경우에는 3년으로 약정된 것으로 본다(다만, 다년생식물 재배지 등 대통령령으로 정하는 농지는 5년).

③ 농지 임대차계약은 그 등기가 없는 경우에도 임차인이 농지소재지를 관할하는 시·구·읍·면의 장의 확인을 받고, 해당 농지를 인도받은 경우에는 그 다음날부터 제3자에 대하여 효력이 생긴다.

④ 농지임대차계약은 서면계약을 원칙으로 한다.

⑤ 농지취득자격증명은 농지취득의 원인이 되는 법률행위의 효력발생요건이 아니며, 소유권이전등기 청구시 첨부할 서류이다.

11 다음은 개업공인중개사의 중개업무와 관련된 내용이다. "옳은" 것은? (다툼이 있으면 판례에 따름)

① 농지소유자는 6개월 이상 국외 여행 중인 경우에 한하여 소유농지를 위탁 경영하게 할 수 있다.

② 도시민의 주말·체험영농의 경우, 농업진흥지역 내에 소재하는 농지도 취득할 수 있다.

③ 일반 법인도 주말·체험영농의 목적으로 농지를 취득할 수 있다.

④ 농지를 취득하려는 자가 농지에 관하여 소유권이전등기를 마쳤다고 하더라도, 농지취득자격증명을 발급받지 못한 이상 그 소유권을 취득하지 못한다.

⑤ 농지전용협의를 마친 농지를 매수하는 경우에는 농지취득자격증명이 필요하다.

[테마 36] 부동산거래계약 전자시스템
(전자계약)

구분	전자계약서
운영	① 운영주체 : "국토교통부장관"이며, 한국부동산원에 위탁한다. ② 개업공인중개사는 사전준비로서 회원가입과 공인인증서를 미리 등록하여야 한다. ③ 개업공인중개사가 전자계약서와 전자확인·설명서를 작성 ⇨ 거래당사자들이 전자서명 ⇨ 개업공인중개사 전자서명 ⇨ 실거래가 자동신고 및 확정일자 자동 부여 ⇨ 국토부 타임스탬프로 종결
장점	① 전자계약 체결시에는 부동산거래신고(실거래가 신고)를 한 것으로 본다. ② 전자시스템으로 거래계약을 해제하면, 부동산거래해제신고를 한 것으로 본다. ③ 전자계약 체결시에는 임대차 확정일자가 자동으로 부여된다. ④ 공인전자문서센터에 전자계약서와 전자확인·설명서가 자동보관되므로, 개업공인중개사는 개별적으로 보존할 필요가 없다. ⑤ 경제적(대출시 우대금리, 등기수수료 할인 등)이며, 편리하고(도장 없이 계약 가능 등), 안전하다(신분확인 철저 등). ⑥ 무등록 중개업을 방지할 수 있다(무등록 일반인은 회원가입 불가). ⑦ 비대면 계약이 가능하다.

12 부동산 전자계약에 관한 설명으로 "옳은" 것은?

① 시·도지사는 부동산거래의 계약·신고·허가·관리 등의 업무와 관련된 정보체계를 구축·운영하여야 한다.

② 부동산 거래계약의 신고를 하는 경우 전자인증의 방법으로 신분을 증명할 수 없다.

③ 정보처리시스템을 이용하여 주택임대차계약을 체결하였더라도 해당 주택의 임차인은 정보처리시스템을 통하여 전제계약증서에 확정일자 부여를 신청할 수 없다.

④ 개업공인중개사가 부동산거래계약시스템을 통하여 부동산거래계약을 체결한 경우 부동산거래계약이 체결된 때에 부동산거래계약신고서를 제출한 것으로 본다.

⑤ 거래계약서 작성시 확인·설명사항이 「전자문서 및 전자거래 기본법」에 따른 공인전자문서센터에 보관된 경우라도 개업공인중개사는 확인·설명사항을 서면으로 작성하여 보존하여야 한다.

13 부동산거래전자계약시스템에 관한 설명으로 틀린 것은?

① 운영주체는 시·도지사이며, 시·도지사가 부동산거래의 계약 등의 업무와 관련된 정보체계를 구축·운영하여야 한다.

② 개업공인중개사가 부동산거래전자계약시스템을 통하여 전자거래계약서를 작성한 경우 거래당사자도 전자서명을 하여야 한다.

③ 부동산거래전자계약시스템을 이용하여 주택임대차계약을 체결한 경우, 해당 주택의 임차인은 정보처리시스템을 통하여 전자계약증서에 확정일자를 부여받을 수 있다.

④ 개업공인중개사가 부동산거래전자계약시스템을 통하여 부동산거래계약을 체결한 경우 부동산거래계약 신고서를 제출한 것으로 본다.

⑤ 원거리의 격지자 사이에 비대면 계약의 체결이 가능하다는 장점이 있다.

정답 12. ④ 13. ①

[테마 37] 「부동산등기 특별조치법」과 「부동산실명법」

구분	「부동산등기 특별조치법」
검인 제도	① 토지와 건물에 대하여, "(계약)"을 원인으로 "(소유권)""(이전등기)"를 신청하는 경우에는 그 계약서에 시·군·구청장의 "검인"(檢印)을 받은 "검인계약서"를 등기소에 제출하여야 한다. 〈검인: 계,소,리〉 ② "부동산거래신고"를 하고 신고필증을 받은 경우에는 매매계약서에 검인을 (받은 것으로 본다). ③ "토지거래허가"를 받아 허가증을 받은 경우에는 매매계약서에 검인을 (받은 것으로 본다).

구분	「부동산 실권리자명의 등기에 관한 법률」
적용 범위	누구든지 부동산에 대한 "물권등기"(소유권이전등기, 보존등기, 지상권설정등기 등)를 할 때에는 "실명"으로 등기를 하여야 하며, 타인의 명의를 차용하면 안 된다.
3무효 원칙	① 명의신탁 약정은 (무효) ② 약정에 기한 등기는 (무효) ③ 물권변동도 (무효) ❶ 다만, 계약명의신탁에서 매도인의 선의시에는 등기는 유효, 물권변동도 유효 (명의신탁약정은 무효)
주요 판례	① 명의신탁약정은 그 자체로서 선량한 풍속 기타 사회질서(「민법」 제103조)에 위반하는 약정이라 볼 수 "없다"(판례). ② 「부동산실명법」을 위반하여 무효인 명의신탁약정에 따라 명의수탁자 명의로 등기를 하였다는 이유만으로 그것이 당연히 "불법원인급여"(「민법」 제746조)에 해당한다고 볼 수는 "없다"(판례).

구분	유형별 내용
유형	**① 2자 간 등기명의신탁(양자 간, 이전형)** ㉠ 명의신탁자가 실체적 거래 "없이", 등기명의만 명의수탁자에게 이전해 두는 형태이다. ㉡ 신탁자와 수탁자 간 약정은 "무효", 등기 "무효", 물권변동 "무효" ⇨ 소유권은 "명의신탁자"에게 여전히 귀속된다(명의신탁자와 명의수탁자는 처벌된다). ㉢ 명의신탁자는 명의수탁자의 무효등기를 말소청구하거나, 진정명의회복을 원인으로 소유권이전등기를 청구할 수 있다(소유권에 기한 물권적 방해제거청구). ㉣ 수탁자가 제3자에게 처분시, "제3자"는 선의·악의를 불문하고 권리를 취득한다. 신탁자는 제3자에게 대항할 수 없다. ㉤ 수탁자가 수탁재산을 임의로 처분하더라도 형사상 횡령죄로 처벌되지는 아니한다. **② 3자 간 등기명의신탁(중간생략형)** ㉠ 명의신탁자가 매도인과 직접거래를 하고, 등기명의만을 명의수탁자의 이름으로 받아두는 형태이다. ㉡ 신탁자와 수탁자 간 약정은 "무효", 등기 "무효", 물권변동 "무효" ⇨ 소유권은 여전히 "매도인"에게 귀속된다(신탁자는 수탁자 등기의 무효등기 말소청구를 "대위" 행사한 후, 소유권이전등기 청구를 할 수 "있다"). ㉢ 수탁자가 제3자에게 처분시, "제3자"는 선의·악의를 불문하고 권리를 취득한다. 신탁자는 제3자에게 대항할 수 없다. ㉣ 수탁자가 수탁재산을 임의로 처분하더라도 형사상 횡령죄로 처벌되지 아니한다. ㉤ 수탁자가 수탁재산을 임의로 처분한 경우, 형사상 횡령죄로 처벌되지 않더라도, 이는 명의신탁자의 채권인 소유권이전등기청구권을 침해하는 행위로써, 「민법」 제750조에 따라 "불법행위"에 해당하여, 명의수탁자는 명의신탁자에게 손해배상책임을 질 수 있다(판례).	㉥ 명의수탁자가 임의로 "처분"하여 제3자가 권리를 취득한 경우, 명의신탁자는 명의수탁자를 상대로 "부당이득"반환을 청구할 수 있다(전합판례). ㉦ 명의수탁자가 자의(自意)로 명의신탁자에게 바로 소유권이전등기를 경료해 준 경우, 그 등기는 유효하다(판례). **③ 계약 명의신탁(위임형)** ㉠ 계약명의신탁자가 "은닉"하여 계약명의수탁자에게 매수 "자금"을 지원하고, "명의수탁자"가 대신 수탁자 자신의 명의로 계약을 하고 등기를 받아두는 형태이다. ㉡ 명의신탁자와 수탁자 사이의 명의신탁약정은 "무효"이다. ㉢ "매도인"이 "선의"의 경우 수탁자의 등기는 "유효"하고, 물권변동도 "유효"하다. 그러므로 소유권은 "명의수탁자"에게 이전하게 된다. ㉣ 명의신탁자는 지원한 매수자금에 대하여 부당이득반환청구는 할 수 있으나, 부동산의 소유권이전을 청구할 수 없다. ㉤ 명의수탁자가 제3자에게 처분시, 제3자는 선의·악의를 불문하고 소유권을 취득한다. ㉥ 명의수탁자가 수탁재산을 임의로 처분하더라도 형사상 횡령죄로 처벌되지는 아니한다. ㉦ "법원경매" 물건의 경우에는 매도인의 선의·악의 관계없이 명의수탁자(입찰명의자)가 소유자가 된다. ㉧ 명의수탁자가 임의로(자의로) 명의신탁자에게 소유권이전등기를 한 경우, 그 등기는 유효하고, 부당이득반환을 부동산으로 대물(代物)반환 할 수도 있다(판례). ㉨ 명의신탁자가 목적물을 점유하고 있더라도 부당이득(매수자금)반환 청구권에 대한 유치권은 성립되지 아니한다(판례).

배우자 특례 (유효)	① 원칙 : 명의신탁 금지 ② 예외(특례) : 〈배.종.종〉 배우자(법률혼), 종중(종중재산을 종중 이외의 자의 명의 로 등기), 종교단체(산하 조직의 부동산 을 종교단체명의로 등기) (탈세, 탈법, 강 제집행면탈을 목적으로 하지 않는 이상, 명의신탁약정은 "유효"하고, 소유권이전 등기도 "유효"하다) 　㉠ 수탁자는 "대외적" 소유권을 취득한 　　다("대내적" 소유권은 신탁자에게 인 　　정된다). 　㉡ "제3자"에 대한 물권적 방해제거청구 　　권은 "수탁자"에게 있다(판례). (신탁 　　자는 대위행사만 가능하고 직접 제3자 　　에게 행사할 수는 없다) 　㉢ 신탁자는 "유효"한 명의신탁약정을 "해 　　지"하고, 소유권 "이전"등기를 청구할 　　수 있다. 　㉣ 제3자가 명의수탁자의 배신행위에 "적 　　극 가담"한 경우에는 명의수탁자와 　　제3자 사이의 계약은 반사회적인 법 　　률행위로서 "무효"이다(판례).
제외	* 「부동산실명법」 적용 제외 : 〈양·가·구·신〉 양도담보, 가등기담보, 구분소유자의 공유 등기, 신탁등기는 명의신탁이 "아니다".
벌칙	① 명의신탁자에 대한 과징금 : 부동산 평가 액 30% 범위 내 ② 이행강제금 　㉠ 1차 : 과징금 부과일로부터 1년 경과시 　　에도 실명등기 하지 아니한 경우(부동 　　산평가액의 10%) 　㉡ 2차 : 다시 1년 경과시 (부동산평가액의 　　20%) ③ 벌칙 　㉠ 신탁자 - 5년 이하 징역 또는 2억원 　　이하 벌금 〈신.오.이〉 　㉡ 수탁자 - 3년 이하 징역 또는 1억원 　　이하 벌금 〈수.삼.한뿌리〉
장기 미등기	쌍무계약에서 반대급부가 이행된 날로부터 "3년"이 경과되도록 소유권이전등기를 신청 하지 아니한 자는 5년 이하의 징역 또는 2억 원 이하의 벌금에 처한다(과징금 + 이행강 제금 부과도 한다).

합격문제

14 다음은 「부동산 실권리자명의 등기에 관한 법률」 상의 명의신탁에 관한 개업공인중개사의 설명이다. "틀린" 것은? (다툼이 있으면 판례에 따름)

① 명의신탁은 그 자체로 선량한 풍속 기타 사회질서에 위반하는 약정이라 볼 수는 없다.

② 2자 간의 등기명의신탁(이전형 명의신탁)에서 명의수탁자가 명의신탁자를 배임하여, 신탁받은 부동산을 임의로 처분하여도 명의신탁자에 대한 관계에서 횡령죄로 처벌되지 아니한다.

③ 2자 간의 등기명의신탁(이전형 명의신탁)에서 명의신탁자와 명의수탁자 사이의 명의신탁약정이 무효이므로, 신탁자는 수탁자에게 명의신탁해지에 기한 소유권이전등기를 청구할 수 없다.

④ 명의신탁자는 5년 이하의 징역 또는 2억원 이하의 벌금에 처해지며, 명의수탁자는 3년 이하의 징역 또는 1억원 이하의 벌금에 처해진다.

⑤ 사실혼 배우자명의로 명의신탁을 한 것은 조세포탈, 강제집행의 면탈 또는 법령상 제한의 회피를 목적으로 하지 않은 유효하다.

15 2024. 10. 10. X 부동산을 취득하려는 甲은 친구 乙과 명의신탁을 약정하였다. 매수 자금을 甲으로부터 받은 "乙"은 그 약정에 따라 계약당사자로서 "선의의 丙"으로부터 X 부동산을 매수하여, 자신의 명의로 등기한 후, 甲에게 인도하였다. 다음 중 "옳은" 것은? (다툼이 있으면 판례에 따름)

① 甲과 乙의 명의신탁약정은 탈세·탈법·강제집행 면탈의 목적이 아닌 한, 유효하다.

② 丙은 특별한 사정이 없는 한, 乙명의의 등기말소를 청구할 수 있다.

③ 甲은 乙에게 제공한 부동산 매수자금회수를 담보하기 위하여 X 부동산에 대하여 유치권을 행사할 수 있다.

④ 甲은 乙을 상대로 부당이득반환으로 X 부동산의 소유권 등기이전을 청구할 수 없다.

⑤ 乙이 자의(自意)로 X 부동산에 대한 소유권을 甲에게 이전등기하였더라도 甲은 소유권을 취득하지 못한다.

16 신탁자 甲과 수탁자 乙 간 명의신탁약정을 한 뒤 신탁자가 수탁자에게 자금을 지원하여 수탁자가 매도인 丙(甲과 乙 사이에 명의신탁약정 사실을 모름)과 매매계약을 체결하여 소유권이전등기가 乙의 명의로 경료된 뒤 乙이 丁과 매매계약을 체결, 丁이 소유권이전등기를 경료하였다. "틀린" 것은?

① 수탁자 乙과 매수인 丁 간의 매매계약은 유효하고, 丁이 명의신탁약정 사실을 알았더라도 丁은 소유권을 취득한다.

② 신탁자 甲과 乙 간 명의신탁약정의 효력은 무효이나, 乙의 명의로 경료된 소유권이전등기의 효력은 유효하다.

③ 신탁자 甲은 악의의 丁에게 자신의 소유권을 주장할 수 있다.

④ 乙의 처분행위는 「형법」상 횡령죄로 처벌되지 아니한다.

⑤ 수탁자 乙은 3년 이하의 징역이나 1억원 이하의 벌금에 처해진다.

17 甲은 乙과 乙소유의 X부동산의 매매계약을 체결하고, 친구 丙과의 명의신탁약정에 따라 乙로부터 바로 丙명의로 소유권이전등기를 하였다. 이와 관련하여 개업공인중개사가 甲과 丙에게 설명한 내용으로 "옳은" 것을 모두 고른 것은? (다툼이 있으면 판례에 따름)

> ㉠ 甲과 丙 간의 약정이 조세 포탈, 강제집행의 면탈 또는 법령상 제한의 회피를 목적으로 하지 않은 경우, 명의신탁약정 및 그 등기는 유효하다.
> ㉡ 丙이 소유권을 취득하고 甲은 丙에게 대금 상당의 부당이득반환청구권을 행사할 수 있다.
> ㉢ 甲과 乙 사이의 매매계약은 유효하므로 甲은 乙을 상대로 소유권이전등기를 청구할 수 있다.
> ㉣ 丙이 X부동산을 제3자 丁에게 처분한 경우 丙은 甲과의 관계에서 횡령죄가 성립된다.
> ㉤ 丙이 X부동산을 제3자 丁에게 처분한 경우 丁은 명의신탁약정에 대하여 선의·악의를 불문하고 소유권을 취득한다.

① ㉠, ㉢
② ㉢, ㉤
③ ㉠, ㉡, ㉢
④ ㉡, ㉢, ㉤
⑤ ㉠, ㉡, ㉢, ㉣

18 부동산경매절차에서 丙소유의 X건물을 취득하려는 甲은 친구 乙과 명의신탁약정을 맺고, 2024. 10. 10. 乙 명의로 매각허가결정을 받아, 甲 자신의 비용으로 매각대금을 완납하였다. 그 후 乙명의로 X건물의 소유권이전등기가 마쳐졌다. 다음 설명 중 "옳은" 것은? (다툼이 있으면 판례에 따름)

① 甲은 乙에 대하여 X 건물에 관한 소유권이전등기 말소를 청구할 수 있다.

② 甲은 乙에 대하여 부당이득으로 X 건물의 소유권 반환을 청구할 수 있다.

③ X건물을 점유하는 甲이 丁에게 X건물을 매도하는 계약을 체결한 경우, 그 계약은 무효이다.

④ X건물을 점유하는 甲은 乙로부터 매각대금을 반환받을 때까지 X건물을 유치할 권리가 있다.

⑤ 丙이 甲과 乙 사이의 명의신탁약정이 있다는 사실을 알았더라도 乙은 X건물의 소유권을 취득한다.

[테마 38]「주택임대차보호법」과 「상가건물 임대차보호법」

구분	주택임대차보호법	상가건물 임대차보호법
목적	국민주거생활의 안정 목적	국민경제생활의 안정 목적
적용 범위	① 주거용 건물의 임대차 ② 사실상의 주된 용도가 주거용이면 적용(공부가 기준×, 일부 용도가 다른 용도 ○, 미등기·무허가건물 ○, 미등기 전세 ○) ③ 법인 ×(다만, 토지주택공사, 지방공사, 중소기업은 인정), 외국인 ○ ④ 일시사용을 위한 임대차 적용되지 않는다.	① (사업자등록이 가능한) 상가건물의 임대차 ② 대통령령이 정한 일정한 환산보증금[(보증금 + (월차임 × 100)]을 초과하는 임대차는 적용되지 아니한다. ㉠ 서울특별시: (9억)원 ㉡ 과밀억제권역(서울시 제외) 및 부산광역시: 6억 9천만원 ㉢ 광역시(과밀억제권역에 포함된 지역과 군지역, 부산광역시 제외), 세종특별자치시, 파주시, 화성시, 안산시, 용인시, 김포시 및 광주시: 5억 4천만원 ㉣ 그 밖의 지역: 3억 7천만원 ※ 다만, 대항력, 권리금 보호 규정, 계약갱신요구권(기간 정함 있는 경우), 3기 연체 시 해지, 표준임대차계약서 권장제도, 「전염병예방법」에 의한 폐업으로 인한 임차인의 해지권은 환산보증금액에 관계없이 모든 상가건물에 적용한다. ③ 법인 ○, 외국인○ ④ 일시사용을 위한 임대차 적용되지 않는다.
계약 기간 (존속 기간)	❶ 〈2년 보장〉 ① 기간의 미정 및 2년 미만 약정시: 2년 보장, "임차인"은 2년 미만을 주장할 수도 있다. ② 임대차가 종료한 경우에도 보증금을 반환받을 때까지는 임대차 존속하는 것으로 본다.	❶ 〈1년 보장〉 ① 기간의 미정 및 1년 미만 약정시: 1년 보장, "임차인"은 1년 미만을 주장할 수도 있다. ② 임대차가 종료한 경우에도 보증금을 반환받을 때까지는 임대차 존속하는 것으로 본다.
계약의 갱신	❶ 〈묵시적 갱신(= 법정갱신)〉 ① 임대인이 계약종료 "6개월 전부터 2개월 전"까지 갱신거절의 통지를 하지 않고, 임차인이 계약종료 2개월 전까지 계약종료통지를 하지 않은 경우, 종전계약과 동일한 조건으로 묵시적·법정갱신된다. ② 기간은 "2년" 보장("임차인"은 해지통보 가능 ⇨ 임대인이 해지통보를 받은 날로부터 "3개월 후" 해지) ③ 임차인이 "2기"의 차임액을 연체, 또는 임차인의 의무를 현저히 위반 ⇨ 법정 갱신이 인정되지 않는다.	❶ 〈묵시적 갱신(= 법정 갱신)〉 ① 임대인이 임차인의 갱신요구기간(종료 "6개월 전부터 1개월 전"까지) 내에 갱신거절의 통지를 하지 않은 경우, 종전계약과 동일한 조건으로 묵시적·법정갱신된다. ② 기간 "1년" 보장("임차인"은 해지통보 가능⇨임대인이 통보를 받은 날로부터 "3개월 후" 해지) ③ 임차인이 "3기"의 차임액을 연체시에는 임대인은 일방적으로 임대차계약을 해지할 수 있다.

	❶ 〈임차인의 계약갱신 요구권〉 ① 임차인은 기간만료 전 "6개월 전부터 2개월 전" 사이에 계약갱신을 요구할 수 있고, 임대인은 정당한 사유 없이 거절 불가. (*정당한 사유: 임차인이 "2기"의 차임을 연체, 임대인의 "실제 거주"를 목적으로 하는 경우, 고의나 중과실로 임차건물의 파손, 무단 전대차 등) ② "1회에 한하여" 갱신할 수 있다(갱신기간은 2년). ③ 갱신 기간 내에는 임대인은 2년을 보장하여야 하며, "임차인"은 언제라도 해지를 통지할 수 있다(해지통지가 도달된 날로부터 3개월 후 해지). ④ 임대인이 실제 거주 목적을 이유로 임차인의 갱신을 거절한 후, 다른 임차인에게 임대를 한 경우에는 기존임차인에게 손해를 배상하여야 한다(3개월분의 환산 월차임, 2년간의 증액이익, 임차인의 손해액 중에서 가장 "높은" 것으로 배상하여야 한다).	❶ 〈임차인의 계약갱신 요구권〉 ① 임차인은 기간만료 전 "6개월 전부터 1개월 전" 사이에 계약갱신을 요구할 수 있고, 임대인은 정당한 사유 없이 거절 불가. (*정당한 사유: 임차인이 "3기"의 차임을 연체, 고의나 중과실로 임차건물의 파손, 무단 전대차 등) ② 최초 임대차기간을 "포함"하여 "10년" 범위 내에서 갱신 요구를 할 수 있다. ③ (동의 받은) 전차인은 임차인을 대위하여 임차인의 보장기간 내에서 대위 행사가 가능하다.	경매 신청	① 임차보증금에 대하여, 임차권에 기해 "(임의)경매신청권"은 없다. ② 판결문 등의 "집행권원"에 기한 "강제경매신청"은 가능하다. ❶ 임차주택에 대하여 경매를 신청하는 경우에는 반대의무의 이행이나 이행의 제공을 집행개시의 요건으로 하지 않는다.
			경매 배당	* 임차인의 배당금 수령 요건: 임차인은 임차건물을 양수인(낙찰자, 경락자, 매수인)에게 "인도"하지 아니하면 "보증금"을 (배당) 받을 수 없다(즉, 법원에서 배당을 받을 때에는 낙찰자에게는 먼저 비워주어야 한다. 경매는 낙찰자를 우선적으로 보호한다).
			우선 변제권 〈대확〉	❶ 의의: (경매 배당시) "후순위" 물권, 기타 채권보다 "먼저" 배당을 해 준다. ❶ 요건: "대항요건" + (임대차계약서) "확정일자"(확정일자부여기관: 주민센터, 공증인사무소, 등기소) ❶ 의의: (경매 배당시) "후순위" 물권, 기타 채권보다 "먼저" 배당을 해 준다. ❶ 요건: "대항요건" + (임대차계약서) "확정일자"(확정일자부여기관: 관할 세무서장)

			승계와
			정보
				① 우선변제권의 승계: "금융기관" 등이 우선변제권을 취득한 임차인의 보증금반환채권을 계약으로 양수한 경우에는 양수한 금액의 범위에서 우선변제권을 "승계"한다.
				② 정보요청권
				  ㉠ 주택·상가건물 임대차에 이해관계가 있는 자(해당주택·상가건물의 임대인·임차인·소유자·금융기관 등)는 확정일자 부여기관에 해당 주택·상가건물의 "정보"(확정일자 부여일, 차임 및 보증금, 사업자등록신청일, 임대차기간 등)의 제공을 요청할 수 있다.
				  ㉡ 정보요청을 받은 기관은 정당한 사유 없이 이를 거부할 수 없다.
				  ㉢ 비교: 임대차 계약의 "당사자"는 임대임·임차인의 "인적사항"까지 정보요청이 가능하나, 기타 이해관계인은 임대인·임차인의 "인적사항"은 정보 요청이 "불가"하다.
				③ 신규임차인의 정보요청권: (주택·상가건물) 임대차계약을 체결하려는 자(신규 임차인)는 "임대인의 동의"를 받아, 확정일자 부여기관에 정보제공을 요청할 수 있다.

대 항 력	❶ 대항요건 = [주택의 인도 + "주민등록"(전입신고)] • 전입신고: 주민센터 • 익일 오전 0시부터 대항력 발생	❶ 대항요건 = [상가건물의 인도 + "사업자등록(신청)"] • 사업자 등록신청: 관할 세무서장 • 익일 오전 0시부터 대항력 발생		

최우선 변제권 〈대.소〉	❶ 의의 : (경매 배당시) "선순위" 물권보다 더 먼저 (최우선)배당을 해 준다. ❶ 요건 : "대항요건" (경매신청등기 이전에 대항요건을 갖추어야 한다) + "소액보증금"(소액보증금의 일정액을 최우선 변제하여 보호) ① 소액보증금 (2023. 2. 21. 이후 저당권설정) * 서울특별시 : 1억 6천5백만원 이하의 경우, 5천5백만원까지 최우선변제 ② 주택 가액(배당금액)의 "1/2 범위 내"에서 가능	❶ 의의 : (경매 배당시) "선순위" 물권보다 더 먼저 (최우선)배당을 해 준다. ❶ 요건 : "대항요건" (경매신청등기 이전에 대항요건을 갖추어야 한다) + "소액보증금"(소액보증금의 일정액을 최우선 변제하여 보호) ① 소액보증금 (2014. 1. 1. 이후) * 서울특별시 : 6천 5백만원 이하의 경우, 2천 200만원까지 최우선변제 ② 상가건물 가액(배당금액)의 "1/2 범위 내"에서 가능	임차권 승계 제도
임차권 등기 명령 신청 제도	❶ 〈주택임대차, 상가건물임대차 모두 적용〉 * 계약이 "종료"되었으나, 임대인의 보증금(일부나 전부)을 반환하지 아니한 경우 (임차인의 거주・이전의 자유를 보장하기 위함) * 임차인 "단독"으로 "지방법원(지원, 시・군법원)"에 청구할 수 있다(등기명령의 신청과 등기 관련 비용은 "임대인"에게 청구할 수 있다). ① 등기 후 효력 : 임차인은 임차권등기명령의 집행에 따른 임차권 "등기"를 마치면, 대항력과 우선변제권을 "취득"한다. 다만, 이미 취득한 경우에는 그대로 "유지"되며, 대항요건을 상실하더라도 대항력과 우선변제권은 소멸되지 아니한다. ② 차후 임차인 : 등기명령집행에 따른 등기 "이후"에 임차한 임차인은 "최우선" 변제권이 인정되지 않는다(다만, 확정일자에 의한 우선변제권 등은 인정된다). ③ 임대인의 보증금 반환이 선(先)이행 의무 : 임대인의 임대차보증금 반환의무는 임차인의 임차권 등기 말소의무보다 먼저 이행되어야 할 의무이다(판례).		

임차권 승계 제도	❶ 〈주택임대차 : 사실혼 배우자의 보호〉 : 주택임대차에만 적용(상가건물에는 적용 ×) ① 상속인 사망시, 동거(가정공동생활) 상속인이 단독으로 보증금 반환청구권을 상속받는다. ② 상속권자가 없는 경우 : 임차인이 상속인 없이 사망한 경우, 그 주택에서 가정공동생활을 하던 사실상의 혼인 관계에 있는 자(사실혼 배우자)가 단독으로 임차인의 권리와 의무를 승계한다[임차인 사망한 후 (1)개월 이내"에 임대인에 대하여 반대의사를 표시하지 않는 한, 임차인의 지위를 승계한다]. ③ 비(非) 동거 상속인이 있는 경우 : 2촌 이내 친족과 사실혼자가 공동으로 승계한다.
보증금 증액 제한	① 주택 : 연 1/20(5%) 초과할 수 없다(다만, 특별시・광역시・특별자치시・도 및 특별자치도는 법정 범위 내에서 증액청구의 상한을 조례로 달리 정할 수 있다). ② 상가건물 : 연 5/100(5%)를 초과할 수 없다. ③ 증액 후 1년 이내에 다시 증액은 할 수 없다. 〔판례〕 보증금 증액 제한규정은 임대차계약의 "존속 중" 당사자 일방이 약정한 차임 등의 증감을 청구한 때에 한하여 적용되고, 임대차계약이 "종료"된 후 재계약을 하거나 또는 임대차계약 종료 전이라도 당사자의 "합의"로 차임 등이 증액된 경우에는 적용되지 않는다.
보증금을 월세로 산정시	보증금의 전부 또는 일부를 월 단위의 차임으로 전환하는 경우에는 그 전환되는 금액에 연 10%(연 1할)와 한국은행 공시 기준금리에 "2%"를 더한 비율 중 "낮은 비율"을 곱한 월차임의 범위를 초과할 수 없다. 보증금의 전부 또는 일부를 월 단위 차임으로 전환하는 경우에는 그 전환되는 금액에 연 12%(연 1할 2푼)와 한국은행 공시 기준금리에 "4.5배수"를 곱한 비율 중 "낮은 비율"을 곱한 월차임의 범위를 초과할 수 없다.

상가 건물 권리금 보호	① "국토교통부장관"이 보호 : "국토교통부장관"은 법무부장관과 협의하여 "표준권리금계약서"를 권장할 수 있다. ② 권리금행사의 방해금지 〈6.종〉 　㉠ 원칙 : "임대인"은 임대차기간이 끝나기 전 "(6)개월" 전부터 임대차 "종료시"까지(권리금보호기간) 권리금 계약에 따라 임차인이 주선한 신규임차인이 되려는 자로부터 권리금을 지급받는 것을 방해하여서는 아니 된다. 　㉡ 예외 : ⓐ (기존임차인이 주선한) 신규임차인이 되려는 자가 보증금 또는 차임을 지급할 자력이 없는 경우, ⓑ (기존임차인이 주선한) 신규임차인이 임차인으로서의 의무를 위반할 우려가 있는 경우, ⓒ (임대인이) 상가건물을 "(임대인 변경시에는 전·후 합산기간)(1년 6개월)" 이상 영리 목적으로 사용하지 아니한 경우, ⓓ 임대인이 선택한 "신규임차인"이 임차인과 권리금 계약을 체결하고, 그 권리금을 "지급"한 경우, ⓔ "임차인"이 계약갱신요구를 거절당할 수 있는 사유가 있는 경우 등에는 임대인은 기존임차인이 주선한 신규임차인과 임대차계약을 거절할 수 있다. ③ 손해배상청구권의 소멸시효 〈종.3〉 : 임대인의 방해 행위로 인하여 손해를 입은 "임차인"은 임대차가 "종료된 날"로부터 "(3)년 이내"에 손해배상을 청구하여야 한다. 이를 하지 아니하면 시효의 완성으로 소멸한다. ④ 손해배상액 : 임대인의 방해로 인한 손해배상액은, 신규임차인이 기존임차인에게 지급하기로 한 권리금(약정권리금)과 임대차 종료 당시의 권리금 중에서 "(낮은 금액)"을 넘지 못한다. ⑤ 권리금 규정 배제 : 「유통산업발전법」에 따른 "대규모점포 또는 준대규모 점포의 일부"에 대한 임대차나 "국유재산·공유재산"인 경우에는 권리금 보호 규정이 적용되지 "아니"한다. ⑥ 권리금 보호 인정 : 「전통시장육성법」에 따른 "전통시장"은 권리금 보호규정이 적용된다.	주택 임대차 위원회	① 최우선변제의 범위와 기준을 마련하기 위하여 "주택임대차위원회"는 "법무부"에 두고, "법무부차관"이 위원장이 된다. ② 주택임대차 위원회는 위원장 1인을 포함하여 "9명 이상 15명" 이하로 구성된다.
		상가 임대차 위원회	① 최우선변제의 범위와 기준을 마련하기 위하여 "상가임대차위원회"는 "법무부"에 두고, "법무부차관"이 위원장이 된다. ② 상가임대차 위원회의 구성은 위원장 1인을 포함하여 "10명 이상 15명" 이하로 구성된다.
		주택/ 상가 분쟁 조정 위원회	① "대한법률구조공단"의 지부, 「한국토지주택공사법」에 따른 "한국토지주택공사"의 지사 또는 사무소, "한국부동산원"의 지부 또는 사무소에 주택(상가건물)임대차분쟁조정위원회를 둔다. 특별시·광역시·특별자치시·도 및 특별자치도(이하 "시·도"라 한다)는 그 지방자치단체의 실정을 고려하여 조정위원회를 둘 수 있다(구성 : 위원장 포함 5명 이상 30명 이하로 구성). ② 분쟁조정위원회는 다음의 사항을 심의·조정한다. 　㉠ 차임 또는 보증금의 증감에 관한 분쟁 　㉡ 임대차 기간에 관한 분쟁 　㉢ 보증금 또는 임차주택의 반환에 관한 분쟁 　㉣ 임차주택의 유지·수선 의무에 관한 분쟁 　㉤ 그 밖에 대통령령으로 정하는 주택임대차에 관한 분쟁(상가는 권리금에 대한 분쟁도 포함)
		기타	① 편면적 강행규정(임차인에게 불리한 특약은 무효) ② "법무부장관"은 국토교통부장관과 협의하여 보증금, 차임액, 임대차기간, 수선비 분담 등의 내용이 기재된 "상가건물임대차표준계약서"를 정하여 그 사용을 권장할 수 있다.

19 다음은 「주택임대차보호법」과 관련된 설명이다. "틀린" 것은?

① 임대차가 종료한 경우에도 임차인이 보증금을 반환받을 때까지는 임대차 관계가 존속하는 것으로 본다.

② 사실상의 주된 용도가 주거용으로 사용하고 있으면 일부가 다른 용도로 사용되고 있어도, 「주택임대차보호법」이 적용된다.

③ 일시 사용을 위한 임대차임이 명백한 경우에는 이를 적용하지 아니한다.

④ 임대차 기간을 1년으로 정한 경우, 임대인은 유효를 주장할 수 없으나, 임차인은 그 기간의 유효함을 주장할 수 있다.

⑤ 2024년 10월 10일에 확정일자를 갖추고, 2024년 10월 10일 전입신고를 한 임차인의 경우 우선변제권 발생일은 2024년 10월 10일이다.

20 「주택임대차보호법」에 관한 설명으로 "틀린" 것은? (다툼이 있으면 판례에 따름)

① 다가구용 단독주택의 임차인으로서 대항요건을 갖춘 경우 위 주택이 다세대 주택으로 변경되었다면 종전의 대항력은 상실된다.

② 주민등록은 행정청이 수리한 경우에 비로소 그 효력이 발생하는 것이고, 정확한 전입신고를 하였으나 담당공무원이 착오로 수정을 요구하여, 잘못된 지번으로 수정하고 다시 제출하여 주민등록이 된 사안에서는 대항력이 인정되지 않는다.

③ 임차주택을 간접점유 하는 임차인이 주민등록을 마쳤다 하더라도, 임차주택의 직접점유자인 전차인이 주민등록을 마치지 않았다면, 임차인은 대항력을 주장할 수 없다.

④ 주택의 인도일과 임차인의 전입신고일과 저당권 등기일이 모두 같은 경우 저당권 등기가 우선한다.

⑤ 주택공사, 지방공사, 「중소기업법」에 따른 중소기업은 「주택임대차보호법」의 보호를 받을 수 있다.

21 다음은 「주택임대차보호법」상 주택임차인의 계약갱신요구권 등에 관한 내용이다. "틀린" 것은?

① 임차인은 계약갱신요구권을 1회에 한하여 행사할 수 있으며, 갱신되는 임대차의 존속기간은 2년으로 본다.

② 임차인은 임대차 기간만료 6개월 전부터 2개월 전 사이에 계약갱신을 요구할 수 있고, 임대인은 정당한 사유 없이 이를 거절할 수 없다.

③ 임차인의 적극적인 갱신요구에 의하여 계약이 갱신된 경우에는 임차인은 갱신기간 내에는 일방적으로 임대차를 해지할 수 없다.

④ 갱신되는 임대차는 전 임대차와 동일한 조건으로 다시 계약된 것으로 보며, 차임과 보증금은 증감할 수 있다.

⑤ 차임 등의 증액청구는 약정한 차임이나 보증금의 20분의 1의 금액을 초과하지 못하며, 그 범위 내에서 시·도 조례로 증액청구의 상한을 달리 정할 수 있다.

22 개업공인중개사가 중개의뢰인에게 「주택임대차보호법」을 설명한 내용으로 "틀린" 것은?

① 임차권등기명령의 집행에 따른 임차권등기가 끝난 주택을 그 이후에 임차한 임차인은 보증금 중 일정액을 다른 담보물권자보다 우선하여 변제받을 권리가 없다.

② 임차인이 임차주택에 대하여 보증금반환청구소송의 확정판결에 따라 경매를 신청하는 경우 반대의무의 이행이나 이행의 제공을 집행개시의 요건으로 한다.

③ 임대차계약을 체결하려는 자는 임대인의 동의를 받아 확정일자부여기관에 해당 주택의 확정일자부여일 정보의 제공을 요청할 수 있다.

④ 임차인이 상속인 없이 사망한 경우 그 주택에서 가정공동생활을 하던 사실상의 혼인 관계에 있는 자가 임차인의 권리와 의무를 승계한다.

⑤ 주택의 등기를 하지 아니한 전세계약에 관하여는 「주택임대차보호법」을 준용한다.

23 「주택임대차보호법」상 임차인의 계약갱신요구에 임대인이 거절할 수 있는 사유에 "해당"하는 것을 모두 고르면?

> ㉠ 건물이 노후·훼손 또는 일부 멸실되는 등 안전 사고의 우려가 있는 경우 또는 다른 법령에 따라 철거 또는 재건축이 이루어지는 경우로서 임대인의 점유를 회복할 필요가 있는 경우
> ㉡ 임대인이 보증금과 이사비용을 책정하여 이에 상당한 금액을 공탁한 경우
> ㉢ 임차인이 임차한 주택의 전부 또는 일부를 고의나 경미한 과실로 파손한 경우
> ㉣ 임대인의 형제·자매가 목적 주택에 실제 거주를 하려는 경우
> ㉤ 임차인이 2기의 차임액에 해당하는 금액에 이르도록 차임을 연체한 사실이 있는 경우

① ㉠, ㉣   ② ㉠, ㉤
③ ㉡, ㉢, ㉤   ④ ㉠, ㉣, ㉤
⑤ ㉡, ㉢, ㉣, ㉤

24 다음은 「주택임대차보호법」상의 "주택임대차위원회"와 "주택분쟁조정위원회"에 관한 내용이다. "틀린" 것은?

① 주택임대차위원회는 소액임차인의 최우선변제권의 범위와 기준을 심의하기 위하여 법무부에 둔다.
② 주택임대차위원회의 위원장은 법무부장관이 되며, 위원장 1명을 포함한 9명 이상 15명 이하의 위원으로 구성된다.
③ 주택임대차위원회의 회의는 재적위원 과반수의 출석으로 개의하고, 출석위원 과반수의 찬성으로 의결한다.
④ 주택임대차와 관련된 분쟁을 심의·조정하기 위하여 대통령령으로 정하는 바에 따라 「법률구조법」 제8조에 따른 대한법률구조공단의 지부, 「한국토지주택공사법」에 따른 한국토지주택공사의 지사 또는 사무소 및 「한국부동산원법(구 한국감정원법)」에 따른 한국부동산원의 지사 또는 사무소에 주택임대차분쟁조정위원회를 둔다.
⑤ 임대차 기간에 관한 분쟁이 발생한 경우, 甲은 주택임대차분쟁조정위원회에 조정을 신청할 수 있다.

25 다음은 개업공인중개사 甲이 상가건물 임대차보호법령의 적용을 받는 乙소유 건물의 임대차계약을 중개하면서, 임대인 乙과 임차인 丙에게 설명한 내용이다. "옳은" 것은 모두 몇 개인가?

> ㉠ 소액임차인의 최우선변제권은 주택가액(대지가액 포함)의 3분의 1에 해당하는 금액까지만 인정된다.
> ㉡ 임차인 丙이 2기의 차임액에 해당하는 금액에 이르도록 차임을 연체한 경우 丙은 乙에게 계약의 갱신을 요구하지 못한다.
> ㉢ 임대차계약서에 확정일자를 받지 않으면, 대항요건을 갖추었더라도 소액임차인에게는 최우선변제권이 인정되지 아니한다.
> ㉣ 乙과 丙이 1년 미만으로 임대차 기간을 정한 경우, 임차인 丙은 그 기간이 유효함을 주장할 수 있다.

① 1개   ② 2개   ③ 3개
④ 4개   ⑤ 0개

26 다음의 상가건물에 대하여 「상가건물 임대차보호법」이 적용되지 아니한 것은?

> • 서울특별시 종로구에 소재하는 상가건물에 대한 임대차계약이 체결되었다.
> • 보증금 5억원에 월차임 500만원으로 체결이 되었다.
> • 존속기간은 1년으로 약정하였다.

① 대항력
② 권리금 행사의 보장
③ 계약갱신요구권
④ 3기 이상 차임연체시 계약해지 규정
⑤ 등기명령신청제도

27 다음은 「상가건물 임대차보호법」의 내용이다. "틀린" 것은?

① 일정한 환산보증금을 초과하는 상가건물에 대한 임대차의 경우에도 존속기간의 정함이 있는 경우 계약갱신요구권은 인정된다.

② 관할 세무서장은 해당 상가건물의 소재지, 확정일자부여일, 차임 및 보증금 등을 기재한 확정일자부를 작성하여야 하고, 이해관계가 있는 자의 제공 요청이 있는 경우, 정당한 사유 없이 이를 거부할 수 없다.

③ 임대인은 임대차기간이 끝나기 6개월 전부터 임대차 종료시까지 임차인이 주선한 신규임차인이 되려는 자로부터 임차인이 권리금을 지급받는 것을 방해하여서는 아니 된다.

④ 국토교통부장관은 법무부장관과 협의하여 임차인과 신규임차인이 되려는 자가 권리금 계약을 체결하기 위한 표준권리금계약서를 정하여 그 사용을 권장할 수 있다.

⑤ 국토교통부장관은 법무부장관과 협의하여 보증금, 차임액, 임대차기간, 수선비 분담 등의 내용이 기재된 상가건물임대차 표준계약서를 정하여 그 사용을 권장할 수 있다.

28 다음은 「상가건물 임대차보호법」상의 권리금 보호 등에 관한 내용이다. "틀린" 것은?

① 임대인은 임차인이 주선한 신규임차인이 되려는 자에게 현저히 고액의 차임과 보증금을 요구하거나, 정당한 사유 없이 임대차계약체결을 거절하는 행위를 하여서는 아니 된다.

② 임차인이 주선한 신규임차인이 되려는 자가 보증금 또는 차임을 지급할 자력이 없는 경우에는 임대인은 임대차 계약 체결을 거절할 수 있다.

③ 임대인이 변경된 경우, 이전 임대인이 1년을 영리목적으로 사용하지 아니하고, 현재의 임대인이 6개월을 영리목적으로 사용하지 아니한 경우, 임차인이 주선한 신규임차인과의 임대차계약 체결을 거절할 수 없다.

④ 임대인은 임차인이 주선한 신규임차인이 되려는 자에게 권리금을 요구하거나, 권리금을 수수하는 행위를 하여서는 아니 된다.

⑤ 임대인이 임차인의 권리금 행사를 방해하여 임차인에게 손해를 발생하게 한 때에, 그 손해배상액은 신규임차인이 임차인에게 지급하기로 한 권리금과 임대차 종료 당시의 권리금 중 낮은 금액을 넘지 못한다.

[테마 39] 법원경매절차와 권리분석

구분	내용
경매 종류	① 강제경매 : "채권"에 기한 집행권원(채무명의)을 확보하여 경매신청(판결문에 기한 경매 등) ② 임의경매 : (담보)"물권"에 기초하여 경매신청[담보권(저당권) 실행을 위한 경매] ③ 신(新)경매 : 유찰시(최저가 저감), 불허가결정시 다시 하는 경매 ④ 재(再)경매 : 매각대금 미납시에 다시 하는 경매 　❶ 재매각절차에는 종전에 정한 최저매각가격, 그 밖의 매각조건을 적용한다.
1. 경매 개시 결정	① 법원은 경매신청서류를 심리하여 타당하다고 인정되면 경매를 개시한다는 결정을 내린다. 또한 그 뜻을 채무자에게 "송달"하고, "경매개시결정의 등기"를 촉탁한다. 　㉠ 송달이나 등기 중, 둘 중 "먼저" 된 시점에서 "압류"의 효력이 발생한다. 　㉡ 압류효력이 발생된 "이후"에 성립된 "유치권"은 낙찰자에게 대항할 수 없다. 　㉢ 압류효력이 발생된 "이후"의 "소액임차인"은 선순위 권리자에 대하여 최우선변제권을 행사할 수 없다. 　㉣ 압류의 효력이 발생된 이후라도, 경매가 "취하"되는 경우에는 압류의 효력이 "소멸"한다(매수신고가 있은 뒤 경매신청을 취하하는 경우에는 최고가매수신고인 또는 매수인과 차순위매수신고인의 동의를 받아야 한다). ② "미등기" 건물(소유권보존등기가 없는 신축건물)도 경매신청이 가능하다. ③ 경매신청자가 배당받을 가망이 없으면 법원은 경매진행을 하지 아니한다.
2. 배당 요구	① 채권자들의 배당요구 : 배당요구종기는 "첫 매각기일 이전의 날"로 법원에서 결정한다. ② 배당요구종기가 지난 후 매수인의 부담이 달라지는 경우, 배당요구를 한 채권자는 배당요구를 철회할 수 없다.
	③ "당연" 배당자 〈등.신〉 : 경매개시결정등기 전에 "등기"된 자(전세권자, 저당권자, 등기된 임차권자 등), 또는 경매를 "신청한 자"는 별도의 배당요구가 없어도 당연히 배당을 받는다. ④ "미등기" 임차인 : 배당요구하지 않으면 배당받을 수 없다. 후 순위자에게 부당이득반환을 청구할 수도 없다. 배당이의를 제기할 수도 없다(낙동강오리알).
3. 준비	현황조사, 감정평가, "최저가(최저매각가격) 결정"(법원이 결정), "물건명세서"를 작성하여 비치한다.
4. 매각 기일	① 매각방법 : 부동산의 매각은 호가경매와 기일입찰(1기일 2입찰제 포함), 기간입찰의 3가지 방법 중 "집행법원"이 정한 매각방법에 따른다. ② 매수신청 보증금 : 입찰하려는 자는 "입찰표"를 작성하여 제출하며, 또한 "최저매각가격"의 10%(수표, 보증증서 등)를 "입찰보증금"으로 제공하여야 한다. ③ 유찰시 : 최저매각가를 상당히 "저감"(통상 20% ~ 30%)하여 다시 신경매(신매각)를 한다. ④ 최고가 매수신고인의 결정 　㉠ 최고가매수신고를 한 사람이 2 이상인 경우, 그들만의 입찰(추가입찰)을 하여 결정한다. 　㉡ 입찰자는 종전의 입찰가격에 못 미치는 가격으로 입찰할 수 없다. 　㉢ 추가입찰에서도 다시 두 사람 이상이 최고가격으로 입찰한 때에는 추첨으로 최고가매수신고인을 정한다. ⑤ 차순위 매수신고인의 결정 　㉠ 차순위매수신고(최고가 매수신고인이 대금지급기한까지 의무를 이행하지 아니하면 자신에게 매각을 허가해 달라는 신고)는 "최고가 입찰액"에서 "보증금"을 공제"(뺀)"한 금액보다 높은 가격으로 응찰한 자에게 자격이 있다. 〈최보뺀 가격초과〉 　㉡ 차순위 매수신고를 한 사람이 둘 이상인 때에는 신고한 매수가격이 높은 사람을 차순위매수신고인으로 정한다. 신고한 매수가격이 같은 때에는 추첨으로 차순위 매수신고인을 정한다.

<table>
<tr><td rowspan="2">경매참가</td><td>가능</td><td>① 채권자
② 담보권자
③ 채무자의 가족
④ 임의경매의 물상보증인</td></tr>
<tr><td>불가</td><td>① 제한능력자(미성년자, 피한정후견인, 피성년후견인)
② 채무자
③ 재경매시 종전 경락자
④ 집행관 및 그 친족, 입찰부동산을 평가한 감정인 및 친족
⑤ 경매법원을 구성하는 법관 및 법원의 직원
⑥ 경매관련 유죄판결 받고 그 판결확정일로부터 "2년"이 경과되지 아니한 자
* 입찰 참여할 수 없는 자가 매수 신고를 한 경우는 매각불허가결정이 된다.</td></tr>
<tr><td>5.
매각
결정
기일</td><td colspan="2">① 매각결정기일 : 매각에 대한 허가 · 불허가 결정은 매각기일로부터 "1주 이내"에 한다.
② 불허가결정시 : 신(新)경매를 다시 한다. 최저가격의 저감은 없다. 불허가결정을 받은 자의 입찰보증금(10%)은 몰취된다.
  ㉠ 입찰 참여가 안 되는 자가 낙찰(최고가매수신고)을 받으면 불허가결정을 한다.
  ㉡ 농지에 대하여 농지취득자격증명원을 제출하지 못하면 불허가결정을 한다.
  ㉢ 농지취득자격증명은 "매각기일"이 아니라, "매각결정기일"까지 제출하여야 한다.
③ 매각허부에 대하여 이해관계인은 "1주 이내"에 즉시항고 할 수 있다.
④ 매각허가결정에 대한 항고 : "매각대금"(최고가)의 10%를 현금 또는 (법원에서 인정하는) 유가증권으로 공탁해야 한다(채무자 및 소유자가 한 항고가 기각된 때에는 항고인은 보증으로 제공한 금전이나 유가증권을 돌려 줄 것을 요구하지 못한다).</td></tr>
<tr><td>6.
대금
납부</td><td colspan="2">① 매각허가결정이 확정되면 법원은 대금지급 기한(1개월 이내)을 정하여 이를 매수인에게 통지한다. 매수인은 "대금지급 기한"까지 납부하여야 한다. 매수인은 "매각대금을 다 낸 때"에 매각의 목적인 권리를 취득한다.
② 잔대금 미납시 : ㉠ 재매각을 한다(가격 저감 ×). ㉡ 차순위 매수신고인이 있는 경우에는 차순위 매수신고인에게 매각을 허가한다.</td></tr>
</table>

③ 재매각기일 "3일 전"까지 대금 및 연체이자 납부시 재매각은 취소한다.

<table>
<tr><td>7. 등기</td><td>① 소유권 이전등기와 관계없이 "대금완납"으로 낙찰자는 소유권은 취득한다.
② 등기비용은 매수인(낙찰자)이 부담한다.</td></tr>
</table>

구분	경매 권리분석	
권리 분석	원칙	예외
선순위 인수	① 말소기준권리보다 "선순위"의 지상권, 지역권, 전세권, 대항력을 갖춘 임차권 등은 인수된다.	② 말소기준권리보다 더 선순위의 "전세권"이 "배당요구"를 한 경우에는 "소제"된다. ③ 말소기준권리보다 더 선순위의 "대항력"을 갖춘 임차권이 우선변제권을 행사하여 법원에 배당요구를 하였으나, 일부 배당을 받지 못한 잔액에 대하여는 낙찰자에게 대항할 수도 있다. ④ 후순위 임차인(또는 후순위 전세권자)이 선순위 저당권(저당채권)을 "대위 변제"하면 인수되는 경우도 있다.
말소 기준 권리	① 저당, 근저당, 압류, 가압류, 담보가등기, 경매개시결정등기는 "말소기준권리"이며, 말소기준권리는 항상 소제된다.	② 말소기준권리가 여러 개가 있으면 그 중에서 "최선순위" 권리가가 "최종"말소기준권리가 된다.
후순위 소제	① 말소기준권리보다 "후순위"의 지상권, 지역권, 전세권, 대항요건을 갖춘 임차권 등은 소제된다.	② (경매신청등기 이전) 유치권, 법정지상권, 분묘기지권은 순위에 관계없이 인수된다.

29 개업공인중개사가 부동산의 경매에 관하여 설명한 내용으로 "틀린" 것은?

① 부동산의 매각은 호가경매, 기일입찰 또는 기간입찰의 3가지 방법 중 집행법원이 정한 매각방법에 따르며, 1기일 2입찰제도 가능하다.

② 부동산에 대한 압류의 효력은 채무자에게 경매개시결정이 송달된 때 또는 그 결정이 등기된 때에 발생된다.

③ 배당요구에 따라 매수인이 인수해야 할 부담이 바뀌는 경우 배당요구를 한 채권자는 배당요구의 종기가 지난 뒤에 이를 철회하지 못한다.

④ 기일입찰에 매수신청의 보증금액은 매수가격의 10분의 1로 한다.

⑤ 매각허가결정에 대하여 항고를 하고자 하는 사람은 항고보증금으로 매각대금의 10분의 1에 해당하는 금전 또는 법원이 인정한 유가증권을 공탁해야 한다.

30 아래와 같이 A, B, C, D 순서로 권리가 설정되어 있는 서울특별시에 소재한 주택이 「민사집행법」에 의한 법원경매로 "2억원"에 매각되었다. 다음 중 "옳은" 것은?

순위	권리	채권액	비고
1	A: 저당권	1억원	2024년 10월 10일
2	B: (미등기) 임차권	1억원	• 대항요건은 갖춤. • 확정일자는 없음.
3	C: 가압류	1억원	
4	D: 저당권	1억원	
5	E: 유치권	1천만원	공사대금채권

① B가 배당을 요구하지 않았다면, 매수인이 B의 임차권을 인수하여야 한다.

② B(미등기 임차권자)는 배당요구를 하지 않아도, 소액보증금에 해당하므로, 최우선변제를 받게 된다.

③ E의 유치권은 말소기준권리보다 후순위이므로, 경매시 소멸된다.

④ D는 물권이므로, C에 우선하여 변제를 받을 수 있다.

⑤ C와 D는 동일한 금액을 배당받지만, 일부만 배당받고 매각으로 소멸한다.

31 개업공인중개사가 「민사집행법」에 따른 경매에 대해 의뢰인에게 설명한 내용으로 "옳은"것은?

① 후순위 저당권이 경매신청을 한 경우, 선순위 저당권은 매각으로 소멸되지 아니한다.

② 저당권보다 선순위의 담보가등기는 매각으로 소멸되지 아니한다.

③ 매각부동산 위의 전세권은 저당권에 대항할 수 있는 경우라도 전세권자가 배당요구를 하면 매각으로 소멸된다.

④ 등기부에 경매를 신청한 후순위 근저당에 앞서 대항요건을 갖춘 임차인이 있으나, 선순위 저당권을 대위변제한 경우라도 임차권은 소멸된다.

⑤ 매수인은 매각부동산 위의 유치권자에게 그 유치권으로 담보하는 채권을 변제할 책임이 없다.

32 「민사집행법」상 법원경매물건이 매각이 되어 매각대금으로 배당을 하는 경우, 배당순서로 옳게 연결한 것은? (주어진 조건 이외의 다른 조건은 고려하지 아니함)

> ㉠ 경매비용
> ㉡ 소액보증금 중 일정액에 대한 우선변제
> ㉢ 저당권 등의 물권
> ㉣ 저당권보다 후 순위의 확정일자 임차권
> ㉤ 일반채권

① ㉠ ⇨ ㉡ ⇨ ㉢ ⇨ ㉣ ⇨ ㉤

② ㉠ ⇨ ㉡ ⇨ ㉢ ⇨ ㉣ ⇨ ㉤

③ ㉠ ⇨ ㉤ ⇨ ㉡ ⇨ ㉢ ⇨ ㉣

④ ㉣ ⇨ ㉠ ⇨ ㉢ ⇨ ㉤ ⇨ ㉡

⑤ ㉡ ⇨ ㉢ ⇨ ㉣ ⇨ ㉤ ⇨ ㉠

33 개업공인중개사가 중개의뢰인에게 「민사집행법」에 따른 부동산경매에 관하여 설명한 내용으로 "틀린" 것을 모두 고르면?

> ㉠ 입찰시 입찰보증금은 물건의 감정평가액의 10분의 1을 제공하여야 한다.
> ㉡ 압류의 효력이 발생된 이후에 점유를 개시한 유치권은 매수인에게 대항할 수 있다.
> ㉢ 차순위매수신고는 그 신고액이 최고가매수신고액에서 그 입찰보증액을 뺀 금액을 넘는 때에만 할 수 있다.
> ㉣ 매수인은 매각대금을 다 낸 후 소유권이전등기를 한 때 비로소 매각의 목적인 권리를 취득한다.
> ㉤ 매각부동산의 후순위 저당권자가 경매신청을 하여 매각되면 선순위 저당권도 매각으로 소멸된다.

① 1개 ② 2개 ③ 3개
④ 4개 ⑤ 5개

34 다음은 「민사집행법」상의 법원경매에 대한 내용이다. "옳은" 것은?

> • 경기도 화성시 동탄동 소재 ○○아파트에 대하여 경매개시결정등기가 되었다.
> • 법원에서 공고한 물건의 최저매각가는 10억원이었고, 감정가도 10억원이었다.
> • 최고가매수인의 매수신청가격은 11억원이었다.

① 최고가 매수신고인이 매수신청시 제공한 입찰보증금은 1억 1천만원이다.
② 매각불허가결정에 대하여 항고를 할 때의 공탁금을 1억원을 납부하여야 한다.
③ 차순위매수신고인이 동일한 금액의 2명인 경우에는 그들만의 추가입찰을 하여 최종적으로 차순위매수신고인을 정한다.
④ 경매개시결정등기가 된 이후에 전입신고를 한 임차인도 최우선변제권을 행사할 수 있다.
⑤ 매수신청대리인으로 등록을 한 개업공인중개사가 매수신청을 대리하여 최고가매수신고인으로 확정이 된 경우, 보수를 1,500만원까지 받을 수 있다.

정답 29. ④ 30. ⑤ 31. ③ 32. ① 33. ③ (㉠, ㉡, ㉣) 34. ⑤

[테마 40] 매수신청대리(대법원규칙)

구분	내용
등록기관	"개업공인중개사(부칙상 개업공인중개사는 제외)"는 중개사무소(중개법인의 경우 주된 중개사무소)가 있는 곳을 관할하는 "(지방법원장)"에게 등록해야 한다.
매수신청 대리업의 등록요건	① (경매)"실무교육"을 수료할 것("법원행정처장")이 지정하는 교육기관에서 등록신청일 전 "1년" 이내 수료) ② "업무보증"을 설정할 것(보증보험, 공제, 공탁): 업무보증금은 공인중개사인 개업공인중개사는 (2억)원 이상, 중개법인은 (4억)원 이상(분사무소는 2억원 이상 추가설정) ❶ 손해배상책임을 보장하기 위한 업무보증은 경매매수신청 대리인등록의 요건이다. ❶ 비교: 중개업의 업무보증은 중개업 등록의 요건은 아니다. ③ 공인중개사인 개업공인중개사이거나 법인인 개업공인중개사(중개법인)일 것(부칙상 개업공인중개사는 제외된다) ④ 경매대리업의 결격사유가 없어야 한다.
매수신청 대리업의 결격사유	① 매수신청대리인 등록이 취소된 후 "(3)년"이 지나지 아니한 자[단, 중개업 폐업으로 대리업 등록이 취소된 경우는 (제외)한다] ② 업무정지기간이 경과되지 아니한 자 ③ 중개법인의 업무정지사유가 발생한 당시의 사원 또는 임원이었던 자(중개법인의 업무정지 기간 동안 결격) ④ 결격사유에 해당하는 자가 사원 또는 임원으로 있는 중개법인 ⑤ 민사집행절차에서의 매각에 관하여 유죄판결을 받고, 그 판결 확정일부터 "(2)년"이 지나지 아니한 자
등록처리	등록처리기간: 14일 이내
경매 대리의 업무범위 (7가지)	〈뽀뽀, 차차, 우선, 우선, 입찰〉 ① 〈보〉「민사집행법」의 규정에 따른 매수신청 "보증"의 제공 ② 〈보〉 매수신청의 "보증"을 돌려 줄 것을 신청하는 행위 ③ 〈차〉 "차순위"매수신고

	④ 〈차〉 "차순위"매수신고인의 지위를 "포기"하는 행위 ⑤ 〈우선〉 공유자의 "우선"매수신고 ⑥ 〈우선〉 「임대주택법」상의 임차인의 임대주택 "우선"매수신고 ⑦ 〈입찰〉 "입찰표"의 작성 및 제출 ⓘ 비교: 허가・불허가결정의 항고 ×, 인도명령의 신청 ×, 명도소송의 대리 ×, 채권자의 강제경매신청 취하에 대한 동의 ×	확인・ 설명 및 확인・ 설명서 작성의무	① 의뢰인에게 성실・정확하게 "설명하고", 설명의 "근거자료"를 제시하여야 한다. ② 설명사항: ⓘ 〈기.권.공법.경제.부인〉 대상물의 표시(기본적인 사항), 권리관계, 법령상의 제한사항(공법상 제한), 대상물의 "경제적 가치", 소유권을 취득함에 따라 부담・인수하여야 할 권리 등의 사항을 설명하여야 한다. ③ "확인・설명서": 위임계약 체결시 "확인・설명서"를 작성・교부하여야 한다. 또한 사건카드에 철을 하여, "(5)년" 간 보관하여야 한다.
대리업무 수행	① 〈위.대〉 대리행위를 함에 있어서 대리권증명서면(위임인의 인감증명서가 첨부된 "위임장" + "대리업 등록증 사본")을 제출하여야 한다. ② 매각장소(집행법원)에 개업공인중개사는 "직접 출석"하여야 한다. 법인인 개업공인중개사(중개법인)은 "대표자"가 "직접출석"하여야 한다[그러므로, 실무교육은 법인의 대표자만 수료하면 된다. 모든 임원(사원)이 받을 필요는 없다].	매수신청 대리업의 "금지 행위"	① 이중으로 매수신청대리인 등록신청을 하는 행위(즉, 이중등록) ② 매수신청대리인이 된 사건에 있어서 매수신청인으로서 매수신청을 하는 행위(즉, 자기입찰) ③ 동일 부동산에 대하여 이해관계가 다른 2인 이상의 대리인이 되는 행위 ⓘ 판례: 이중으로 입찰을 대리한 행위는 모두 무효 ④ 명의대여를 하거나, 등록증 양도・대여 행위, 다른 개업공인중개사의 명의를 사용하는 행위 ⑤ 「형법」상의 경매・입찰방해죄에 해당하는 행위 ⑥ 사건카드 또는 확인・설명서에 허위기재를 하거나 필수적 기재사항을 누락하는 행위 ⑦ 기타 다른 법령에 따라 금지되는 행위
게시의무	① 등록증, 보증증서, 보수율표를 게시하여야 한다. ② 위반시: 상대적 "업무정지" ⓘ 비교: 중개업의 등록증 게시위반 등은 100만원 이하의 과태료)		
신고의무	① 사유발생일로부터 (10)일 이내에 "지방법원장"에게 신고하여야 한다. ② 〈신고사항〉 중개사무소를 이전한 경우, 분사무소를 설치한 경우, 중개업을 휴업 또는 폐업한 경우, 공인중개사 자격이 취소된 경우, 공인중개사 자격이 정지된 경우, 중개사무소 개설등록이 취소된 경우, 중개업무가 정지된 경우 ③ 위반시: 상대적 "업무정지"	명칭표시 주의	매수신청 대리인 등록을 한 개업공인중개사는 그 사무소의 명칭이나 간판에 고유한 "지명", "법원의 명칭"이나 "휘장" 등을 표시하여서는 아니 된다(단, 법원행정처장이 인정하는 특별한 경우는 제외).
사건카드 작성	① 위임을 받으면 "사건카드"를 작성하고 서명・날인(중개업에서 등록한 인장을 사용)한 후, "(5)년"간 이를 보관하여야 한다. ⓘ 주의: 교부 × ② "사건카드"에는 경매사건번호, 카드의 일련번호, 위임받은 연월일, 보수액, 위임인의 주소・성명 등을 기재하여야 한다.	등록취소	① "절대적" 등록취소: 지방법원장이 등록을 취소 "하여야" 한다(사유: 중개사무소 개설등록의 결격사유, 중개사무소의 폐업신고를 한 경우, 중개사무소 개설등록이 취소된 경우, 공인중개사 자격이 취소된 경우, 등록 당시 대리인의 등록요건을 갖추지 않았던 경우, 등록 당시 대리인의 결격사유가 있었던 경우).

	② "상대적" 등록취소: 지방법원장이 등록을 취소"할 수" 있다(사유: 대리인 등록 후 등록요건을 갖추지 못하게 된 경우, 등록 후 그 결격사유가 있게 된 경우, 확인·설명서나 사건카드를 작성·교부·보존하지 아니한 경우, 경매보수를 법정한도를 초과하거나 영수증을 교부하지 아니한 경우, 대리인의 금지행위의 규정을 위반한 경우, 비밀준수의무를 위반한 경우, 지도·감독상 명령이나 조사·검사를 거부·방해·거짓 보고 등을 한 경우, 최근 1년 이내 2회 이상 업무정지처분을 받고, 다시 업무정지 처분에 해당하는 행위를 한 경우).	경매보수	① 상담 및 권리분석 보수: 50만원의 범위 안에서 당사자의 합의에 의하여 결정한다.
			② 매각허가결정이 확정되어 매수인으로 된 경우: "감정가의 1%" 이하 또는 "최저매각가격의 1.5%" 이하의 범위 안에서 당사자의 "합의"에 의하여 결정한다.
			③ 실비: 30만원의 범위 안에서 당사자의 합의에 의하여 결정한다.
			④ 사전 설명의무: 개업공인중개사는 매수신청대리 등의 보수 요율과 보수에 대하여 이를 위임인에게 "위임계약 전"에 설명하여야 한다.
	③ 매수신청대리인의 등록취소처분을 받은 개업공인중개사는 처분을 받은 날로부터 "7일" 이내에 관할 지방법원장에게 등록증을 "반납"하여야 한다.		⑤ 영수증 작성·교부의무: 개업공인중개사는 매수신청대리 등의 보수를 받은 경우 예규에서 정한 서식에 의한 영수증을 작성하여 서명·날인한 후 위임인에게 교부하여야 한다(보관규정은 없음에 유의). 영수증의 서명·날인에는 「공인중개사법」에 의하여 등록관청에 등록한 인장을 사용하여야 한다.
업무정지	① "절대적" 업무정지: 지방법원장은 매수신청대리업무를 정지하는 처분을 "하여야" 한다(사유: 중개업 "휴업"하였을 경우, 공인중개사 자격을 "정지"당한 경우, 중개업의 업무"정지"를 당한 경우, 대리업의 상대적 등록취소사유 중 (지도·감독상의 명령이나 조사 검사를 거부·방해·거짓 보고 등을 한 경우는 "제외") 어느 하나에 해당하는 경우).		❶ 대리업의 별도의 인장등록은 없다.
			⑥ 경매보수 지급시기: ㉠ 약정이 있으면, 약정시기에 받는 것이며, ㉡ 약정시기가 없는 경우에는 "매각대금의 지급기한일"로 한다.
	② 상대적 업무정지: 지방법원장은 매수신청대리업무의 정지를 명"할 수" 있다[사유: 등록증 등의 게시의무위반, 사건카드·확인·설명서에 등록한 인장을 사용하지 아니한 경우, 사무소 이전 등의 신고를 하지 아니한 경우, 지도·감독상의 명령이나 조사 검사를 거부·방해·거짓 보고 등을 한 경우, (법원행정처장의 인정 없이) 사무소 명칭이나 간판에 법원의 명칭이나 휘장 등을 표시하였을 경우 등].		
	③ 업무정지기간은 (1)개월 이상 ~ (2)년 이하로 한다.		
표시제거	① 등록취소: 대리업무에 관한 표시를 "제거"하여야 한다.		
	② 업무정지: 업무정지 사실을 해당 중개사무소의 출입문에 "표시"하여야 한다.		

35 개업공인중개사의 매수신청대리인 등록에 관한 대법원규칙의 내용이다. "틀린" 것은?

① 매수신청대리인이 되고자 하는 개업공인중개사는 중개사무소 관할 지방법원장에게 매수신청대리인 등록을 하여야 한다.

② 매수신청대리인 등록신청일 전 1년 이내에 지방법원장이 지정하는 교육기관에서 부동산 경매에 관한 실무교육을 이수하여야 한다.

③ 개업공인중개사는 매수신청대리업 등록을 하기 전에 업무보증을 설정하여야 한다.

④ 개업공인중개사가 동일 부동산에 대하여 이해관계가 다른 2인 이상의 대리인이 되는 행위를 한 경우, 모두 무효가 된다.

⑤ 중개사무소 개설등록의 결격사유와 매수신청대리인 등록의 결격사유는 서로 다르다.

36 다음은 매수신청대리인 등록에 관한 규칙·예규에 관한 설명이다. "틀린" 것은?

① 지방법원장은 매수신청 대리업무에 관하여 협회 지부와 개업공인중개사를 감독한다.

② 개업공인중개사가 매수신청대리를 위임받은 경우 매수신청대리 대상물의 권리관계, 경제적 가치 등에 대하여 위임인에게 성실·정확하게 설명하고 등기부등본 등 설명의 근거자료를 제시하여야 한다.

③ 최고가매수인으로 확정이 되면, 감정가의 1.5% 또는 최저가의 1% 범위 이내에서 경매보수를 받을 수 있다.

④ 법인인 개업공인중개사가 분사무소를 설치한 경우 그 사유가 발생한 날로부터 10일 이내에 지방법원장에게 그 사실을 신고하여야 한다.

⑤ 개업공인중개사가 대리행위를 함에 있어서는 매각장소 또는 집행법원에 직접 출석하여야 한다.

37 다음은 매수신청대리와 관련된 대법원규칙 등에 관한 내용이다. "틀린" 것은?

① 경매대리보수의 지급시기는 약정이 있으면, 약정에 따르고, 약정이 없는 경우에는 매각대금지급기한일로 한다.

② 경매보수를 받은 경우에는 영수증을 작성하여 교부하여야 한다.

③ 위임을 받은 경우에는 사건카드를 작성하여 5년 간 보관하여야 하고, 위임계약을 체결한 경우에는 확인·설명서를 작성하여 사건카드에 철을 하여 5년간 보관하여야 한다.

④ 사건카드나 확인·설명서를 허위로 기재한 경우에는 매수신청대리업 등록이 취소될 수 있다.

⑤ 매수신청대리인 등록을 한 개업공인중개사의 공인중개사 자격이 취소된 경우 관할 지방법원장은 그의 매수신청대리업에 대한 업무정지처분을 하여야 한다.

38 다음은 법원에 매수신청대리인으로 등록된 매수신청대리인의 업무범위이다. 해당되지 "않는" 것은 모두 몇 개인가?

㉠ 공유자의 공유지분에 대한 우선매수신고
㉡ 입찰표의 작성 및 제출
㉢ 차순위매수신고 및 차순위지위의 포기
㉣ 공유자의 우선매수신고
㉤ 매각허가결정에 대한 즉시항고
㉥ 경매취하에 대한 동의
㉦ 「임대주택법」상 임차인의 우선매수신고

---

① 1개   ② 2개   ③ 3개
④ 4개   ⑤ 5개

39 법원은 X부동산에 대하여 담보권 실행을 위한 경매절차를 개시하는 결정을 내렸고, 최저매각가격을 10억원으로 정하였다. 중개의뢰인 甲에게 개업공인중개사가 설명한 내용으로 "옳은" 것은?

① 甲이 13억원에 매수신청을 하려는 경우, 법원에서 달리 정함이 없으면 1억 3천만원을 입찰보증금액으로 제공하여야 한다.

② 최고가매수신고를 한 사람이 둘 이상인 때에는 입찰이 무효가 되어, 법원은 재매각하여야 한다.

③ 최고가매수신고인에게 불허가결정이 된 경우, 불허가결정에 항고하기 위해서는 매각대금의 10%를 항고공탁금으로 공탁하여야 한다.

④ 매수신청대리인으로 등록을 한 개업공인중개사는 소속공인중개사로 하여금 입찰대리를 하게 할 수 있다.

⑤ 매수신청대리인으로 등록을 하려는 법인인 개업공인중개사는 4억원 이상의 업무보증을 중개업의 업무보증과 별도로 설정하여야 한다.

정답 35. ②   36. ③   37. ⑤   38. ② (ⓓ, ⓗ)   39. ⑤

MEMO

부록

복습문제

본문의 문제를 하나로 모아
다시 한 번 복습할 수 있도록 하였습니다.

제1편 공인중개사법령

[테마 1] 목적과 용어

01 다음은 「공인중개사법」과 「부동산거래신고법」에 관한 내용이다. "옳게" 나열한 것은?

> 1. 「공인중개사법」은, 공인중개사의 업무 등에 관한 사항을 정하여, 그 (㉠)을 제고하고, 부동산 (㉡)을 건전하게 육성하여, (㉢)에 이바지함을 목적으로 한다.
> 2. 「부동산거래신고법」은, 부동산 거래 등의 신고 및 허가에 관한 사항을 정하여, 건전하고 투명한 부동산 (㉣)를 확립하고 국민경제에 이바지함을 목적으로 한다.

① ㉠ 전문성, ㉡ 중개업, ㉢ 국민경제, ㉣ 거래질서
② ㉠ 전문성, ㉡ 중개업, ㉢ 재산권보호, ㉣ 거래질서
③ ㉠ 전문성, ㉡ 중개, ㉢ 국민경제, ㉣ 거래질서
④ ㉠ 공정성, ㉡ 중개업, ㉢ 국민경제, ㉣ 중개질서
⑤ ㉠ 공정성, ㉡ 중개업, ㉢ 재산권보호, ㉣ 중개질서

02 「공인중개사법」에서 사용하고 있는 용어의 정의에 관한 내용으로 "옳은" 것은?

① "중개업"이라 함은 다른 사람의 의뢰에 의하여 일정한 보수를 받고 중개를 업으로 행하는 것을 말한다.
② "중개"라 함은 이 법 규정에 의한 중개대상물에 대하여 거래당사자 간의 매매·교환·임대차 그 밖의 권리에 대한 득실변경에 관한 행위를 일정한 보수를 받고 알선하는 것을 말한다.
③ "개업공인중개사"라 함은 이 법에 의하여 중개사무소 개설등록을 한 공인중개사를 말한다.
④ "중개보조원"이라 함은 공인중개사가 아닌 자로서 개업공인중개사에 소속이 되어, 개업공인중개사의 거래계약서 작성 등의 중개업무를 보조하는 자를 말한다.
⑤ "소속공인중개사"라 함은 개업공인중개사에 소속된 공인중개사(개업공인중개사인 법인의 사원 또는 임원으로서 공인중개사인 자를 제외한다)로서 개업공인중개사의 중개업무와 관련된 단순한 업무를 보조하는 자를 말한다.

03 다음은 이 법상의 "중개"와 "중개업"에 대한 내용이다. "틀린" 것은?

① 경매 대상 부동산에 대한 권리분석 및 취득의 알선을 위한 행위는 「공인중개사법」 제30조(손해배상책임) 제1항의 "중개행위"에 해당한다.
② 보수를 받지 않았더라도 계속적으로 토지의 매매를 알선한 것은 중개업에 해당한다.
③ 중개행위는 거래당사자 간의 매매 등 법률행위가 용이하게 성립할 수 있도록 조력하고 주선하는 사실행위이다.
④ 개업공인중개사가 상업용 건축물 및 주택의 분양 대행을 업으로 한 것은 중개업으로 볼 수는 없다.
⑤ 유·무형의 재산적 가치의 양도에 대하여 이른바 "권리금" 등을 수수하도록 알선한 것은 중개행위에 해당하지 않는다.

04 다음은 "중개"와 "중개업"에 대한 내용이다. "틀린" 것은? (다툼이 있으면 판례에 따름)

① 개업공인중개사의 행위가 손해배상책임을 발생시킬 수 있는 "중개행위"에 해당하는지는 객관적으로 보아 사회통념상 거래의 알선·중개를 위한 행위라고 인정되는지에 따라 판단해야 한다.
② 중개사무소 개설등록을 하지 않은 자가, 다른 사람의 의뢰에 의하여 일정한 보수를 받고 중개를 업으로 한 것은 중개업으로 볼 수 없다.
③ 금전소비대차의 알선에 부수하여 이루어진 저당권설정계약이라도 중개대상에 해당된다.
④ 무등록인 자가 단지 중개보수를 받을 것을 약속하거나 거래당사자들에게 중개보수를 요구하는 데 그친 경우에는 "중개업"에 해당하지 않는다.
⑤ 무등록인 자가 우연히 1회 중개를 한 경우에는 처벌의 대상이 아니다.

[테마 2] 중개대상물

05 공인중개사법령상 중개대상물 등에 대한 설명이다. "틀린" 것은? (다툼이 있으면 판례에 따름)

① 주택이 철거될 경우 일정한 요건하에서 택지개발지구 내 이주자택지를 공급받을 수 있는 지위인 대토권은 중개대상물에 해당되지 않는다.

② 중개대상물로서의 건물은 「민법」 제99조상의 부동산으로서의 건물에 한정된다.

③ 콘크리트 지반 위에 볼트조립방식으로 철골기둥과 지붕을 설치하고, 삼면에 천막을 설치한 세차장구조물은 건축물로서 중개대상물에 해당한다.

④ 특정 동·호수에 대하여 수분양자가 선정된 장차 건축될 아파트는 중개대상물에 해당한다.

⑤ 아파트 분양예정자로 선정될 수 있는 지위를 가리키는 아파트 입주권은 중개대상물에 해당하지 않는다.

06 다음 중 개업공인중개사가 「공인중개사법」상의 중개대상에 "해당"하는 것은 모두 몇 개인가?

> ㉠ 미채굴의 광물
> ㉡ 1필지 토지 일부에 대한 저당권의 설정
> ㉢ 명인방법을 갖춘 수목의 집단
> ㉣ 소유권보존등기를 한 수목의 집단
> ㉤ 사유(私有)하천
> ㉥ 가압류된 토지
> ㉦ 공유수면매립지(허가와 준공을 마침)
> ㉧ 법원경매로 낙찰받아 소유권을 취득한 토지
> ㉨ 동산질권
> ㉩ 공용폐지가 되지 아니한 행정재산인 건물
> ㉪ 소유권보존등기가 되어 있지 아니한 건물

① 5개 ② 6개 ③ 7개
④ 8개 ⑤ 9개

07 다음 중 「공인중개사법」상의 중개대상에 "해당"하는 것은 모두 몇 개인가? (다툼이 있으면 판례에 따름)

> ㉠ 무주(無主)의 부동산
> ㉡ 거래처, 신용, 영업상의 노하우 등 무형의 재산적 가치
> ㉢ 명인방법을 갖춘 수목의 집단
> ㉣ 콘크리트 지반 위에 볼트조립방식으로 철제파이프 또는 철골기둥을 세우고 지붕을 덮은 "세차장구조물"
> ㉤ 선박등기가 된 20톤 이상의 선박
> ㉥ 동·호수가 특정되어 분양계약이 체결된 아파트 분양권

① 1개 ② 2개 ③ 3개
④ 4개 ⑤ 5개

08 중개대상물에 관한 설명으로 "틀린" 것은?

① 「공장 및 광업재단 저당법」에 따른 광업재단은 중개대상물에 해당한다.

② 소유권보존의 등기를 받을 수 있는 수목의 집단은 입목등록원부에 등록된 것으로 한정한다.

③ 입목의 소유자는 토지와 분리하여 입목을 양도할 수 있다.

④ 입목의 경매나 그 밖의 사유로 토지와 그 입목이 각각 다른 소유자에게 속하게 된 경우에는 토지소유자는 입목소유자에 대하여 지상권을 설정한 것으로 본다.

⑤ 입목을 목적으로 하는 저당권의 효력은 입목의 종물 및 토지에도 미친다.

[테마 3] 시험제도

09 공인중개사 시험제도와 관련된 내용이다. "옳은" 것은?

① 시험시행기관은 원칙적으로 국토교통부장관이며, 예외적으로 시·도지사이다.

② 공인중개사 자격이 취소된 후 5년이 경과되지 아니한 자는 공인중개사가 될 수 없다.

③ 공인중개사 시험에서 부정행위로 적발이 되어, 무효처분이 되고, 무효처분일로부터 5년이 경과되지 아니한 자는 공인중개사가 될 수 없으며, 중개보조원이 될 수도 없다.

④ 시험시행기관의 장은 시험시행에 관한 개략적인 사항을 매년 2월 말일까지 공고하고, 구체적인 사항을 시험시행일 전 90일 전까지 관보, 일간신문, 방송 중 하나 이상에 공고하고, 인터넷홈페이지 등에도 이를 공고하여야 한다.

⑤ 시험시행기관의 장은 응시원서의 접수마감일 다음 날부터 7일이 경과한 후부터 시험시행일 7일 전까지 시험접수를 취소한 경우, 납입한 응시수수료의 100분의 60을 반환하여야 한다.

10 다음은 공인중개사 시험과 관련된 내용이다. "틀린" 것은?

① 시·도지사는 합격자 결정·공고일로부터 1개월 이내에 공인중개사자격증 교부대장에 기재한 후 당해 시험합격자에게 그 합격증을 교부하여야 한다.

② 서울특별시장으로부터 자격증을 교부받은 자는 경기도 화성시에 중개사무소가 소재하고 있다 하더라도, 자격취소나 자격정지처분은 서울특별시장에게 그 권한이 있다.

③ 서울특별시장으로부터 자격증을 교부받은 자는 강원도 원주시에 중개사무소가 소재하고 있다 하더라도, 서울특별시장에게 자격증 재교부 신청을 하여야 한다.

④ 자격증 양도·대여행위는 유·무상을 불문하고 절대로 허용되지 않는다.

⑤ 공인중개사가 아닌 자라도 공인중개사사무소 "대표"라는 명칭은 사용할 수 있다.

11 다음은 공인중개사 자격시험제도에 관한 설명이다. "옳은" 것은? (다툼이 있으면 판례에 따름)

① 시험시행기관장은 시험에서 부정한 행위를 한 응시자에 대하여는 그 시험을 무효로 하고, 그 부정행위를 한 날부터 5년간 시험응시자격을 정지한다.

② 공인중개사가 실질적으로 무자격자로 하여금 자기 명의로 공인중개사 업무를 수행하도록 하였더라도 스스로 몇 건의 중개업무를 직접 수행한 경우는 전혀 자격증 대여행위에 해당되지 않는다.

③ 공인중개사가 자격증을 양도·대여한 경우에는 3년 이하의 징역 또는 3천만원 이하의 벌금의 대상이 된다.

④ 자격증을 교부한 시·도지사와 중개사무소 관할 시·도지사가 서로 다른 경우에는 자격취소처분은 자격증을 교부한 시·도지사가 이를 행한다.

⑤ (특·광) 시·도지사는 시험합격자의 결정·공고일부터 2개월 이내에 공인중개사 자격증을 교부해야 한다.

12 공인중개사법령상 자격증과 관련된 내용으로 "옳은" 것을 모두 고르면?

> 서울특별시장으로 자격증을 교부받은 甲은 강원도 태백시에 중개사무소 개설등록을 하였다. 중개업무와 관련하여, 甲이 乙에게 자격증 양도·대여를 한 것이 적발이 되어 관할 수사기관에 신고가 되었다.

> ㉠ 甲은 乙이 공인중개사를 행세하고 중개업무를 수행하는 것을 몰랐던 경우에는 자격증 양도·대여에 해당하지 아니한다.
> ㉡ 乙이 실질적으로 중개업무를 수행하여 작성한 거래계약서에 甲이 등록된 인장으로 서명 및 날인을 한 경우에는 자격증 양도·대여에 해당하지 아니한다.
> ㉢ 자격취소처분에 필요한 절차로서의 청문은 자격증을 교부한 서울특별시장이 하여야 한다.
> ㉣ 자격취소처분은 중개사무소 관할 시·도지사인 강원도지사가 하여야 한다.
> ㉤ 자격증 양도·대여를 신고·고발한 자에게는 포상금이 지급될 수 있다.

① 1개   ② 2개   ③ 3개
④ 4개   ⑤ 5개

[테마 4] 공인중개사 정책심의위원회

13 다음은 공인중개사 정책심의위원회에 대한 내용이다. "옳은" 것은?

① 정책심의위원회의 위원장은 국토교통부장관이다.

② 정책심의위원회는 손해배상책임에 관한 사항과 자격취득에 관한 사항은 심의할 수 있으나, 보수 변경에 관한 사항은 심의할 사항에 해당하지 아니한다.

③ 정책심의위원회는 위원장 1명을 포함하여, 7명 이상 11명 이하의 위원으로 구성한다.

④ 정책심의위원회의 회의는 재적위원 과반수 출석으로 개의하고, 재적위원 과반수 찬성으로 의결한다.

⑤ 정책심의위원회에서 공인중개사자격시험에 관한 사항을 결정하는 경우, 시·도지사가 이에 따라야 할 의무는 없다.

14 다음은 공인중개사 정책심의위원회에 대한 내용이다. "옳은" 것은?

① 위원이 해당 안건의 당사자와 친족관계인 자는 제척이 되나, 친족이었던 경우에는 그러하지 아니하다.

② 위원이 해당 안건의 당사자와 대리인관계인 자는 의결에서 제척이 되나, 대리인이었던 경우에는 그러하지 아니하다.

③ 위원은 국토교통부장관이 임명 또는 위촉하는데, 국토교통부의 5급 이상 또는 고위공무원단에 속하는 일반직공무원도 당연히 될 수 있다.

④ 공무원 이외의 일반 위원의 임기는 2년으로 하며(위원의 사임으로 새로 위촉된 위원의 임기는 전임 위원 임기의 남은 기간), 연임에 대한 제한규정이 없다.

⑤ 정책심의위원회에 사무를 처리할 간사 1명을 두며, 간사는 국토교통부장관이 국토교통부 소속 공무원 중에서 지명한다.

15 "공인중개사 정책심의위원회"(이하 "위원회"라 한다)에 대한 내용이다. "옳은" 것은?

① 대학교의 부교수 이상의 직에 재직하고 있는 사람은 정책심의위원회 위원이 될 수 없다.

② 위원장이 부득이한 사유로 직무를 수행할 수 없을 때에는 부위원장이 그 직무를 대행한다.

③ 위원장은 국토교통부 제2차관이 된다.

④ 위원회 위원은 위원장이 임명하거나 위촉한다.

⑤ 위원장은 정책심의위원회의 회의를 소집하려면 회의 개최 7일 전까지 회의의 일시, 장소 및 안건을 각 위원에게 통보하여야 한다(다만, 긴급사안이나 부득이한 사유가 있는 경우에는 개최 전날까지 통보 가능).

16 다음 중 공인중개사 정책심의위원회 위원의 제척 사유에 해당하지 "않는" 것은?

① 위원이 안건의 당사자인 경우

② 위원이 안건의 당사자와 공동권리·의무관계에 있는 경우

③ 위원이 안건의 당사자와 친구인 경우

④ 위원이 안건의 당사자와 친족이었던 경우

⑤ 위원이 안건의 당사자의 대리인이었던 경우

[테마 5] 교육제도

17 공인중개사법령상 개업공인중개사 등의 "교육"에 관한 설명으로 "옳은" 것은?

① 중개보조원이 되려는 자는 고용신고일 전 1년 이내에 실무교육을 받아야 한다.

② 개업공인중개사가 폐업신고 후 1년 이내에 소속공인중개사가 되려는 경우에는 실무교육을 받아야 한다.

③ 중개보조원이 고용관계 종료신고가 된 후에 1년 이내에 소속공인중개사로 고용신고가 되려는 경우에는 실무교육을 받아야 한다.

④ 시·도지사는 연수교육을 실시하려는 경우 실무교육 또는 연수교육을 받은 후 2년이 되기 1개월 전까지 연수교육의 일시·장소·내용 등을 대상자에게 통지하여야 한다.

⑤ 연수교육을 정당한 사유 없이 받지 아니한 자에 대해서는 100만원 이하의 과태료를 시·도지사가 부과한다.

18 다음은 교육제도에 관한 내용이다. "옳은" 것은?

① 실무교육시간은 12시간 이상 16시간 이하로 한다.

② 실무교육은 직무수행에 필요한 법률지식, 부동산 중개 및 경영실무, 직업윤리 등을 그 내용으로 한다.

③ 실무교육과 연수교육은 직업윤리가 교육내용에 포함되나, 직무교육은 그러하지 아니하다.

④ 직무교육은 국토교통부장관과 시·도지사만이 할 수 있다.

⑤ 부동산거래사고 예방을 위한 교육을 실시하려는 경우에는 교육일 7일 전까지 교육일시·장소·내용 등을 공고하거나 통지하여야 한다.

19 다음은 「공인중개사법」상의 교육제도와 관련된 내용이다. "틀린" 것은?

① 중개사무소 개설등록을 하려는 자는 등록을 신청하기 전 1년 이내에 실무교육을 수료하여야 한다.

② 새로이 중개보조원이 되고자 하는 자는 시·도지사 또는 등록관청이 시행하는 직무교육을 받아야 한다.

③ 실무교육의 시간은 28시간 이상 32시간 이하로 하며, 연수교육의 시간은 12시간 이상 16시간 이하로 한다.

④ 폐업신고를 한 후 1년 이내에 중개사무소의 개설등록을 다시 신청하고자 하는 자는 실무교육이 면제된다.

⑤ 등록관청은 중개보조원이 되려는 자가 직무교육을 받으려는 경우에는 대통령령이 정하는 바에 따라 필요한 비용을 지원하여야 한다.

20 「공인중개사법」상 "교육"에 관한 설명으로 "틀린" 것은?

① 부동산거래사고 예방교육의 교육비 지원에는 강사비는 포함되지 아니한다.

② 직업윤리는 실무교육, 연수교육, 직무교육의 공통되는 교육내용이다.

③ 시·도지사는 실무교육과 연수교육, 직무교육, 부동산거래사고 예방교육을 모두 실시할 수 있다.

④ 등록관청은 직무교육과 부동산거래사고 예방교육을 실시할 수 있다.

⑤ 국토교통부장관이 교육지침에는 강사 자격과 수강료도 포함되어 있다.

[테마 6] 중개사무소 개설등록 1
(절차 및 제재)

21 다음은 중개사무소 개설등록에 관한 기술이다. "옳은" 것은?

① 중개사무소 개설등록을 하고자 하는 자는 중개사무소를 본인 명의의 소유권으로 확보하여야 한다.

② 중개사무소 개설등록을 신청하는 자는 특별시·광역시·도 조례에서 정하는 바에 따라 수수료를 납부하여야 한다.

③ 공인중개사(소속공인중개사를 제외한다) 또는 법인이 아닌 자는 중개사무소개설등록을 신청할 수 없다.

④ 등록신청을 받은 등록관청은 손해배상책임을 보장하기 위한 업무보증설정 사실을 확인한 후 등록신청일부터 7일 이내에 등록사실을 신청인에게 서면으로 통지하여야 한다.

⑤ 중개사무소 개설등록을 신청하려는 자는 공인중개사 자격증 사본과 실무교육수료증 사본을 제출하여야 한다.

22 다음은 중개업의 등록과 관련된 내용이다. "틀린" 것은? (다툼이 있으면 판례에 따름)

① 가설건축물대장에 기재된 건물에는 중개사무소를 개설 등록할 수 없다.

② 변호사나 부동산컨설팅업자도 부동산중개업을 하기 위해서는 「공인중개사법」에 규정된 중개사무소 개설등록의 요건을 갖추어야 한다.

③ 외국인은 공인중개사가 될 수 있고, 등록기준을 갖추어 중개사무소 개설등록도 할 수 있다.

④ 개업공인중개사가 업무정지 기간 중에 중개업무를 행한 경우에는 무등록 중개업에 해당된다.

⑤ 휴업기간 중에 있는 개업공인중개사는 그 중개업을 폐업하고 다시 등록신청을 할 수 있다.

23 다음은 중개업 등록에 관한 설명이다. "옳은" 것은?

① 경기도 화성시 동탄동 소재의 사무소를 확보하여 중개사무소 개설등록을 하려면 동탄동장에게 중개업 등록을 신청하여야 한다.

② 「민법」상의 권리능력 없는 사단도 일정한 요건을 갖춘 경우에는 중개사무소 개설등록을 신청할 수 있다.

③ 「민법」상의 조합도 일정한 요건을 갖춘 경우에는 중개사무소 개설등록을 신청할 수 있다.

④ 업무정지처분을 받은 개업공인중개사는 그 기간 중에 중개업을 폐업하고, 그 기간 중에 중개업 등록을 신청할 수 없다.

⑤ 소속공인중개사도 중개사무소 개설등록을 할 수 있다.

24 공인중개사법령상 등록관청이 다음 달 10일까지 공인중개사협회에 통보해야 할 사항에 해당하지 "않는" 것은?

① 중개사무소 등록증을 교부한 때

② 공인중개사 자격증을 교부한 때

③ 휴업신고를 받은 때

④ 소속공인중개사에 대한 고용신고를 받은 때

⑤ 등록취소처분을 한 때

[테마 7] 중개사무소 개설등록 2
(등록요건 및 구비서류)

25 법인인 개업공인중개사로 등록을 하기 위한 등록 기준(등록요건)에 관한 설명 중 "틀린" 것은?

① 법인은 4억원 이상의 업무보증을 설정하여, 등록을 신청하여야 한다.

② 「상법」상의 회사이거나, 「협동조합 기본법」상의 협동조합(사회적 협동조합은 제외)으로서, 자본금은 5천만원 이상이어야 한다.

③ 대표자를 제외한 임원(또는 무한책임사원)의 1/3 이상이 공인중개사이어야 한다.

④ 대표자를 포함한 임원(또는 무한책임사원) 전원이 실무교육을 받아야 하며 결격사유가 없어야 한다.

⑤ 건축물대장(가설건축물대장 제외)에 기재된 사무소(준공검사 사용승인 등을 포함)를 확보하여야 한다.

26 다음 중 법인인 개업공인중개사로 등록할 수 있는 경우는? (다른 요건은 모두 갖춘 것을 전제로 함)

① A 법인은 대표자가 부칙상의 개업공인중개사로서 실무교육을 받은 자이다.

② B 법인은 자본금 5억원의 유한회사로서 임원 중 1/3 이상이 실무교육을 수료하였다.

③ C 법인은 합자회사(合資會社)로서 무한(無限)책임사원 전원이 실무교육을 수료하였으나, 유한(有限)책임사원은 실무교육을 수료하지 아니하였다.

④ D는 「민법」상의 조합으로서, 조합원 전원이 실무교육을 수료하였다.

⑤ E 법인은 자본금 1억원의 주식회사로서 중개업과 부동산 개발업을 목적으로 설립되었다.

27 공인중개사법령상 법인이 중개사무소 개설 등록하려는 경우, 등록의 요건으로 "옳은" 것을 모두 고른 것은? (다른 법률에 의해 중개업을 할 수 있는 법인은 제외함)

> ㉠ 중개업 및 중개업에 부수되는 각종 용역업의 알선을 영위할 목적으로 설립된 법인은 중개사무소 개설등록을 신청할 수 있다.
> ㉡ 자본금은 4억원 이상이어야 한다.
> ㉢ 법인의 대표자는 반드시 공인중개사인 개업공인중개사이어야 한다.
> ㉣ 대표자를 포함한 임원 또는 사원(합명회사 또는 합자회사의 무한책임사원을 말함)이 9명이라면 그중 3명 이상이 공인중개사이어야 한다.

① ㉠
② ㉠, ㉡
③ ㉡, ㉢
④ ㉠, ㉡, ㉢
⑤ ㉠, ㉡, ㉢, ㉣

28 공인중개사법령상 중개사무소의 개설등록에 관한 설명으로 "옳은" 것은?

① 공인중개사는 부칙상의 개업공인중개사로 신규등록을 할 수는 없다.

② 개업공인중개사가 되려는 자는 중개사무소를 두고자 하는 지역을 관할하는 시·도지사에게 중개사무소의 개설등록을 하여야 한다.

③ 등록을 신청할 때에는 국적을 불문하고 스스로 결격사유 없음을 증명하는 서류를 제출하여야 한다.

④ 중개사무소 개설등록의 신청을 받은 등록관청은 개설등록 신청을 받은 날부터 10일 이내에 등록신청인에게 등록 여부를 서면으로 통지하여야 한다.

⑤ 등록의 통지를 받은 개업공인중개사는 10일 이내에 업무보증을 설정하여 신고하여 등록증을 받아야 한다.

[테마 8] (종사 및 등록) 결격사유

29 개업공인중개사 등의 결격사유에 대한 설명이다. "틀린" 것은?

① 피특정후견인은 중개업 종사가 가능하나, 피한정후견인은 후견인의 영업동의를 받아도 중개업에 종사를 할 수 없다.

② 기소유예를 받거나, 선고유예를 받은 경우에는 결격사유에 해당되지 아니한다.

③ 금고 이상의 형의 선고를 받고, 형 집행이 종료된 날로부터 3년이 경과하지 않은 자는 개업공인중개사가 될 수 없다.

④ 개업공인중개사가 1년을 폐업하고, 다시 2022년 9월 9일 재등록하였으나, 폐업 전의 사유로 2022년 10월 10일에 등록이 취소된 경우에는 2024년 10월 11일 이후부터는 결격에서 벗어난다.

⑤ 법인인 개업공인중개사가 어떠한 사유로 업무정지처분을 받게 되면, 그 업무정지처분 당시의 임원(또는 무한책임사원)은 당해 중개법인의 업무정지 기간 동안 결격에 해당된다.

30 공인중개사법령상 중개사무소의 개설등록을 할 수 "있는" 자는?

① 만 18세인 자로서 혼인신고를 한 자

② 징역형의 집행유예를 받고 그 유예기간이 만료되고 1년이 현재 경과한 자

③ 파산선고를 받고 복권되지 아니한 자

④ 「공인중개사법」 위반으로 500만원의 벌금형을 선고받고 1년이 현재 경과한 자

⑤ 법인인 개업공인중개사가 업무정지처분을 받고 현재 업무정지기간 중에 있으며, 그 업무사유발생 이후에 선임되었던 임원으로서 현재 퇴사한 자

31 개업공인중개사 등의 결격사유에 대한 설명으로 "틀린" 것은? (다툼이 있으면 판례에 따름)

① 2024년 9월 9일 「공인중개사법」 위반으로 300만원의 벌금형의 선고를 받은 개업공인중개사가 그 이유로, 2024년 10월 10일 등록이 취소되었다면, 2027년 10월 11일 이후에야 중개업 종사가 가능하다.

② 개업공인중개사가 「공인중개사법」을 위반하여 징역형에 대한 선고유예를 받은 경우에는 계속 중개업에 종사할 수 있다.

③ 법인의 임원이 결격사유에 해당하는 경우 사유발생일로부터 2개월 내에 그 사유가 해소되지 않으면 법인의 등록이 취소된다.

④ 금고 이상의 형에 대한 형 집행 중에 특별사면을 받은 자는 3년이 경과되어야 중개업에 종사할 수 있다.

⑤ 법 제10조(등록의 결격) 제1항 제11호에 규정된 "이 법을 위반하여 벌금형(300만원 이상)의 선고를 받고 3년이 경과되지 아니한 자"에는 개업공인중개사가 법 제50조의 양벌규정으로 처벌받는 경우는 포함되지 않는다.

32 공인중개사법령상 개설등록의 결격사유(법 제10조)에 해당하는 자를 모두 고르면?

> ㉠ 공인중개사의 자격이 취소된 후 4년이 된 자
> ㉡ 신용불량자가 임원으로 있는 법인인 개업공인중개사
> ㉢ 금고 이상의 형에 대한 집행유예를 받고, 그 기간 중에 있는 자
> ㉣ 금고 이상의 형에 대한 선고유예를 받은 자
> ㉤ 수사를 한 검사로부터 기소유예를 받은 자

① 1명 ② 2명 ③ 3명
④ 4명 ⑤ 5명

33 중개업 등록의 결격사유 등에 관한 설명으로 "옳은" 것을 모두 고르면?

> ㉠ 개업공인중개사가 파산선고를 받아서 중개업의 등록이 취소된 경우에는 등록이 취소된 날로부터 3년이 경과되어야 중개업에 종사할 수 있다.
>
> ㉡ 특별사면으로 형 집행이 면제가 되면, 특별사면일로부터 3년이 경과되어야 결격에서 벗어난다.
>
> ㉢ 가석방의 경우에는 잔여형기가 경과되면 즉시 결격에서 벗어난다.
>
> ㉣ 법인인 개업공인중개사가 업무정지처분을 받고 업무정지 기간 중에 있는 경우, 그 사유발생 당시의 고용인도 결격사유에 해당된다.

① ㉠
② ㉡
③ ㉡, ㉢
④ ㉠, ㉢
⑤ ㉡, ㉢, ㉣

[테마 9] 개업공인중개사

34 다음은 개업공인중개사의 업무범위에 대한 설명이다. "옳은" 것은?

① 모든 개업공인중개사는 법원에 등록을 하고 경매 물건의 매수신청 대리업을 할 수 있다.

② 모든 개업공인중개사는 상가건물에 대하여 분양대행을 할 수 있다.

③ 공인중개사인 개업공인중개사는 택지에 대한 분양대행을 겸업할 수 없다.

④ 공인중개사인 개업공인중개사는 중개사무소에서 세탁소나 편의점을 겸업할 수는 없다.

⑤ 법인인 개업공인중개사는 도배나 이사업체 등 주거 이전에 부수되는 용역업을 할 수 있다.

35 「공인중개사법」 부칙 규정에서 등록을 한 것으로 보는 자(부칙상의 개업공인중개사)에 대한 설명이다. "틀린" 것은?

① 업무지역은 원칙적으로 당해 중개사무소가 소재하는 특별시·광역시·도의 관할구역으로 한다.

② 「공인중개사법」상의 거래정보사업자가 운영하는 부동산거래정보망에 가입하고 이를 이용하여 중개하는 경우에는 당해 정보망에 공개된 관할구역 외의 중개대상물에 대하여도 중개할 수 있다.

③ 「공인중개사법」 제14조 제2항에서 규정하는 법원 경매 부동산에 대한 알선 및 입찰대리(매수신청의 대리)는 할 수 없으나, 「국세징수법」에 의한 공매 부동산에 대한 알선 및 입찰대리(매수신청의 대리)는 할 수 있다.

④ 중개사무소의 명칭에 "공인중개사사무소"라는 문자를 사용하여서는 아니 되며, 이를 위반하면 100만원 이하의 과태료에 처한다.

⑤ 중개사무소는 전국 어느 지역으로나 이전할 수 있다.

36 공인중개사법령상 "법인인 개업공인중개사"가 적법하게 할 수 "있는" 업무를 모두 고른 것은?

> ㉠ 부동산거래정보사업(거래정보망)
> ㉡ 업무보증을 위한 공제사업
> ㉢ 주택용지에 대한 분양대행
> ㉣ 공장건물에 대한 분양대행
> ㉤ 부동산 펀드 조성 및 부동산개발사업
> ㉥ 중개의뢰인의 의뢰에 따른 도배·이사업체의 운영
> ㉦ 공인중개사를 대상으로 하는 중개업 창업기법 및 창업정보의 제공
> ㉧ 부동산의 임대관리 등 관리대행

① 1개   ② 2개   ③ 3개
④ 4개   ⑤ 5개

37 공인중개사법령상 "공인중개사인 개업공인중개사"가 겸업할 수 있는 업무를 모두 고른 것은? (단, 다른 법률의 규정은 고려하지 않음)

> ㉠ 부동산의 임대업
> ㉡ 부동산의 개발업
> ㉢ 중개의뢰인의 의뢰에 따른 주거이전에 부수되는 용역의 제공
> ㉣ 상업용 건축물의 부지에 대한 분양대행
> ㉤ 「국세징수법」에 의한 공매대상 부동산에 대한 입찰신청의 대리

① ㉠, ㉡   ② ㉢, ㉣
③ ㉠, ㉢, ㉤   ④ ㉡, ㉢, ㉣
⑤ ㉠, ㉡, ㉢, ㉣, ㉤

[테마 10] 고용인(직원)

38 다음은 고용인과 관련된 내용이다. "옳은" 것은?

① 개업공인중개사는 고용인을 고용한 경우에는 고용일로부터 10일 이내에 신고하여야 한다.

② 개업공인중개사가 고용관계 종료신고를 하지 아니한 경우에는 100만원 이하의 과태료처분의 대상이 된다.

③ 개업공인중개사가 외국인을 고용한 경우에는 외국인의 결격사유 없음을 증명하는 서류를 첨부하여 고용신고를 하여야 한다.

④ 소속공인중개사는 법원경매 물건의 매수신청 대리업무를 수행할 수 있으나, 중개보조원은 그러하지 아니하다.

⑤ 부동산 거래신고는 소속공인중개사가 신고를 대행(전자문서 제외)할 수 있으며, 중개보조원도 마찬가지이다.

39 개업공인중개사의 고용인에 관한 설명으로 "옳은" 것은?

① 개업공인중개사가 소속공인중개사를 고용한 경우 공인중개사 자격증 사본을 첨부하여 고용신고하여야 한다.

② 고용인의 업무상 행위는 그를 고용한 개업공인중개사의 행위로 추정한다.

③ 중개보조원은 업무를 개시하기 전까지 중개행위에 사용할 인장을 등록하여야 한다.

④ 개업공인중개사 1명과 소속공인중개사 1명이 함께 근무하는 중개사무소에는 중개보조원을 총 5명을 초과하여 고용할 수 없다.

⑤ 중개보조원은 현장안내 등의 중개업무를 수행할 때 자신의 신분을 의뢰인에게 고지하여야 하며, 위반시 500만원 이하의 과태료처분의 대상이 된다.

40 개업공인중개사 A에게 고용된 소속공인중개사 B는 중개업무를 수행하던 중 매도의뢰인 C에게 개발계획이 없는 토지를 개발이 된다고 거짓된 언행 등으로 투기를 조장하여 C에게 재산상의 손해를 가하였다. "틀린" 것은?

① 손해를 입은 의뢰인 C는 A와 B에게 공동으로 또는 선택적으로 손해배상을 청구할 수 있으며, A가 손해배상을 한 경우 B에게 구상권을 행사할 수도 있다.

② B의 행위는 "업무상 행위"에 해당되므로, 개업공인중개사 A는 B의 행위로 인한 책임을 지게 된다.

③ B의 거짓행위가 「공인중개사법」제33조 소정의 금지행위에 해당되어 A의 중개사무소 등록이 취소될 수 있다.

④ B가 금지행위로서 징역 또는 벌금형의 선고를 받으면, A도 징역 또는 벌금형의 대상이 된다.

⑤ B에 대하여 주의 감독상의 의무를 다한 경우, A는 벌금형으로 처벌되지는 않는다.

[테마 11] 중개사무소 설치 및 이전

41 다음은 개업공인중개사 등의 명칭과 게시의무에 관한 내용이다. "틀린" 것은?

① 중개사무소에는 보이기 쉬운 곳에 중개업등록증은 게시하여야 하나, 「소득세법」상의 사업자등록증은 게시할 의무가 없다.

② 법인인 개업공인중개사의 분사무소에는 법인의 대표자의 성명을 옥외광고물에 표기할 필요가 없다.

③ 소속공인중개사의 자격증 원본의 게시의무는 개업공인중개사의 의무이다.

④ 개업공인중개사가 아닌 자가 "○○공인중개사사무소" 또는 "○○부동산중개"라는 명칭을 사용하면 1년 이하의 징역 또는 1천만원 이하의 벌금형을 받을 수 있다.

⑤ 「공인중개사법」부칙 규정에 의하여 등록을 한 것으로 보는 자는 "○○부동산중개"라는 명칭을 사용하여야 하며, 위반시에는 100만원 이하의 과태료처분의 대상이 된다.

42 공인중개사법령상 개업공인중개사가 설치된 사무소의 간판을 지체 없이 철거해야 하는 경우로 명시된 것을 모두 고른 것은?

> ㉠ 등록관청에 폐업신고를 한 경우
> ㉡ 등록관청에 6개월을 초과하는 휴업신고를 한 경우
> ㉢ 중개사무소의 개설등록 취소처분을 받은 경우
> ㉣ 등록관청에 중개사무소의 이전사실을 신고한 경우

① ㉠, ㉡   ② ㉢, ㉣
③ ㉠, ㉡, ㉣   ④ ㉠, ㉢, ㉣
⑤ ㉠, ㉡, ㉢, ㉣

43 공인중개사법령상 중개사무소 설치 및 이전에 관한 내용이다. "틀린" 것은?

① 개업공인중개사는 그 등록관청의 관할 구역 안에는 1개의 중개사무소만을 둘 수 있다.

② 개업공인중개사는 중개사무소를 이전한 후 10일 이내에 이전신고를 하여야 하며, 위반시 100만원 이하의 과태료처분의 대상이 된다.

③ 관할구역 외의 지역으로 이전한 사실을 신고받은 등록관청은 등록증을 재교부하거나, 등록증의 기재사항을 변경하여 교부하여야 한다.

④ 관할구역 외의 지역으로 이전한 경우, 이전신고 전에 발생한 사유로 인한 개업공인중개사에 대한 행정처분은 이전 후 등록관청이 이를 행한다.

⑤ 법인인 개업공인중개사가 분사무소를 이전한 경우에는 주된 사무소 소재지 등록관청에 이전사실을 신고해야 한다.

44 다음은 중개사무소 이전에 관한 내용이다. "옳은" 것은?

> 서울특별시 강서구에 중개사무소를 둔 공인중개사인 개업공인중개사 甲은 중개업과 법원경매물건의 매수신청대리업을 동시에 하고 있다. 甲은 중개사무소를 서울특별시 강동구로 이전하였다.

① 매수신청 대리업의 이전신고를 사유발생일로부터 10일 이내에 강동구 관할 지방법원장에게 하여야 한다.

② 중개업의 이전신고를 이전 후 10일 이내에 강서구청장에게 하여야 한다.

③ 甲이 중개업의 이전신고를 하는 경우에는 이전신고서에 등록증을 첨부할 필요는 없다.

④ 강서구청장이 강동구청장에게 송부할 서류에는 등록대장, 등록신청서류, 최근 3년 이내의 행정처분서류가 포함된다.

⑤ 강서구 중개사무소에서 등록하지 아니한 인장을 사용한 경우에는 강서구청장이 업무정지처분을 하여야 한다.

45 공인중개사인 개업공인중개사 甲은 중개사무소를 이전하였다. "옳은" 것은?

> 〈甲의 행정처분 기록〉
> • 2024년 3월 3일 업무정지 1개월 받음.
> • 2024년 7월 7일 업무정지 2개월 받음.
> • 2024년 10월 10일 거래계약서에 등록하지 아니한 인장을 사용한 것이 적발됨.
> • 2024년 10월 12일 강서구에서 강동구로 중개사무소를 이전함.

① 강동구청장은 甲의 공인중개사 자격을 취소하여야 한다.

② 강동구청장은 甲에게 업무정지처분을 할 수 있다.

③ 甲은 2024년 10월 12일부터 10일 이내에 등록증 등을 첨부하여 강서구청장에게 사무소 이전신고를 하여야 한다.

④ 강동구의 중개사무소가 다른 개업공인중개사 乙의 중개사무소인 경우에는 乙의 승낙서를 첨부하여 이전신고를 하여야 한다.

⑤ 이전신고를 받은 등록관청은 신고내용이 적합한 경우, 등록증에 변경사항을 기재하여 이를 교부하여야 한다.

46 서울특별시 강남구에 주된 사무소를 둔 법인인 개업공인중개사가 경기도 성남시 분당구에 분사무소를 설치하였다. "옳은" 것은? (특수법인은 제외한다)

① 강남구청장에게 분사무소 설치신고를 하여야 하며, 강남구 조례에서 정하는 행정수수료를 납부하여야 한다.

② 분당구분사무소는 2억원 이상으로, 주된 사무소와는 다른 종류의 업무보증을 별도로 설정하여야 한다.

③ 분당구분사무소는 강남구로 이전할 수도 있으며, 분당구에는 2개의 분사무소를 설치할 수도 있다.

④ 분사무소를 분당구에서 수정구로 이전을 한 경우에는 수정구청장에게 이전신고를 하여야 한다.

⑤ 분사무소 이전신고를 받은 등록관청은 분당구청장 또는 수정구청장에게 통보하고, 다음 달 10일까지 공인중개사 협회에도 이를 통보하여야 한다.

47 공인중개사법령상 법인인 개업공인중개사의 분사무소 설치에 관한 설명으로 "옳은" 것을 모두 고른 것은? (다른 법률의 규정에 의하여 중개업을 수행하는 특수법인은 제외함)

> ㉠ 분사무소의 책임자는 공인중개사이어야 한다.
> ㉡ 분사무소의 설치신고를 하려는 자는 그 신고서를 주된 사무소의 소재지를 관할하는 등록관청에 제출해야 한다.
> ㉢ 주된 사무소와 그 분사무소는 같은 시·군·구에 둘 수 없다.
> ㉣ 업무정지 중인 다른 개업공인중개사의 중개사무소로 분사무소를 이전할 수는 없다.

① ㉠, ㉡   ② ㉠, ㉢
③ ㉡, ㉢   ④ ㉠, ㉢, ㉣
⑤ ㉠, ㉡, ㉢, ㉣

[테마 12] 중개대상물 광고와 모니터링

48 공인중개사법령상 개업공인중개사가 의뢰받은 중개대상물에 대하여 표시·광고를 할 때, 중개사무소와 개업공인중개사에 관한 사항을 명시하여야 하는데, 이에 해당하지 "않는" 것을 모두 고르면?

> ㉠ 중개사무소의 소재지
> ㉡ 중개사무소의 연락처
> ㉢ 중개사무소의 명칭
> ㉣ 중개사무소의 등록번호
> ㉤ 개업공인중개사의 성명(법인은 대표자의 성명, 분사무소는 책임자의 성명)
> ㉥ 중개보조원의 성명
> ㉦ 개업공인중개사의 주민등록번호

① ㉠, ㉡, ㉢   ② ㉢, ㉣, ㉤
③ ㉣, ㉤, ㉥   ④ ㉣, ㉥, ㉦
⑤ ㉥, ㉦

49 공인중개사법령상 개업공인중개사가 "인터넷"을 이용하여 중개대상물에 대한 표시·광고를 하는 때에 일정한 사항을 명시하여야 하는데, 이에 해당하지 "않는" 것을 모두 고르면? (일반중개계약을 체결함을 전제로 함)

> ㉠ 중개사무소의 등록번호
> ㉡ 중개대상물의 소재지, 면적, 가격
> ㉢ 중개대상물의 종류
> ㉣ 거래형태
> ㉤ 건물의 경우 준공검사·사용검사·사용승인 받은 날
> ㉥ 건물의 경우 방수, 욕실수, 주차대수
> ㉦ 건물의 경우 관리비
> ㉧ 거래에 따른 경제적 가치
> ㉨ 수도·전기·가스 등의 내·외부 시설물의 상태

① ㉠, ㉡, ㉢   ② ㉣, ㉤, ㉥
③ ㉣, ㉧, ㉨   ④ ㉦, ㉧, ㉨
⑤ ㉧, ㉨

50 공인중개사법령상 중개사무소 및 표시 · 광고 등에 관한 설명으로 "틀린" 것은?

① 개업공인중개사는 중개대상물의 가격 등 내용을 사실과 다르게 거짓으로 표시 · 광고하거나 사실을 과장되게 하는 표시 · 광고를 한 경우에는 500만원 이하의 과태료처분의 대상이 된다.

② 개업공인중개사는 중개대상물이 존재하지 않아서 실제로 거래를 할 수 없는 중개대상물에 대한 표시 · 광고를 한 경우에는 500만원 이하의 과태료처분의 대상이 된다.

③ 개업공인중개사가 중개대상물에 대한 표시 · 광고를 하면서 개업공인중개사의 성명을 표기하지 아니한 경우에는 100만원 이하의 과태료처분의 대상이 된다.

④ 국토교통부장관은 인터넷을 이용한 중개대상물에 대한 표시 · 광고가 적법한지 여부를 모니터링을 할 수 있다.

⑤ 국토교통부장관의 자료제출 요구에 불응한 정보통신서비스제공자는 100만원 이하의 과태료처분의 대상이 된다.

51 공인중개사법령상 중개대상물에 대한 허위광고 등을 방지하기 위한 모니터링 제도에 대한 내용으로 "틀린" 것은?

① 모니터링 수탁기관은 모니터링 대상 · 모니터링 체계 등을 포함한 다음 연도의 모니터링 "기본계획서"를 매년 12월 31일까지 국토교통부장관에게 제출하여야 한다

② 모니터링 수탁기관은 기본모니터링에 대한 "결과보고서"를 매 분기의 마지막 날부터 30일 이내 국토교통부장관에게 제출해야 한다.

③ 시 · 도지사 및 등록관청은 국토교통부장관의 요구를 받으면 신속하게 조사 및 조치를 완료하고, 완료한 날부터 10일 이내에 그 결과를 국토교통부장관에게 통보해야 한다.

④ 기본 모니터링 업무는 모니터링 기본계획서에 따라 매월 실시하는 모니터링을 말한다.

⑤ 수시 모니터링 수탁기관은 결과보고서를 해당 모니터링 업무를 완료한 날부터 15일 이내에 국토교통부장관에게 제출해야 한다.

[테마 13] 인장

52 다음 중 인장에 관한 설명으로 "틀린" 것은?

① 개업공인중개사의 인장등록은 업무개시 후 지체 없이 하여야 한다.

② 소속공인중개사는 고용신고시에 인장등록을 할 수 있다.

③ 법인인 개업공인중개사의 분사무소는 상업등기규칙에 따라 법인의 대표자가 보증하는 인장으로 등록할 수 있다.

④ 법인인 개업공인중개사의 분사무소 인장등록은 주된 사무소 소재지 등록관청에 하여야 한다.

⑤ 법인인 개업공인중개사의 분사무소에서 작성된 거래계약서에 법인 대표자는 서명 및 날인은 하지 않아도 된다.

53 다음은 인장등록에 관한 설명이다. "옳은" 것은?

① 개업공인중개사가 인장을 변경한 경우에는 10일 이내에 변경등록 하여야 한다.

② 공인중개사는 중개사무소 개설등록을 신청할 때에 중개행위에 사용할 인장을 등록하여야 한다.

③ 법인인 개업공인중개사의 분사무소는 상업등기규칙에 따라 책임자의 인장을 등록하여야 한다.

④ 공인중개사인 개업공인중개사는 가족관계등록부나 주민등록표에 기재된 성명이 나타난 인장으로서 가로 · 세로 크기가 각각 10mm 이상 30mm이하의 인장이어야 한다.

⑤ 법원경매에 대한 매수신청대리업에서는 중개업에서 등록한 인장을 사용하여야 하며, 별도의 인장등록을 하지 않는다.

54 공인중개사법령상 인장등록에 관한 설명으로 "옳은" 것은?

① 중개보조원은 업무개시 전까지 중개행위에 사용할 인장을 등록하여야 한다.

② 법인인 개업공인중개사의 인장등록은 상업등기규칙에 따른 인감증명서의 제출로 갈음한다.

③ 분사무소에서 사용할 인장의 경우, 상업등기규칙의 규정에 따라 법인의 대표자가 보증하는 인장으로 등록하여야 한다.

④ 공인중개사는 중개사무소 개설등록을 신청할 때 인장등록을 함께 하여야 한다.

⑤ 소속공인중개사의 인장등록은 고용신고시에 하여야 한다.

55 공인중개사법령상 인장에 관한 설명으로 "옳은" 것은?

① 공인중개사인 개업공인중개사의 인장등록은 인감증명서 제출로 갈음한다.

② 공인중개사인 개업공인중개사가 등록하여야 할 인장은 그 크기가 가로·세로 각각 7mm 이상 10mm 이내인 인장이어야 한다.

③ 개업공인중개사는 소속공인중개사·중개보조원에 대한 고용신고와 같이 인장등록을 할 수는 없다.

④ 개업공인중개사 및 소속공인중개사의 인장등록은 전자문서에 의한 등록도 가능하다.

⑤ 개업공인중개사가 업무개시 전까지 중개행위에 사용할 인장을 등록하지 않으면 100만원 이하의 과태료에 처한다.

[테마 14] 휴업과 폐업

56 중개업의 휴·폐업 등과 관련된 내용으로 "옳은" 것은?

① 3개월을 초과하는 휴업을 한 때에는 지체 없이 등록증을 첨부하여 휴업신고를 하여야 한다.

② 휴업신고를 한 후에 다시 업무를 재개한 경우에는 지체 없이 재개신고를 하여야 한다.

③ 중개업의 휴업신고와 「부가가치세법」상의 휴업신고를 함께 할 수 없다.

④ 휴업신고나 폐업신고는 전자문서에 의한 신고도 가능하다.

⑤ 부득이한 사유 없이 6개월을 초과하는 휴업을 한 경우에는 등록이 취소될 수 있다.

57 휴·폐업과 관련한 설명으로 "틀린" 것은?

① 중개사무소를 개설등록을 한 후 3개월이 초과하도록 업무를 개시하지 아니할 경우에는 미리 휴업신고를 하여야 한다.

② 질병이나 징집은 6개월을 초과하는 휴업을 할 수 있는 부득이한 사유에 해당되나, 임신이나 출산은 그러하지 아니하다.

③ 개업공인중개사가 재개신고를 하지 아니하고, 중개업무를 수행한 경우에는 100만원 이하의 과태료처분사유에 해당된다.

④ 재개신고를 받은 등록관청은 등록증을 즉시 반환하여야 한다.

⑤ 휴업신고를 한 경우에는 옥외광고물(간판)을 철거할 필요가 없으나, 폐업신고를 한 경우에는 지체 없이 철거를 하여야 한다.

58 다음은 공인중개사법령상 개업공인중개사의 휴업에 관한 설명이다. "틀린" 것은?

① 재개신고를 받은 등록관청은 지체 없이 등록증을 재교부하여야 한다.
② 법인 분사무소의 휴업신고시에는 분사무소 설치신고확인서를 첨부하여야 한다.
③ 취학으로 인한 휴업의 경우에는 1년의 휴업을 신고할 수도 있다.
④ 3개월 이하의 휴업은 신고할 필요가 없다.
⑤ 신고해야 할 의무가 있는 휴업신고를 하지 아니하고 휴업을 한 경우에는 100만원 이하의 과태료처분의 대상이 된다.

59 공인중개사법령상 개업공인중개사의 휴업과 폐업신고에 관한 설명으로 "옳은" 것을 모두 고른 것은?

> ㉠ 개업공인중개사는 3개월 이상의 휴업을 하고자 하는 경우 미리 등록관청에 신고해야 한다.
> ㉡ 개업공인중개사가 휴업신고를 하고자 하는 때에는 국토교통부령이 정하는 신고서에 중개사무소 등록증을 첨부해야 한다.
> ㉢ 등록관청에 폐업신고를 할 때에는 개업공인중개사는 지체 없이 자격증을 첨부하여 폐업신고를 하여야 한다.
> ㉣ 폐업신고를 한 후에 다시 중개업을 하고자 할 때에는 미리 재개신고를 하여야 한다.

① ㉡
② ㉡, ㉢
③ ㉡, ㉢, ㉣
④ ㉠, ㉡, ㉢
⑤ ㉠, ㉡, ㉢, ㉣

[테마 15] 기본윤리와 중개계약

60 공인중개사법령상 개업공인중개사의 의무에 관한 설명으로 "옳은" 것은? (다툼이 있으면 판례에 따름)

① 개업공인중개사가 비밀준수의무를 위반한 경우, 1년 이하의 징역 또는 1천만원 이하의 벌금형의 대상이 된다.
② 중개보조원이 비밀준수의무를 위반한 경우, 의뢰인의 반대의사가 있어도 처벌할 수 있다.
③ 개업공인중개사는 업무상 알게 된 의뢰인의 비밀을 준수하여야 하나, 그 직을 떠난 후에는 비밀준수의무가 소멸된다.
④ 개업공인중개사와 중개보조원은 전문직업인으로서 품위를 유지하고 신의와 성실로써 공정하게 중개업무를 수행하여야 한다.
⑤ 개업공인중개사와 중개의뢰인과의 법률관계는 「민법」상의 대리(代理)와 같으므로 개업공인중개사는 선량한 관리자의 주의로서 중개업무를 처리하여야 할 의무가 있다.

61 다음은 공인중개사법령상의 일반중개계약 등과 관련된 설명이다. "옳은" 것은?

① 일반중개계약서는 국토교통부장관이 표준이 되는 서식을 정하여 이를 권장할 수 있다.
② 중개의뢰인은 의뢰내용을 명확하게 하기 위하여 일반중개계약서 작성을 요청하여야 한다.
③ 일반중개계약서 작성의 요청이 있는 경우에는 개업공인중개사는 이를 작성하여야 하며, 위반시에는 업무정지처분의 대상이 된다.
④ 일반중개계약서는 개업공인중개사가 이를 작성하여 3년간 보존하여야 하며, 위반시에는 업무정지처분의 대상이 된다.
⑤ 일반중개계약을 체결한 개업공인중개사가 중개대상물에 대하여 정보공개를 한 경우에는 이를 의뢰인에게 지체 없이 통지하여야 한다.

62 전속중개계약을 체결한 개업공인중개사의 의무와 관련된 내용이다. ( ) 안에 들어갈 내용으로 옳게 나열된 것은?

> ⊙ 전속중개계약서를 작성하여 교부하고, ( )년간 보존하여야 한다.
> ⓛ 해당 물건의 정보를 ( )일 이내에 공개하여야 한다.
> ⓒ 공개한 정보를 ( ) 의뢰인에게 문서(서면)로, 통지하여야 한다.
> ⓔ 의뢰인에게 ( )주일에 1회 이상 업무 처리 상황을 문서(서면)로, 보고하여야 한다.
> ⓜ 거래정보망에 공개를 한 경우에는 거래성사의 사실을 ( ) 거래정보사업자에게 통보하여야 한다.

	⊙	ⓛ	ⓒ	ⓔ	ⓜ
①	3	7	지체 없이	1	지체 없이
②	3	7	지체 없이	2	지체 없이
③	3	10	지체 없이	2	지체 없이
④	5	10	즉시	2	즉시
⑤	5	10	즉시	3	즉시

63 다음의 전속중개계약에 관한 설명으로 "옳은" 것은?

① 개업공인중개사는 의뢰인의 비공개 요청이 없는 한, 중개대상물의 정보를 지체 없이 공개하여야 한다.

② 전속중개계약을 체결한 개업공인중개사는 중개의뢰인에게 2주일에 1회 이상 중개업무처리 상황을 구두로써 정확히 통지해야 한다.

③ 전속중개계약의 유효기간은 특약이 없는 한, 1개월이 원칙이다.

④ 중개의뢰인이 전속중개계약의 유효기간 내에 스스로 발견한 상대방과 직접 거래한 경우, 중개의뢰인은 개업공인중개사에게 중개보수의 50%를 지불해야 할 의무가 있다.

⑤ 개업공인중개사는 전속중개계약서를 3년간 보존하여야 한다.

64 공인중개사법령상 "전속중개계약"에 관한 내용으로 "옳은" 것을 모두 고르면?

> 공인중개사인 개업공인중개사 甲과 중개의뢰인 乙은 乙 소유의 아파트에 대한 매매계약을 위하여 유효기간 2개월의 전속중개계약을 체결하였다.

> ⊙ 2개월의 전속중개계약은 무효가 되고, 3개월의 전속중개계약을 체결하여야 한다.
> ⓛ 甲은 10일 이내에 물건에 대한 정보를 일간신문 또는 거래정보망에 공개를 하여야 한다.
> ⓒ 乙은 유효기간 중에 다른 개업공인중개사에게 매도의뢰를 한 경우에는 거래성사와 관련 없이 위약금을 지불하여야 한다.
> ⓔ 乙이 유효기간 중에 다른 개업공인중개사에게 매도의뢰를 하여 거래가 성사된 경우에는 그 거래계약은 무효이다.
> ⓜ 乙이 유효기간 중에 다른 개업공인중개사에게 의뢰를 하여 거래가 성사된 경우에는 甲에게 약정보수의 100%에 해당하는 금액을 중개보수로 지급하여야 한다.
> ⓗ 乙이 유효기간 중에 스스로 발견한 상대방과 직접거래를 한 경우에는 약정보수의 50%를 甲에게 지불하여야 한다.

① 1개   ② 2개   ③ 3개

④ 4개   ⑤ 0개

[테마 16] 일반중개계약서와 전속중개 계약서의 구별

65 다음은 "일반중개계약서"와 "전속중개계약서"와 관련된 내용이다. "틀린" 내용을 모두 고르면?

> ㉠ 손해배상책임과 유효기간에 대한 기술 내용이 일반중개계약서와 동일하다.
> ㉡ 권리취득용 전속중개계약서에는 희망가격, 희망물건의 종류와 희망지역을 기재한다.
> ㉢ 권리이전용 전속중개계약서에는 "물건의 표시" 란에 건물의 소재, 면적, 연도, 구조, 용도, 내·외부 시설물의 상태를 기재하여야 한다.
> ㉣ 권리이전용 전속중개계약서에는 소유자 및 등기명의인, 권리관계를 기재하여야 한다.
> ㉤ 중개보수 요율표를 첨부하거나, 핵심내용을 요약 기재하여야 한다.

① 1개   ② 2개   ③ 3개
④ 4개   ⑤ 5개

66 개업공인중개사는 자신의 주택을 "매도"하고자 하는 중개의뢰인과 전속중개계약을 체결하였다. 이 경우 공인중개사법령상 법정서식인 전속중개계약서에 기재하는 항목을 모두 고른 것은?

> ㉠ 건물의 건축연도, 구조, 용도
> ㉡ 희망 지역
> ㉢ 취득 희망가격
> ㉣ 거래규제 및 공법상 제한사항
> ㉤ 취득시 부담할 조세의 종류 및 세율

① ㉠, ㉣   ② ㉠, ㉤
③ ㉡, ㉢   ④ ㉠, ㉣, ㉤
⑤ ㉡, ㉢, ㉤

[테마 17] 확인·설명의무

67 개업공인중개사의 중개대상물 확인·설명의무와 관련된 내용이다. 옳은 것은 모두 몇 개 인가?

> ㉠ 개업공인중개사는 권리를 이전하고자 하는 의뢰인에게 당해 대상물의 상태에 관한 자료를 요구할 수 있으며, 이에는 일조·소음·진동·비선호시설에 관한 자료도 포함된다.
> ㉡ 권리이전 의뢰인이 개업공인중개사의 자료요구에 불응한 경우에는 이를 권리를 취득하고자 하는 의뢰인에게 설명하거나, 확인·설명서에 기재하여야 한다.
> ㉢ 중개의뢰를 받으면 중개대상물에 대하여 거래당사자 쌍방에게 설명의 근거자료를 제시하고 성실·정확하게 설명하여야 한다.
> ㉣ 확인·설명해야 할 사항에는 당해 대상물의 권리를 "이전"할 때 부담할 조세도 포함된다.
> ㉤ 확인·설명서는 반드시 원본으로 3년 보존하여야 한다(공인전자문서센터 보관시 제외).

① 1개   ② 2개   ③ 3개
④ 4개   ⑤ 0개

68 개업공인중개사의 중개대상물에 대한 확인·설명의무에 관한 설명으로 "틀린" 것은?

① 설명시에는 성실하고 정확하게 설명하여야 하며 설명의 근거자료를 제시하여야 한다.
② 중개대상 물건에 대한 설명은 권리를 취득하고자 하는 중개의뢰인에게 하여야 한다.
③ 취득시 부담할 조세의 종류와 세율을 설명해야 할 사항에 해당된다.
④ 점유권은 등기사항증명서로 확인할 수 없으므로, 확인·설명의 대상이 아니다.
⑤ 개업공인중개사는 확인·설명서의 원본, 사본 또는 전자문서를 3년간 보존(공인전자문서센터에 보존 시에는 제외)하여야 한다.

69 다음은 중개대상물 확인·설명의무에 관한 판례에 대한 내용이다. "옳은" 것은?

① 개업공인중개사가 중개대상물에 대하여 성실하고 정확하게 설명하지 아니한 경우에는 업무정지처분의 대상이 된다.

② 중개대상물 확인·설명사항으로서의 권리관계에는 권리자에 관한 사항은 포함되지 않는다.

③ 개업공인중개사는 다가구주택의 일부에 대한 임대차계약을 중개함에 있어서 임대의뢰인에게 그 다가구주택 내에 이미 거주해서 살고 있는 다른 임차인의 임대차계약 내역까지 확인할 필요는 없다.

④ 개업공인중개사의 확인·설명의무는 중개의뢰인이 개업공인중개사에게 소정의 중개보수를 지급하지 아니하는 경우에는 소멸된다.

⑤ 중개대상물건에 근저당이 설정된 경우에는 개업공인중개사는 채권최고액을 설명하여야 하며, 실제의 현재 채무액까지 설명해 주어야 할 의무는 없다.

70 개업공인중개사가 주택의 임대차를 중개할 때에 임차의뢰인에게 설명해야 할 사항을 모두 고르면?

> ㉠ 「주택임대차보호법」에 따라 확정일자부여기관에 정보제공을 요청할 수 있다는 사항
> ㉡ 「국세징수법」 및 「지방세징수법」에 따라 임대인이 납부하지 아니한 국세 및 지방세의 열람을 신청할 수 있다는 사항
> ㉢ 관리비 금액과 그 산출내역
> ㉣ 「주택임대차보호법」에 따른 "임대인의 정보 제시 의무 및 보증금 중 일정액의 보호
> ㉤ 「주민등록법」에 따른 "전입세대확인서"의 열람 또는 교부에 관한 사항
> ㉥ 「민간임대주택에 관한 특별법」에 따른 임대보증금에 대한 보증에 관한 사항

① ㉠, ㉡, ㉢   ② ㉣, ㉤, ㉥
③ ㉠, ㉡, ㉣, ㉤   ④ ㉢, ㉣, ㉤, ㉥
⑤ ㉠, ㉡, ㉢, ㉣, ㉤, ㉥

[테마 18] 확인·설명서 서식(개정내용)

71 다음은 중개업의 확인·설명서에 관한 내용이다. "틀린" 것은?

① 주거용 건축물[Ⅰ]의 경우에는 "환경조건"란에 일조·소음·진동·비선호시설을 기재하여야 한다.

② 주거용 건축물[Ⅰ]의 경우에는 "소방"란에 단독경보형감지기 설치 여부를 확인하여 세부 확인사항으로 기재하여야 한다.

③ 5층 이상의 아파트의 경우에는 단독경보형감지기 설치 여부를 기재할 필요가 없다.

④ "취득 조세"와 "중개보수"란은 확인·설명서 4가지 서식 모두에 기재되는 란이 있다.

⑤ 주거용 건축물[Ⅰ]이나 비주거용 건축물[Ⅱ]의 경우에는 내진설계 여부와 내진능력을 확인하여 기본 확인사항으로 기재하여야 한다.

72 "주거용" 건축물의 확인·설명서[Ⅰ]의 작성방법 등에 관한 내용이다. "옳은" 것은? (개정서식 기준)

① 건물의 방향은 주택의 경우에는 주된 출입구의 방향을 기준으로, 기타 건축물의 경우에는 주실(主室)의 방향을 기준으로 기재한다.

② "관리에 관한 사항"란에는 경비실, 관리주체를 기재하되, 관리비에 관한 내용을 기재할 필요는 없다.

③ "입지조건"란에는 도로, 대중교통, 주차장, 판매·의료시설, 교육시설을 확인하여 기재한다.

④ "개별공시지가" 및 "건물(주택)공시가격"은 중개완성 후의 공시된 개별공시지가 또는 공시가격을 기재한다.

⑤ 임대차의 경우에는 취득 조세의 종류 및 세율을 기재하지 아니하며, 또한 토지이용계획·공법상의 이용제한 및 거래규제에 관한 사항은 기재를 생략할 수 있다.

73 주거용 건축물의 확인·설명서[Ⅰ]의 작성방법 등에 관한 내용이다. "옳게" 연결된 것은? (개정서식 기준)

① 내·외부시설물의 상태 – 개업공인중개사 기본 확인사항 – 수도, 전기, 가스, 소방, 난방, 승강기, 배수, 기타 시설물

② 현장안내 – 개업공인중개사 세부 확인사항 – 현장안내자, 소속공인중개사 신분 고지 여부

③ 입지조건 – 개업공인중개사 세부 확인사항 – 도로, 대중교통, 주차장, 교육시설

④ 임대차확인사항 – 개업공인중개사 기본 확인사항 – 확정일자 부여현황정보, 국세 및 지방세 체납정보, 전입세대 확인서, 최우선변제금, 민간임대등록 여부, 계약갱신요구권행사 여부

⑤ 비선호시설 – 개업공인중개사 세부 확인사항 – 1km 이내 혐오시설 등

74 "비주거용 건축물의 확인·설명서[Ⅱ]"에 기재하는 내용에 관한 설명 중 "틀린" 것은?

① "토지이용계획, 공법상 이용제한 및 거래규제에 관한 사항(토지)"의 "건폐율 상한 및 용적률 상한"은 시·군의 조례에 따라 기재하고, "도시계획시설", "지구단위계획구역, 그 밖의 도시관리계획"은 개업공인중개사가 확인하여 기재한다.

② "벽면·바닥면" 상태는 기재를 하지만, "도배" 상태는 기재하지 않는다.

③ "입지조건"란에 "도로, 대중교통, 주차장을 기재한다.

④ "내 외부의 시설물 상태(건축물)"의 "그 밖의 시설물"은 가정자동화시설을 기재한다.

⑤ 근저당 등이 설정된 경우 채권최고액을 확인하여 기재한다.

75 중개대상물 확인·설명서에 대한 내용이다. "틀린" 것은?

① "비주거용 건축물 확인·설명서[Ⅱ]"에는 도배, 환경조건, 교육시설을 기재하는 란이 없다.

② "토지용 확인·설명서[Ⅲ]"에는 "내·외부시설물의 상태"와 "벽면·바닥면 및 도배 상태"를 기재하는 란은 없다.

③ "토지용 확인·설명서[Ⅲ]"에는 "입지조건"을 기재하는 란은 없다.

④ "입목, 광업재단, 공장재단"의 경우에는 입목의 생육상태와 재단목록을 기재한다.

⑤ 확인·설명서는 외국인을 위한 영문서식이 정해져 있다.

76 공인중개사법령상 개업공인중개사가 "토지"의 중개대상물 "확인·설명서[Ⅲ]"에 기재해야 할 사항에 해당하는 것은 모두 몇 개인가?

- 일조·소음 등 환경조건
- 수도·전기·가스 등 내·외부시설물의 상태
- 비선호시설(1km 이내)의 유무
- 공법상 이용제한 및 거래규제에 관한 사항
- 도로, 대중교통수단과의 연계성

① 1개 　　　② 2개 　　　③ 3개
④ 4개 　　　⑤ 5개

77 공인중개사법령상 "주거용 건축물 확인·설명서 [I]"에 관한 설명으로 "틀린" 것은?

① 대상물건에 공동담보가 설정되어 있는 경우에는 공동담보 목록 등을 확인하여 공동담보의 채권최고액 등 해당 중개물건의 권리관계를 기재하여야 한다.

② 다세대주택 건물 전체에 설정된 근저당권 현황을 확인·제시하지 않으면서, 계약대상 물건이 포함된 일부 호실의 공동담보 채권최고액이 마치 건물 전체에 설정된 근저당권의 채권최고액인 것처럼 중개의뢰인을 속이는 경우에는 「공인중개사법」위반으로 형사처벌 대상이 될 수 있다.

③ 임대차 확인사항에서, 최우선변제금은 근저당권 등 선순위 담보물권이 설정되어 있는 경우 선순위 담보물권 설정 당시의 소액임차인범위 및 최우선 변제금액을 기준으로 적어야 한다.

④ 임차인은 주택도시보증공사(HUG) 등이 운영하는 전세보증금반환보증에 가입할 것을 권고한다.

⑤ 비선호시설의 종류 및 위치는 대상물건으로부터 2km 이내에 의뢰인을 기준으로 기피 시설의 종류 및 위치를 적는다.

[테마 19] 거래계약서 작성의무

78 개업공인중개사 등의 거래계약서 작성에 관한 설명 중 "옳은" 것은?

① 개업공인중개사가 거래계약서를 작성할 때에는 국토교통부장관이 정하는 표준서식에 따라야 한다.

② 소속공인중개사가 거래계약서에 거래금액을 거짓으로 기재하면 과태료처분의 대상이 된다.

③ 개업공인중개사는 서로 다른 2 이상의 거래계약서를 작성하여서는 아니 되며, 위반시에는 등록이 취소될 수 있으며, 1년 이하의 징역 또는 1천만원 이하의 벌금에 처한다.

④ 법인인 개업공인중개사의 분사무소 소속공인중개사가 중개업무를 수행한 경우에는 법인의 대표자와 담당 소속공인중개사가 함께 서명 및 날인을 하여야 한다.

⑤ 거래계약서에 공법상 이용제한과 거래규제를 기재하지 않아도 된다.

79 다음 중 서명·날인의무에 관한 설명으로 "틀린" 것은?

① 개업공인중개사는 거래계약서에 반드시 서명 및 날인을 하여야 한다.

② 개업공인중개사는 확인·설명서에 반드시 서명 및 날인을 하여야 한다.

③ 중개업무를 수행한 개업공인중개사는 부동산거래 신고서에 서명 또는 날인을 하여야 한다.

④ 중개의뢰를 받은 개업공인중개사는 중개계약서에 서명 및 날인을 하여야 한다.

⑤ 법인인 개업공인중개사의 분사무소의 소속공인중개사가 작성한 거래계약서에는 분사무소 책임자와 담당 소속공인중개사가 함께 서명 및 날인을 하여야 한다.

80 공인중개사법령상 개업공인중개사의 거래계약서의 작성에 관한 설명으로 "옳은" 것은?

① 개업공인중개사는 시행규칙의 별지서식으로 정해진 서식을 사용해야 한다.

② 거래당사자의 인적사항과 물건의 인도일시, 중개보수는 거래계약서에 기재하여야 할 사항이다.

③ 거래계약서를 작성한 개업공인중개사는 그 원본, 사본 또는 전자문서를 5년 동안 보존(공인전자문서센터에 보존시에는 제외)해야 한다.

④ 개업공인중개사가 거래금액을 거짓으로 기재한 경우 1년 이하의 징역 또는 1천만원 이하의 벌금형의 대상이 된다.

⑤ 당해 물건에 대하여 중개 업무를 수행한 담당 소속공인중개사도 개업공인중개사와 함께 서명 또는 날인하여야 한다.

[테마 20] 거래대금의 예치제도

81 중개완성 후 계약금 등을 개업공인중개사 명의로 예치를 하였다. "틀린" 것은?

① 개업공인중개사는 자기 소유의 재산과 분리하여 관리하여야 하며, 거래당사자의 동의 없이 이를 임의로 인출하여서는 아니 된다.

② 개업공인중개사는 예치 대상금의 지급을 보장하기 위하여 예치된 금액만큼의 지급보증을 설정하여야 한다.

③ 개업공인중개사는 계약금 등의 반환채무이행보장을 위한 예치로 인하여 소요되는 실비에 대해서도 의뢰인과 미리 약정을 하여야 한다.

④ 예치와 관련된 실비는 권리를 이전하고자 하는 의뢰인에게 받을 수 있다.

⑤ 개업공인중개사는 계약금 등의 예치와 관련되는 의무규정을 위반한 경우에는 업무정지처분의 대상이 된다.

82 계약금 등의 반환채무 이행의 보장에 관한 설명으로 "옳은" 것은?

① 법원은 예치명의자가 될 수 있다.

② 중개의뢰인이 중도금을 예치할 것을 요청한 경우, 개업공인중개사는 예치할 의무가 발생된다.

③ 이 법상 공제사업을 하는 자는 예치명의자가 될 수 있으며, 또한 예치기관이 될 수도 있다.

④ 개업공인중개사가 이러한 계약금 등의 반환채무 이행 보장업무를 수행한 경우에는 권리 이전 의뢰인으로부터 예치와 관련된 실비를 받을 수 있다.

⑤ 계약금 등을 예치한 경우, 매도인·임대인 등 계약금 등을 수령할 수 있는 권리가 있는 자는 당해 계약을 해제한 때에 계약금 등의 반환을 보장하는 내용의 보증서를 예치기관에 교부하고, 계약금 등을 미리 수령할 수 있다.

83 「공인중개사법」상 계약금 등의 반환채무이행의 보장에 관한 설명으로 "옳은" 것은?

① 개업공인중개사는 거래 안전을 보장하기 위하여 필요하다고 인정되는 경우에는 개업공인중개사의 명의로 계약금 등을 금융기관 등에 예치하도록 거래당사자에게 권고하여야 한다.

② 개업공인중개사는 계약금 등을 자기명의로 예치하는 경우에는 자기 소유의 예치금과 분리하여 관리하여야 하며, 위반시 업무정지처분의 대상이 된다.

③ 개업공인중개사뿐만 아니라, 당해 중개업무를 수행한 소속공인중개사도 예치명의자가 될 수 있다.

④ 개업공인중개사의 지급보증은 법인인 개업공인중개사는 4억원 이상으로 설정하여야 한다.

⑤ 계약금 등을 예치한 경우 매도인·임대인 등 계약금 등을 수령할 수 있는 권리가 있는 자는 당해 계약을 해제한 때에 계약금 등의 반환을 보장하는 내용의 보증서를 예치명의자에게 교부한 경우에도 계약금 등을 미리 수령할 수 없다.

[테마 21] 금지행위(법 제33조)

84 개업공인중개사 등의 금지행위(법 제33조)에 관한 내용이다. "옳은" 것은? (다툼이 있으면 판례에 따름)

① 개업공인중개사 등이 서로 짜고 매도의뢰가액을 숨긴 채 높은 가액으로 매도하고 그 차액을 취득한 행위는 중개의뢰인의 판단을 그르치게 하는 금지행위에 해당되지 아니한다.

② 개업공인중개사가 상가건물에 대한 분양대행과 관련하여 교부받은 금원도 공인중개사법령에 의한 중개보수의 한도 초과 금지규정이 적용된다.

③ 소속공인중개사가 중개보수한도를 초과하여 중개보수를 받은 경우에는 자격취소처분의 대상이면서, 1년 이하의 징역 또는 1천만원 이하의 벌금의 대상에도 해당된다.

④ 개업공인중개사가 매도인으로부터 매도중개의뢰를 받은 다른 개업공인중개사의 중개로 부동산을 매수하여, 매수중개의뢰를 받은 또 다른 개업공인중개사의 중개로 매도한 경우 금지행위에 해당된다.

⑤ 탈세 목적의 미등기전매행위를 중개하였으나, 의뢰인이 전매차익을 보지 못한 경우에도 부동산투기를 조장하는 행위에 해당한다.

85 개업공인중개사 등의 금지행위(법 제33조)에 관한 설명으로 "틀린" 것은?

① 중개보수 한도를 초과하여 받은 초과분은 무효로써, 반환하여야 한다.

② 초과보수의 본질은 법정의 한도를 초과하는 금품을 취득함에 있는 것이지, 현실적으로 중개의뢰인에게 그 한도 초과액 상당의 손해가 발생함을 처벌의 요건으로 하지 않는다.

③ 중개의뢰인과 직접거래를 하거나 거래당사자 일방을 대리하는 행위는 금지행위에 해당된다.

④ 중개대상물에 대한 매매업은 1년 이하의 징역 또는 1천만원 이하의 벌금형의 대상이나, 관계 법령에서 거래가 금지된 부동산 분양·임대와 관련된 증서에 대한 매매업은 3년 이하의 징역 또는 3천만원 이하의 벌금형의 대상이다.

⑤ 개업공인중개사가 금지행위에 해당되는 위반행위를 한 경우에는, 등록관청은 중개사무소 개설등록을 취소하거나, 업무정지를 명할 수 있다.

86 다음 중 「공인중개사법」 제33조의 개업공인중개사 등의 금지행위에 "해당"하는 것을 모두 고르면?

> ㉠ 거래상의 중요사항에는 해당되지 않으나, 중개의뢰인의 판단을 그르치게 할 수 있는 행위를 한 경우
> ㉡ 중개보수의 법정한도를 초과하여 받았으나, 중개의뢰인과 미리 약정을 하고, 약정한 중개보수를 받은 경우
> ㉢ 중개보수의 법정한도를 받은 후, 실비와 권리금 알선료를 별도로 받은 경우
> ㉣ 동과 호수가 지정되어 있는 아파트 분양권의 매매를 업으로 한 경우
> ㉤ 「주택법」상의 거래가 금지된 주택청약통장의 매매를 업으로 한 경우
> ㉥ 무등록으로 중개업을 하는 자인 것을 알면서 그를 통해 중개를 의뢰받고 자신의 명의를 이용케 한 경우
> ㉦ 개업공인중개사가 중개대상물이 아닌 동산에 대한 매매업을 한 경우
> ㉧ 개업공인중개사가 신탁을 의뢰하는 신탁의뢰인과 직접거래의 형태로 소유권을 이전받은 경우

① 1개   ② 2개   ③ 3개
④ 4개   ⑤ 5개

87 공인중개사법령상 중개보수에 대한 내용과 제33조 제1항의 금지행위로서 "초과보수금지"에 관한 설명으로 "틀린" 것은? (다툼이 있으면 판례에 따름)

① 해당 물건을 중개를 한 개업공인중개사가 중개보수 명목이 아니라, 사례금 명목으로 법령이 정한 한도를 초과하여 중개보수를 받는 행위는 금지행위에 해당하지 않는다.
② 법령상 한도를 초과하는 보수를 유효한 당좌수표로 받았으나 차후에 부도 처리되어 개업공인중개사가 그 수표를 반환한 경우에도 이는 위법하여 처벌된다.
③ 상가건물에 대한 권리금 알선료는 중개보수에 관한 제한규정이 적용되지 않는다.
④ 개업공인중개사의 법령상 상한을 초과하는 부동산 중개보수 약정은 그 한도를 넘는 범위 내에서 무효이다.
⑤ 개업공인중개사가 아파트 분양권의 매매를 중개하면서 중개보수 산정에 관한 지방자치단체의 조례를 잘못 해석하여 법에서 허용하는 금액을 초과한 중개보수를 수수한 행위라도 이는 위법하여 처벌된다.

88 개업공인중개사의 금지행위(법 제33조항) 중의 하나인 "중개의뢰인과 직접거래"에 관한 내용으로 "틀린" 것은? (다툼이 있으면 판례에 따름)

① 중개의뢰인과 직접거래에 대한 처벌규정은 단속규정에 불과하여, 중개의뢰인과 개업공인중개사 사이의 거래계약은 무효이다.
② 개업공인중개사와 토지소유자와 사이에 신탁계약을 체결하여 개업공인중개사 자신의 비용으로 토지를 택지로 조성하여 분할한 다음, 이를 타인에게 매도하여 그 수익을 나누는 약정을 한 경우, 개업공인중개사는 중개의뢰인과 직접거래로 처벌되지는 아니한다.
③ 중개의뢰인과 직접거래에서 중개의뢰인에는 중개대상물의 소유자뿐만 아니라 그로부터 대리권을 수여받은 대리인, 수임인도 포함된다.
④ 중개의뢰인과 직접거래에서 개업공인중개사가 경제공동체인 자신의 배우자 명의로 직접거래를 하는 것도 금지행위에 해당된다.
⑤ 중개의뢰인과의 직접거래를 금지하는 규정에서 직접거래에는 매매계약뿐만 아니라, 교환계약이나 임대차계약 등도 포함된다.

[테마 22] 손해배상책임과 업무보증설정 의무(법 제30조)

89 다음은 손해배상책임과 업무보증의 설정에 관한 설명이다. "틀린" 것은?

① 소속공인중개사가 중개업무를 수행하기 위해서는 업무개시 전까지 업무보증을 설정하여야 한다.

② 지역농업협동조합은 2천만원 이상의 업무보증을 설정하여야 한다.

③ 법인인 개업공인중개사는 손해배상책임을 보장하기 위하여 4억원 이상, 분사무소를 두는 경우에는 분사무소마다 2억원 이상을 추가로 설정하여야 한다.

④ 개업공인중개사가 보증을 다른 보증으로 변경하고자 하는 경우에는 기존 업무보증의 효력이 있는 기간 중에 다른 보증을 설정하고 그 증빙서를 갖추어 등록관청에 신고하여야 한다.

⑤ 개업공인중개사가 공탁한 공탁금은 개업공인중개사가 폐업 또는 사망한 날로부터 3년 이내에는 이를 회수할 수 없다.

90 개업공인중개사는 "중개행위"를 함에 있어서 고의 또는 과실로서 거래당사자에게 재산상의 손해를 발생하게 한 때에는 그 손해를 배상할 책임 있다 (법 제30조). 이에 대한 설명으로 "틀린" 것은? (다툼이 있으면 판례에 따름)

① 개업공인중개사가 중도금 일부를 횡령한 경우에도 "중개행위"를 함에 있어서 거래당사자에게 재산상 손해를 발생케 한 경우에 해당한다.

② 어떠한 행위가 "중개행위"에 해당하는지 여부는 개업공인중개사의 주관적 의사에 의하여 결정하여야 한다.

③ 법원경매 대상 부동산에 대한 권리분석 및 취득의 알선행위도 '중개행위'에 해당된다.

④ 개업공인중개사는 의뢰인의 손해 전액에 대하여 배상책임을 져야 하나, 보증기관의 손해배상책임은 개업공인중개사가 설정한 보증보험의 보장금액을 한도로 한다.

⑤ 오피스텔을 임차하기 위하여 방문한 임차의뢰인에게 자신이 직접 거래당사자로서 임대차계약을 체결한 경우에는 "중개행위"에 해당하지 않는다.

91 공인중개사법령상 손해배상책임(법 제30조) 및 업무보증 설정의무에 관한 내용이다. "옳은" 것은? (다툼이 있으면 판례에 따름)

① 개업공인중개사 등이 아닌 제3자의 중개행위로 거래당사자에게 재산상 손해가 발생한 경우 그 제3자는 「공인중개사법」에 따른 손해배상책임을 진다.

② 개업공인중개사가 자기의 중개사무소를 다른 사람의 중개행위의 장소로 제공함으로써 거래당사자에게 재산상의 손해를 발생한 때에는 배상할 책임이 없다.

③ 분사무소가 3개가 있는 법인인 개업공인중개사의 전체 업무보증금은 총 6억원 이상이어야 한다.

④ 공제에 가입한 개업공인중개사로서 보증기간이 만료되어 다시 보증을 설정하고자 하는 자는 그 보증기간 만료 5일 전까지 다시 보증을 설정해야 한다.

⑤ 개업공인중개사는 보증보험금·공제금 또는 공탁금으로 손해배상을 한 때에는 15일 이내에 보증보험 또는 공제에 다시 가입하거나 공탁금 중 부족하게 된 금액을 보전하여야 한다.

[테마 23] 중개보수와 실비

92 다음은 개업공인중개사의 보수에 관한 내용이다. "틀린" 것은? (다툼이 있으면 판례에 따름)

① 중개보수의 지급시기에 대하여 약정이 있더라도, 중개의뢰인은 거래대금지급이 완료된 날에 지급하여야 한다.

② 개업공인중개사의 중개보수는 중개계약에서 구체적인 보수 약정을 하지 않았더라도 중개보수청구권은 인정된다.

③ 개업공인중개사의 고의나 과실로 인하여 거래행위가 취소된 경우에 보수청구권은 소멸된다.

④ 중개사무소 개설등록을 하지 아니한 채, 부동산중개업을 하면서 체결한 중개보수 약정은 무효이다.

⑤ 중개보수는 중개대상에 따라 주택과 주택 이외로 구분하여 다른 기준을 적용한다.

93 개업공인중개사가 받을 수 있는 중개보수에 대한 설명으로 "틀린" 것은?

① 주택(15억원 이상)에 대한 매매계약을 중개하고 중개의뢰인 일방으로부터 받을 수 있는 중개보수는 거래금액의 1천분의 7 이내에서 (특·광) 시·도의 조례로 정하는 바에 따른다.

② 주택 이외의 중개대상물에 대한 중개를 하고 중개의뢰인 일방으로부터 받을 수 있는 중개보수는 거래금액의 1천분의 9 이내에서 협의로 정한다(특수한 주거용 오피스텔은 제외).

③ 동일한 중개대상물에 대하여 동일 당사자 간에 매매를 포함한 둘 이상의 거래가 동일 기회에 이루어진 경우에는 매매계약에 관한 거래금액만을 적용한다.

④ 교환계약의 경우에는 교환대상 중개대상물 중 금액이 적은 물건가액을 거래금액으로 한다.

⑤ 주택의 소재지와 중개사무소의 소재지가 다른 경우에는 중개사무소 소재지 관할 (특·광) 시·도 조례에 따른다.

94 개업공인중개사가 Y시 소재 X 주택에 대하여 동일 당사자 사이의 매매와 임대차를 동일 기회에 중개하는 경우, 일방 당사자로부터 받을 수 있는 중개보수의 최고한도액은?

1. 甲(매도인, 임차인) 乙(매수인, 임대인)
2. 매매대금 : 6억원
3. 임대보증금 : 5천만원, 월차임 : 100만원
4. 임대기간 : 2년
5. Y시 주택매매 및 임대차 중개보수의 기준
   1) 매매금액 2억원 이상 9억원 미만 : 0.4%(1천분의 4)
   2) 임대차 환산보증금 1억원 이상 6억원 미만 : 0.3%(1천분의 3)

① 45만원   ② 240만원   ③ 285만원

④ 480만원   ⑤ 정답 없음

95 개업공인중개사가 ○○시 소재 주거용 오피스텔에 대하여 매매와 임대차를 동일한 날에 아래의 조건으로 중개를 하였다. 개업공인중개사가 중개의뢰인 乙에게 받을 수 있는 중개보수의 최고한도액은?

1. 중개대상물 : 「건축법 시행령」 [별표 1] 제14호 나목 2)에 따른 오피스텔 (전용면적이 80m², 상·하수도 시설이 갖추어진 전용입식 부엌, 전용수세식 화장실 및 목욕시설을 갖춤)
2. 거래당사자 : 매매계약은 甲(매도인)과 乙(매수인), 임대차계약은 乙(임대인)과 丙(임차인)
3. 거래금액 : 매매가격은 4억원, 임대차는 보증금 1억원에 월 200만원(임대차기간은 2년)
4. ○○시 조례

거래내용	거래금액	상한요율	한도액
매매	2억원 이상 ~ 9억원 미만	1천분의 4	없음
임대차	1억원 이상 ~ 6억원 미만	1천분의 3	없음

① 160만원   ② 200만원   ③ 250만원

④ 320만원   ⑤ 정답 없음

96 다음의 사례에서 개업공인중개사가 매매대금 5억원에 "매매"계약을 중개하고 매도인에게 받을 수 있는 중개보수 최고한도는?

> 주거용 오피스텔로서 전용면적이 "90m²"이며, 상하수도 시설이 갖추어진 전용입식 부엌, 전용수세식 화장실 및 목욕시설을 갖추었다.

① 200만원　　② 250만원　　③ 400만원
④ 450만원　　⑤ 800만원

97 개업공인중개사가 받을 수 있는 중개보수에 대한 설명으로 "틀린" 것은? (다툼이 있으면 판례에 따름)

① 실비는 중개보수와 별도로 받는다.
② 중개대상물 확인에 소요되는 실비는 권리를 이전하고자 하는 의뢰인에게 청구할 수 있다.
③ 상가건물의 권리금 알선료는 중개보수 제한 규정이 적용되지 아니한다.
④ 중개보수에는 부가가치세가 포함된 것으로 본다.
⑤ 계약이 완료되지 않을 경우에도 중개행위에 상응하는 보수를 지급하기로 약정할 수 있고, 공매물건의 알선에 대한 보수는 중개보수의 제한규정이 적용된다.

98 A는 분양금액 10억원인 ○○아파트(Y시 소재)를 분양받아 계약금 1억원, 1차 중도금 2억원을 납부하였다. 그런데 이 아파트에 1억원의 프리미엄이 붙어 A는 B에게 분양권을 전매하였다. 만약 개업공인중개사가 이 분양권 매매를 중개하였다면 매수인에게 받을 수 있는 중개보수의 한도는 얼마인가?

(* Y시 주택매매 중개보수의 기준)

거래	거래금액	상한요율	한도액
매매	2억원 이상 ~ 9억원 미만	1천분의 4	없음
	9억원 이상 ~ 12억원 미만	1천분의 5	없음
	12억원 이상 ~ 15억원 미만	1천분의 6	없음
	15억원 이상	1천분의 7	없음

① 160만원　　② 320만원　　③ 500만원
④ 550만원　　⑤ 840만원

[테마 24] 부동산거래정보망

99 다음은 거래정보사업자 지정을 받기 위한 요건에 대한 내용이다. "옳은" 것은?

① 운영규정을 정하여 지정받기 전 3개월 이내에 국토교통부장관의 승인을 받아야 한다.
② 정보처리기사 2인 이상을 확보하여야 한다.
③ 거래정보사업자가 되려면 전국 500명 이상의 개업공인중개사가 가입·이용을 신청하여야 하며, 2개 이상의 (특·광) 시·도에서 각각 20명 이상의 개업공인중개사가 가입·이용신청을 하여야 한다.
④ 지정신청시 공인중개사 자격증 원본을 첨부하여야 한다.
⑤ 가입자가 이용하는 데 지장이 없는 정도로서 국토교통부장관이 정하는 용량 및 성능을 갖춘 컴퓨터 설비를 확보하여야 한다.

100 공인중개사법령상 부동산거래정보망의 지정 및 이용에 관한 설명으로 "틀린" 것은?

① 국토교통부장관은 부동산거래정보망을 설치·운영할 자를 지정할 수 있다.
② 부동산거래정보망을 설치·운영할 자로 지정을 받을 수 있는 자는 「전기통신사업법」의 규정에 의한 부가통신사업자로서 국토교통부령이 정하는 요건을 갖춘 자이다.
③ 거래정보사업자는 지정받은 날부터 3개월 이내에 부동산거래정보망의 이용 및 정보제공방법 등에 관한 운영규정을 정하여 국토교통부장관의 승인을 얻어야 한다.
④ 거래정보사업자가 부동산거래정보망의 이용 및 정보제공방법 등에 관한 운영규정을 변경하고자 하는 경우 국토교통부장관의 승인을 얻어야 한다.
⑤ 거래정보사업자는 개업공인중개사로부터 공개를 의뢰받은 중개대상물의 정보를 개업공인중개사에 따라 차별적으로 공개할 수 있다.

101 공인중개사법령상 거래정보사업자의 "지정취소" 사유에 해당하는 것을 모두 고른 것은?

> ㉠ 부동산거래정보망의 이용 및 정보제공방법 등에 관한 운영규정을 변경하고도 국토교통부장관의 승인을 받지 않고 부동산거래정보망을 운영한 경우
> ㉡ 개업공인중개사로부터 공개를 의뢰받지 아니한 중개대상물 정보를 부동산거래정보망에 공개한 경우
> ㉢ 정당한 사유 없이 지정받은 날부터 6개월 이내에 부동산거래정보망을 설치하지 아니한 경우
> ㉣ 개인인 거래정보사업자가 사망한 경우
> ㉤ 부동산거래정보망의 이용 및 정보제공방법 등에 관한 운영규정을 위반하여 부동산거래정보망을 운영한 경우

① ㉠, ㉡
② ㉢, ㉣
③ ㉠, ㉡, ㉤
④ ㉠, ㉡, ㉣, ㉤
⑤ ㉠, ㉡, ㉢, ㉣, ㉤

102 공인중개사법령상 부동산거래정보망에 관한 설명이다. "옳은" 것은?

① 등록관청은 부동산거래정보망을 설치·운영할 자를 지정할 수 있다.
② 거래정보사업자로 지정받기 위해서는 부가통신사업자일 필요는 없다.
③ 법인인 개업공인중개사도 일정한 요건을 갖춘 경우에는 거래정보사업자가 될 수 있다.
④ 거래정보사업자가 운영규정의 변경승인을 얻지 아니하고 부동산거래정보망을 변경 운영을 한 때에는 500만원 이하의 과태료처분을 받을 수 있다.
⑤ 개업공인중개사가 부동산거래정보망에 중개대상물에 관한 정보를 허위로 공개한 경우에는 100만원 이하의 과태료처분의 대상이 된다.

[테마 25] 공인중개사협회

103 공인중개사협회에 관한 설명으로 "옳은" 것은?

① 부칙상의 개업공인중개사는 공인중개사가 아니므로, 공인중개사 협회 설립의 주체가 될 수 없다.
② 협회는 회원 300인 이상이 발기인이 되어 정관을 작성하여 서명·날인한 후 600인 이상의 개업공인중개사가 모인 창립총회의 의결을 거친 후 국토교통부장관의 인가를 받으면, 협회는 성립한다.
③ 협회는 서울특별시에 주된 사무소를 두어야 하고, 정관이 정하는 바에 따라 특별시·광역시·도에 지부를, 시·군·구에 지회를 두어야 한다.
④ 협회 지부에 대하여는 특별시장·광역시장이 지도·감독을 한다.
⑤ 협회의 업무로서 부동산 정보제공업무와 공제사업은 고유업무에 해당되나, 실무교육은 수탁업무에 해당된다.

104 공인중개사협회의 공제운영위원회에 관한 설명으로 "옳은" 것은?

① 금융감독원 또는 금융기관에서 임원 이상의 직에 재직 중인 자는 위원이 될 수 없으나, 공제사업과 관련하여 학식과 경험이 5년 이상인 자는 위원이 될 수 있다.
② 위원의 임기는 2년으로 하되, 1회에 한하여 연임할 수 있다.
③ 운영위원회의 위원의 수는 7명 이상 11명 이내로 한다.
④ 운영위원회의 구성은 협회 회장 및 협회 이사회가 협회의 임원 중에서 선임하는 사람이 전체 위원수의 2분의 1 미만이어야 한다.
⑤ 공제운영위원회는 협회의 공제사업에 관한 사항을 심의하고 그 업무집행을 감독하기 위하여 국토교통부에 둔다.

105 공인중개사협회에서 운영하는 공제사업의 내용으로 "틀린" 것은?

① 협회의 공제사업은 영리사업으로서 회원 간의 상호부조를 목적으로 한다.

② 협회는 공제사업을 다른 회계와 구분하여 별도의 회계로 관리하여야 하며, 책임준비금을 다른 용도로 전용하고자 하는 경우에는 국토교통부장관의 승인을 받아야 한다.

③ 협회는 공제사업 운용실적을 매 회계연도 종료 후 3개월 이내에 일간신문 또는 협회보에 공시하고, 협회의 인터넷 홈페이지에 게시하여야 한다.

④ 공제사업자가 적립해야 하는 책임준비금의 적립비율은 공제사고 발생률 및 공제금 지급액 등을 종합적으로 고려하여 정하되, 공제료 수입액의 100분의 10 이상으로 정한다.

⑤ 협회와 개업공인중개사 간에 체결된 공제계약이 유효하게 성립하려면 공제계약 당시에 공제사고의 발생 여부가 확정되어 있지 않은 것을 대상으로 해야 한다.

106 다음은 공인중개사협회의 공제사업의 재무건전성과 관련된 내용이다. "틀린" 것은?

① 협회는 공제금 지급능력과 경영의 건전성을 확보하기 위하여 대통령령으로 정하는 재무건전성 기준을 지켜야 한다.

② 지급여력비율은 100분의 100 이상을 유지하여야 한다.

③ 지급여력비율은 지급기준금액을 지급여력금액으로 나눈 비율로 한다.

④ 협회는 재무건전성 유지를 위하여 구상채권 등 보유자산의 건전성을 정기적으로 분류하고, 대손충당금을 적립하여야 한다.

⑤ 국토교통부장관은 협회의 공제사업 운영이 적정하지 아니한 경우에는 공제업무의 개선명령을 할 수 있으나, 처분명령은 할 수 없다.

107 다음은 공인중개사협회에 관한 설명이다. "옳은" 것은?

① 협회에 관하여 공인중개사법령에 규정된 것 외에는 「민법」중 조합에 관한 규정을 적용한다

② 협회는 회원 300인 이상이 발기인이 되어 정관을 작성하여 서명·날인한 후, 창립총회의 의결을 거쳐서 국토교통부장관의 설립인가를 받으면 협회는 성립한다.

③ 협회는 정관이 정하는 바에 따라 특별시·광역시·도에 지부를, 시·군·구에 지회를 둘 수 있다.

④ 협회는 총회의 의결내용을 다음달 10일까지 국토교통부장관에게 보고해야 한다.

⑤ 공제금은 손해배상기금과 복지기금으로 구분하되, 복지기금을 다른 용도로 전용할 때에는 국토교통부장관의 승인을 받아야 한다.

[테마 26] 보칙

108 다음 중 공인중개사법령상 신고 또는 고발시 포상금을 지급할 수 있는 사유에 "해당" 하는 것은 모두 몇 개인가?

> ㉠ 법정한도를 초과하여 중개보수를 요구하여 받은 개업공인중개사
> ㉡ 이중으로 등록을 한 개업공인중개사
> ㉢ 부정한 방법으로 중개사무소의 개설 등록을 한 자
> ㉣ 부정한 방법으로 공인중개사의 자격을 취득한 자
> ㉤ 임시 중개시설물을 설치한 개업공인중개사
> ㉥ 공인중개사 자격증을 양수·대여받은 자
> ㉦ 개업공인중개사가 아닌 자로서 개업공인중개사의 명칭이나 유사명칭을 사용한 자
> ㉧ 개업공인중개사가 아닌 자로서 중개대상물에 대한 표시·광고를 한 자
> ㉨ 안내문 등을 이용하여 특정한 개업공인중개사에게는 의뢰하지 말 것을 담합하는 등 금지행위를 한 자

① 1개   ② 2개   ③ 3개
④ 4개   ⑤ 5개

109 「공인중개사법」상의 포상금제에 대한 설명이다. "틀린" 것은?

① 포상금의 지급은 그 결정일로부터 1개월 이내에 지급하여야 한다.
② 부동산거래질서교란행위 신고센터에 신고를 한 경우이더라도, 포상금 지급신청서는 등록관청에 제출하여야 한다.
③ 포상금은 1건당 50만원으로 하며, 포상금의 지급에 소요되는 비용 중 국고에서 보조할 수 있는 비율은 100분의 50 이내로 한다.
④ 포상금은 신고 또는 고발사건에 대하여 검사가 공소제기 또는 기소유예의 결정을 한 경우에 한하여 지급한다.
⑤ 포상금은 검사가 기소유예를 한 경우에는 지급이 되나, 판사가 선고유예나 집행유예를 한 경우에는 지급되지 아니한다.

110 공인중개사법령상 甲과 乙이 받을 수 있는 "포상금"의 최대금액은?

> ㉠ 甲은 부동산투기를 조장한 A를 고발하였고, 검사는 A를 공소제기 하였다.
> ㉡ 거짓의 부정한 방법으로 중개사무소 개설등록을 한 B에 대해 甲이 먼저 신고하고, 뒤이어 乙이 신고하였는데, 판사가 선고유예를 하였다.
> ㉢ 甲과 乙은 포상금배분에 관한 합의 없이 공동으로 공인중개사 자격증을 다른 사람에게 대여한 C를 신고하였는데, 검사가 공소제기 하였지만, C는 무죄판결을 받았다.
> ㉣ 乙은 중개사무소 등록증을 대여받은 D를 신고하였는데, 검사는 D를 무혐의처분을 하였다.
> ㉤ 乙은 이중사무소(임시시설물)을 설치한 E를 신고하였는데, 검사가 공소제기를 하였다.
> ㉥ A, B, C, D, E는 甲 또는 乙의 위 신고·고발 전에 행정기관에 의해 발각되지 않았다.

① 甲 : 50만원,   乙 : 25만원
② 甲 : 75만원,   乙 : 25만원
③ 甲 : 75만원,   乙 : 50만원
④ 甲 : 75만원,   乙 : 75만원
⑤ 甲 : 125만원, 乙 : 100만원

111 공인중개사법령상 甲이 받을 수 있는 포상금의 최대 금액은?

> ㉠ 甲은 중개사무소를 부정한 방법으로 개설등록한 A와 B를 각각 고발하였으며, 검사는 A를 공소제기 하였고, B를 무혐의처분 하였다.
> ㉡ 甲은 공인중개사 자격증을 양도·대여한 C를 신고하였으며, C는 형사재판에서 무죄판결을 받았다.
> ㉢ 甲은 이중으로 등록을 한 개업공인중개사 D를 고발하여 검사는 D를 공소제기 하였다.
> ㉣ 甲은 중개보수를 법정한도 초과하여 받은 개업공인중개사 E를 신고하였고, E는 형사재판에서 유죄판결을 받았다.
> ㉤ A, B, C, D, E는 甲의 신고·고발 전에 행정기관에 의해 발각되지 않았다.

① 50만원   ② 100만원   ③ 150만원
④ 200만원   ⑤ 250만원

112 공인중개사법령상 당해 지방자치단체의 "조례"가 정하는 바에 따라 수수료를 납부해야 하는 자는 모두 몇 명인가?

> ㉠ 국토교통부장관이 시행하는 시험에 응시하려는 자
> ㉡ 산업관리공단이 위탁받아 시행하는 시험에 응시하려는 자
> ㉢ 공인중개사 자격증을 처음으로 교부받는 자
> ㉣ 고용신고를 하려는 자
> ㉤ 인장등록을 하려는 자
> ㉥ 분사무소 설치신고확인서의 재교부를 신청하는 자
> ㉦ 거래정보사업자 지정을 신청하려는 자

① 1명   ② 2명   ③ 3명
④ 4명   ⑤ 5명

113 공인중개사법령상 행정수수료에 대한 내용이다. "옳은" 것은?

① 분사무소 설치신고를 하는 경우, 분사무소 소재지 관할 시·군·자치구 조례에 따라 행정수수료를 납부하여야 한다.
② 분사무소 설치신고확인서를 재교부 신청을 하는 경우, 분사무소 소재지 관할 시·군·자치구 조례에 따라 행정수수료를 납부하여야 한다.
③ 공인중개사 시험에 응시하고자 하는 경우, 시·군·자치구 조례에 따라 응시수수료를 납부하여야 한다.
④ 국토교통부장관이 시험을 시행하는 경우, 시·도 조례에 따라 응시수수료를 납부하여야 한다.
⑤ 공인중개사 시험이 위탁시행되는 경우에는 업무를 위탁받은 자가 위탁한 자의 승인을 얻어서 결정·공고하는 수수료를 납부하여야 한다.

[테마 27] 벌칙(행정처분 / 과태료 / 형벌)

114 공인중개사법령상 공인중개사의 자격취소에 관한 설명으로 "옳은" 것은?

① 공인중개사자격증 교부 시·도지사와 중개사무소 소재지 관할 시·도지사가 다른 경우 자격취소처분은 중개사무소 소재지 관할 시·도지사가 하여야 한다.
② 소속공인중개사가 자격정지처분을 받은 기간 중에 다른 법인인 개업공인중개사의 소속공인중개사가 된 경우에는 자격취소사유에 해당한다.
③ 공인중개사가 폭행죄로 징역형을 선고받은 경우에는 자격취소사유가 된다.
④ 공인중개사자격이 취소된 자는 그 취소처분을 받은 날부터 10일 이내에 자격증을 반납해야 한다.
⑤ 공인중개사자격이 취소된 자는 취소된 후 5년이 경과하지 않으면, 다시 공인중개사가 될 수 없다.

115 다음 중 소속공인중개사에 대한 자격정지처분의 사유가 "아닌" 것은?

① 「공인중개사법」 위반으로 징역형에 대한 집행유예를 받은 경우
② 거래당사자 쌍방을 대리하는 행위를 한 경우
③ 업무를 담당한 소속공인중개사가 확인·설명서에 서명 및 날인을 하지 아니한 경우
④ 거짓된 언행으로 의뢰인의 판단을 그르치게 한 경우
⑤ 거래가 없음에도 불구하고 거래가 된 것처럼 가장하여 시세를 조작하는 등의 금지행위를 한 경우

116 다음은 공인중개사에 대한 자격취소처분 및 자격정지처분에 관한 설명이다. "옳은" 것은?

① 자격취소 후 자격증을 반납함에 있어서 분실 등의 사유로 인하여 반납할 수 없는 자는 그 이유를 기재한 사유서를 시·도지사에게 제출하여야 한다.
② 시·도지사는 자격취소처분을 한 때에는 이를 7일 이내에 국토교통부장관에게 보고하여야 한다.
③ 시·도지사는 자격정지 기간을 가중하여 처분하는 경우에는 6개월을 초과할 수 있다.
④ 소속공인중개사가 자격정지기간 중에 다른 개업공인중개사의 소속공인중개사가 된 경우, 시·도지사는 자격을 취소할 수 있다.
⑤ 자격취소 사유가 발생한 날로부터 3년이 경과한 경우에는 자격취소처분을 할 수 없다.

117 다음은 공인중개사에 대한 자격취소와 자격정지처분에 관한 내용이다. "옳은" 것은?

① 「공인중개사법」을 위반하여 징역형의 선고를 받는 것은 자격정지 사유에 해당한다.
② 자격정지처분을 받은 소속공인중개사는 그 날로부터 7일 이내에 자격증을 반납하여야 한다.
③ 자격이 취소된 공인중개사는 그 취소된 날로부터 3년 이내에는 이 법에 의한 자격을 다시 취득하지 못한다.
④ 자격을 취소한 (특·광) 시·도지사는 7일 이내에 국토교통부장관과 다른 (특·광) 시·도지사에게 통보하여야 한다.
⑤ (특·광) 시·도지사는 자격정지처분을 하기 전에는 원칙적으로 청문을 실시하여야 한다.

118 중개사무소의 개설등록을 반드시 취소하여야 하는 것은 모두 몇 개인가?

> ㉠ 특별한 사유 없이 계속하여 6개월을 초과하여 휴업한 경우
> ㉡ 부정한 방법으로 중개사무소의 개설등록을 한 경우
> ㉢ 법인이 아닌 개업공인중개사가 2 이상의 중개사무소를 둔 경우
> ㉣ 손해배상책임을 보장하기 위한 조치를 이행하지 아니하고 업무를 개시한 경우
> ㉤ 업무정지기간 중에 중개업무를 행한 경우
> ㉥ 정당한 사유 없이 관계 공무원의 검사 또는 질문에 불응한 경우

① 1개   ② 2개   ③ 3개
④ 4개   ⑤ 5개

119 다음 중 등록관청이 개업공인중개사에게 업무정지를 명할 수 있는 사유에 해당되지 "않는"것은?

① 개업공인중개사가 연수교육의 통지를 받고도 이를 수료하지 아니한 경우
② 부칙상의 개업공인중개사가 업무지역의 제한을 위반하여 중개행위를 한 경우
③ 개업공인중개사가 서로 다른 2 이상의 거짓 거래계약서를 작성한 경우
④ 인장등록을 하지 아니하거나 등록한 인장을 사용하지 아니한 경우
⑤ 개업공인중개사가 중개대상물의 정보를 거래정보망에 허위로 공개하거나 거래사실을 거래정보사업자에게 통보하지 아니한 경우

120 「공인중개사법」상 중개업의 "업무정지"처분에 대한 설명이다. "옳은" 것은?

① 업무정지처분은 가중 처벌하는 경우 6개월을 초과할 수 있다.

② 업무정지처분을 받은 경우, 그 정지 기간이 경과되면 재개신고를 하여야 한다.

③ 업무정지처분 받은 개업공인중개사는 출입문에 그 사실을 표시하거나, 간판을 철거하여야 한다.

④ 업무정지처분은 그 사유 발생일로부터 1년이 경과하면 업무정지처분을 할 수 없다.

⑤ 업무정지처분을 한 등록관청은 다음 달 10일까지 이를 공인중개사 협회에 통보하여야 한다.

121 다음은 공인중개사법령상의 규정들을 기술하고 있다. "옳은" 것은?

① 등록취소를 받은 개업공인중개사가 등록증을 분실한 경우, 등록증 반납을 대신하여 그 이유를 기재한 사유서를 대신 제출할 수 있다.

② 등록관청은 최근 1년 이내에 2번의 업무정지처분과 1번의 과태료를 받고 다시 과태료처분사유에 해당하는 행위를 한 개업공인중개사의 등록을 취소하여야 한다.

③ 등록관청이 위반행위의 동기·결과 등을 참작하여 업무정지기간을 감경하여 처분하는 경우, 5분의 1 범위 내에서 하여야 한다.

④ 시장·군수 또는 구청장은 공인중개사 자격정지사유 발생시 6개월의 범위 안에서 기간을 정하여 그 자격을 정지할 수 있다.

⑤ 법인인 개업공인중개사가 해산하여 등록취소처분을 받은 경우, 법인의 대표자이었던 자가 등록증을 반납하여야 한다.

122 공인중개사법령에서 규정한 과태료 부과처분 대상자, 부과금액, 부과권자가 "옳게" 연결된 것은?

① 중개대상물에 대하여 성실·정확하게 확인·설명하지 아니한 개업공인중개사 − 500만원 이하 − 시·도지사

② 중개사무소 이전신고의무를 위반한 개업공인중개사 − 500만원 이하 − 등록관청

③ 중개사무소 개설등록이 취소된 후 등록증을 반납하지 않은 자 − 100만원 이하 − 시·도지사

④ 휴업신고를 하지 아니하고 무단 휴업한 개업공인중개사 − 100만원 이하 − 시·도지사

⑤ 국토교통부장관의 자료제출요구 및 필요한 조치명령에 불응한 정보통신서비스 제공자 − 500만원 이하 − 국토교통부장관

123 공인중개사법령상 "행정제재처분효과의 승계" 등에 관한 설명으로 "틀린" 것은?

① 폐업기간이 3년 3개월인 재등록 개업공인중개사에게 폐업신고 전의 중개사무소 개설등록 취소사유에 해당하는 위반행위를 이유로 개설등록취소처분을 할 수 없다.

② 폐업기간이 1년 1개월인 재등록 개업공인중개사에게 폐업신고 전의 업무정지사유에 해당하는 위반행위에 대하여 업무정지처분을 할 수 없다.

③ 폐업신고 전에 개업공인중개사에게 한 업무정지처분이나 과태료 부과처분의 효과는 그 처분일부터 9개월이 된 때에 재등록을 한 개업공인중개사에게 승계된다.

④ 개업공인중개사가 공인중개사법령 위반으로 2024. 6. 6. 업무정지처분에 해당하는 행위를 하였으나 2024. 7. 7. 폐업신고를 하였다가 2024. 8. 8. 다시 중개사무소 개설등록을 한 경우, 종전의 위반행위에 대하여 업무정지처분을 받을 수 없다.

⑤ 재등록 개업공인중개사에 대하여 폐업신고 전의 개설등록취소 및 업무정지에 해당하는 위반행위에 대한 행정처분을 함에 있어서는 폐업기간과 폐업의 사유 등을 고려하여야 한다.

124 다음 중 「공인중개사법」상 3년 이하 징역 또는 3천만원 이하의 벌금사유에 "해당" 되는 것을 모두 고르면?

> ㉠ 법 제33조 제2항을 위반하여, 특정 가격 이하로 중개의뢰를 하지 아니하기로 담합하는 금지행위를 한 경우
> ㉡ 이중소속금지를 위반한 개업공인중개사
> ㉢ 허위(거짓) 기타 부정한 방법으로 등록을 한 자
> ㉣ 등록증을 양도·대여한 자
> ㉤ 중개의뢰인과 직접거래를 한 개업공인중개사
> ㉥ 개업공인중개사가 아닌 자가 중개대상물에 대한 표시·광고를 한 경우
> ㉦ 중개보조원이 업무상 알게 된 중개의뢰인의 비밀을 누설한 경우

① 1개 ② 2개 ③ 3개
④ 4개 ⑤ 5개

125 다음 중 공인중개사법령상의 1년 이하의 징역 또는 1천만원 이하의 벌금형 사유에 해당되는 것은 모두 몇 개인가?

> ㉠ 개업공인중개사로서, 중개사무소 이전신고의무를 위반한 자
> ㉡ 개업공인중개사로서, 중개대상물에 대한 확인·설명의무를 위반한 자
> ㉢ 개업공인중개사가 아닌 자로서 "공인중개사사무소", "부동산중개" 또는 이와 유사한 명칭을 사용한 자
> ㉣ 이중으로 중개사무소 개설등록을 한 자
> ㉤ 개업공인중개사로서, 등록관청의 지도·감독상의 명령에 불응한 자
> ㉥ 개업공인중개사로서, 중개보조원의 채용숫자 제한규정을 위반하여 초과 고용한 자
> ㉦ 중개의뢰인과 직접거래·쌍방대리를 한 자

① 1개 ② 2개 ③ 3개
④ 4개 ⑤ 5개

제2편 부동산 거래신고 등에 관한 법령

[테마 28] 부동산거래신고제도

01 다음은 「부동산 거래신고 등에 관한 법률」상의 부동산거래신고에 대한 내용이다. "틀린" 것은?

① 아파트에 대한 증여계약은 부동산거래신고대상이다.
② 「주택법」상의 주택의 분양권, 「건축물분양법」상의 상가의 분양권, 「택지개발촉진법」상의 택지의 분양권의 거래는 부동산거래 신고대상에 해당한다.
③ 입목, 광업재단, 공장재단은 중개대상물에는 해당되나, 부동산거래신고의 대상은 아니다.
④ 권리이전의 내용과 공법상 이용제한·거래규제는 부동산거래신고사항에 해당하지 아니한다.
⑤ 투기과열지구 안에 소재하는 주택은 금액에 상관없이, 자금조달계획서에 이를 증명할 수 있는 증빙서류를 첨부하여야 한다.

02 다음은 부동산거래신고의 절차 등에 대한 설명이다. "틀린" 것은?

① 일반 법인 간의 주택에 대한 매매거래인 경우에는 법인의 등기현황과 거래상대방 간의 친족관계 여부를 신고하여야 한다.
② 부동산거래신고이든 주택임대차신고이든 계약일로부터 30일 이내에 신고를 하여야 한다.
③ 개업공인중개사가 공동으로 중개를 한 경우라도, 그중 1인이 서명 또는 날인을 하여 단독으로 신고하면 된다.
④ 소속공인중개사가 개업공인중개사를 대리하여 신고서 제출을 대행하는 경우에는 신분증을 제시하고 부동산거래계약신고서를 제출하면 되며, 위임장은 제출하지 않아도 된다.
⑤ 거래당사자 중 1인이 거부하여 타방 1인이 단독으로 신고를 하는 경우에는 신고서에 그 사유서와 거래계약서 사본을 첨부하여 제출하여야 한다.

03 다음은 부동산 거래신고 등에 관한 법령상의 부동산거래의 신고에 관한 설명이다. "옳은" 것은?

① 부동산거래신고를 거짓으로 신고한 자는 취득가액의 5% 이하의 과태료처분의 대상이 된다.
② 잔금 지급일로부터 30일 이내에 당해 토지 또는 건축물 소재지 관할 시장·군수 또는 구청장에게 신고하여야 한다.
③ 부동산 취득시 부담할 조세의 종류 및 세율을 신고하여야 한다.
④ 신고의무자가 신고필증을 교부받은 때에는 매수인은 「부동산등기 특별조치법」에 따른 검인을 받은 것으로 본다.
⑤ 토지거래허가구역 내에서 토지거래허가를 받은 경우에는 부동산거래의 신고를 할 필요 없다.

04 부동산거래신고 등과 관련된 내용이다. "틀린" 것은?

① 부동산거래신고를 한 매매계약이 무효·취소·해제가 되면 그 확정일로부터 30일 이내에 해제 등의 신고를 하여야 하며, 위반시에는 500만원 이하의 과태료처분의 대상이 된다.
② 해제신고 확인서나 신고필증의 재교부는 신고관청이 지체 없이 교부하여야 한다.
③ 신고한 계약의 내용 중 중도금 지급일이나 잔금지급일이 변경이 되면, 개업공인중개사는 부동산거래계약의 변경신고를 할 수 있다.
④ 신고관청은 부동산거래신고를 거짓으로 신고한 자가 행정기관에 발각되기 전에 자진신고를 한 경우에는 과태료를 감경 또는 면제할 수 있다.
⑤ 거래가 없음에도 불구하고 거래가 된 것처럼 허위로 가장하여 부동산거래신고를 한 경우에는 3천만원 이하의 과태료 부과대상이 되며, 부당한 이득을 얻을 목적으로 한 경우에도 마찬가지이다.

05 부동산 거래신고 등에 관한 법령상 부동산 거래신고에 관한 설명으로 "옳은" 것은? (단, 수도권 등은 수도권, 광역시, 세종특별시를 말한다)

① 「주택법」상의 투기과열지구에 소재하는 주택매매의 경우, 자금조달계획을 신고하여야 하며, 자금조달계획에 따른 객관적인 증명자료도 제출하여야 한다.
② 「주택법」상의 조정대상지역의 주택매매의 경우, 6억 이상의 주택의 경우에만 자금조달계획을 신고하여야 한다.
③ 수도권 등에 소재하는 1필지 토지에 대한 매매계약의 경우에는 금액 상관없이 자금조달·이용계획을 신고하여야 한다.
④ 수도권 등이 아닌 토지에 대한 매매계약의 경우에는 3억 이상의 토지에 대하여는 자금조달·이용계획을 신고하여야 한다.
⑤ 일반 법인과 국가가 현존하는 주택을 매매한 경우에는 법인의 등기현황과 친족관계 여부를 신고하여야 한다.

06 부동산 거래신고 등에 관한 법령상 부동산 거래신고 등에 관한 설명으로 "틀린" 것은?

법인 甲은 법인 소유의 현존하는 주택(투기과열지구나 조정대상지역이 아님)을 법인 乙에게 매매계약을 통하여 5억원에 매도를 하고자 한다(단, 甲법인과 乙법인은 국가 등이 아닌 일반 민간법인을 말하며, 신규 공급계약이나 분양권 전매는 제외한다).

① 주택에 대한 매매계약이 체결되면 계약일로부터 30일 이내에 甲과 乙이 공동으로 부동산 거래신고를 하여야 한다.
② 甲과 乙은 법인의 등기현황과 둘 사이의 특수관계(친족관계 등)의 여부를 신고하여야 한다.
③ 법인 乙은 주택취득의 목적을 신고하여야 한다.
④ 법인 乙은 주택이 6억 이상이 아니므로, 주택취득의 자금조달과 이용계획을 신고할 필요는 없다.
⑤ 법인 乙은 자금조달계획에 대한 구체적인 입증자료를 제출할 필요는 없다.

07 부동산 거래신고 등에 관한 법령상 부동산 거래신고를 한 후, 계약의 내용이 변경된 경우 변경신고를 할 수 있는 사유로 명시된 것을 모두 고른 것은?

> ㉠ 거래대상 부동산 등의 "면적"
> ㉡ 거래 "지분", 거래 "지분" 비율
> ㉢ 계약의 "조건" 또는 "기한"
> ㉣ "공동"매수의 경우, 일부 매수인의 변경(매수인 중 일부가 제외되는 경우)
> ㉤ 공동 매수인 중 일부가 교체되거나, 새로 추가된 경우
> ㉥ 계약일과 계약금

① ㉠, ㉡, ㉢
② ㉡, ㉢, ㉤
③ ㉠, ㉡, ㉢, ㉣
④ ㉡, ㉢, ㉣, ㉤
⑤ ㉢, ㉣, ㉤, ㉥

08 부동산 거래신고 등에 관한 법령상 부동산거래신고에 대한 내용으로 "틀린" 것은?

① 부동산거래신고시에는 매수인 및 매도인의 인적 사항을 신고하여야 한다.
② 개업공인중개사는 부동산거래신고시에 실거래가에 대한 중개보수를 신고하여야 한다.
③ 비(非)규제지역에서는 6억원 이상의 주택의 경우에는 자금조달 및 입주계획을 신고하여야 한다.
④ 신고관청이 요구하는 거래대금지급증명자료를 제출하지 아니한 경우에는 3천만원 이하의 과태료 처분의 대상이 된다.
⑤ 신고한 내용 중 부동산의 면적은 변경 없이 거래금액만 변경된 경우에도 변경신고를 할 수 있다.

[테마 29] 부동산거래신고서 작성방법과 주택임대차신고

09 부동산 거래신고 등에 관한 법령상 "부동산 거래계약 신고서"의 작성·제출에 관한 설명으로 "틀린" 것은?

① "외국인"이 건물을 매수하는 경우에는 국적은 기재하여야 하나, 매수용도까지는 기재할 필요 없다.
② "계약대상 면적"에는 실제 거래면적을 계산하여 적되, 건축물 면적은 집합건축물의 경우 전용면적을 기재한다.
③ 합의한 날이 계약금 지급일보다 앞서는 것이 서면 등을 통해 인정되는 경우에는 합의한 날을 거래계약의 체결일로 본다.
④ "종전 부동산"란은 "입주권" 매매의 경우에만 종전 부동산에 대해 작성한다.
⑤ "실제거래가격"을 신고할 때, 공급계약과 분양권·입주권 전매계약의 경우에는 부가가치세를 "포함"한 금액을 기재하고, 현존하는 토지나 건물에 대한 신고시에는 부가가치세를 "제외"한 금액으로 기재한다.

10 부동산 거래신고 등에 관한 법령상 "부동산 거래계약 신고서"의 작성에 관한 설명으로 "옳은" 것은?

① 지목과 면적은 토지등기사항증명서상의 지목과 면적을 기재한다.
② 거래당사자가 다수인 경우 각자의 지분비율을 기재할 필요는 없다.
③ 거래계약 체결일은 계약금을 지급한 날만을 말한다.
④ "물건별 거래가격"란에는 2 이상의 부동산을 함께 거래하는 경우 각각의 부동산별 거래가격을 적는다.
⑤ "종전 부동산"란은 (신규)분양권 매매의 경우에만 작성한다.

11 「부동산 거래신고 등에 관한 법률」상의 "주택임대차신고" 제도에 관한 내용이다. "틀린" 것은?

① 계약을 갱신하는 경우로서 보증금 및 차임의 증감 없이 임대차 기간만 연장하는 계약도 주택임대차신고를 하여야 한다.

② 신고대상 지역으로서 군(郡)은 광역시 및 경기도의 관할구역에 있는 군으로 한정한다.

③ 신고관청은 그 신고내용을 확인한 후 신고인에게 신고필증을 지체 없이 발급하여야 한다.

④ 주택임대차신고를 보증금·월차임 등을 거짓으로 신고를 한 경우에는 100만원 이하의 과태료처분의 대상이 된다.

⑤ 「공공주택 특별법」에 따른 공공주택사업자 및 「민간임대주택에 관한 특별법」에 따른 임대사업자는 관련 법령에 따른 주택임대차계약의 신고 또는 변경신고를 하는 경우 이 법에 따른 주택임대차계약의 신고 또는 변경신고를 한 것으로 본다.

12 다음 중 임대인과 임차인이 주택임대차신고를 하는 경우, 신고사항에 해당하는 것을 모두 고르면?

> ㉠ 임대차계약당사자의 인적사항
> ㉡ 계약체결일 및 계약 기간
> ㉢ 임대차 목적물의 소재지, 종류, 임대 면적 등 임대차 목적물 현황
> ㉣ 보증금 또는 월 차임
> ㉤ 「주택임대차보호법」 제6조의3에 따른 계약갱신요구권의 행사 여부(계약을 갱신한 경우)
> ㉥ 중개를 한 개업공인중개사와 소속공인중개사의 성명

① 2개   ② 3개   ③ 4개
④ 5개   ⑤ 6개

[테마 30] 토지거래허가제도

13 부동산 거래신고 등에 관한 법령상 토지거래계약 허가구역의 지정 등과 관련된 내용으로 "옳은" 것은?

① 국가가 시행하는 개발사업 등에 따라 투기적인 거래가 성행하거나 지가가 급격히 상승하는 지역이더라도, 동일한 시·도 안의 일부인 경우에는 시·도지사만이 허가구역을 지정할 수 있다.

② 허가구역의 지정통지를 받은 시장·군수 또는 구청장은 지체 없이 그 공고내용을 그 허가구역을 관할하는 세무서의 장에게 통지하여야 한다.

③ 허가구역의 지정통지를 받은 시장·군수 또는 구청장은 지체 없이 그 사실을 7일 이상 공고하고, 그 공고내용을 15일간 일반이 열람할 수 있도록 하여야 한다.

④ 국토교통부장관 또는 시·도지사는 허가구역의 지정 사유가 없어졌다고 인정되면 도시계획위원회의 심의를 거치지 않고 지정을 해제하거나 허가구역의 일부를 축소할 수 있다.

⑤ 허가구역의 지정은 허가구역의 지정을 공고한 날부터 지체 없이 그 효력이 발생한다.

14 부동산 거래신고 등에 관한 법령상의 토지거래계약의 허가 등에 관한 설명으로 "틀린" 것은?

① 토지거래계약의 허가를 받으려는 자는 그 허가신청서에 계약내용과 그 토지의 이용계획, 취득자금 조달계획 등을 적어 시장·군수 또는 구청장에게 제출하여야 한다.

② 「민원 처리에 관한 법률」에 따른 처리기간에 허가증의 발급 또는 불허가처분 사유의 통지가 없거나, 선매협의 사실의 통지가 없는 경우에는 그 기간이 끝난 날에 토지거래계약의 허가가 있는 것으로 본다.

③ 토지거래계약의 불허가처분에 이의가 있는 자는 그 처분을 받은 날부터 1개월 이내에 시장·군수 또는 구청장에게 이의를 신청할 수 있다.

④ 토지거래계약의 불허가처분에 이의가 있는 자는 그 불허가처분의 통지를 받은 날부터 1개월 이내에 시장·군수 또는 구청장에게 불허가 처분된 토지에 대하여 매수청구를 할 수 있다.

⑤ 매수청구는 공시지가를 기준으로 하고, 선매가격은 감정가를 기준으로 한다.

15 토지를 허가받은 목적대로 이용하여야 하는 토지이용 의무기간으로 "틀린" 것은? (단, 예외 사유는 고려하지 않음)

① 자기의 거주용 주택용지로 이용하려는 목적으로 허가를 받는 경우: 2년

② 허가구역을 포함한 지역의 주민을 위한 편익시설의 설치에 이용하려는 목적으로 허가를 받은 경우: 2년

③ 농업을 영위하기 위한 목적으로 허가를 받은 경우: 2년

④ 「공익사업을 위한 토지 등의 취득 및 보상에 관한 법률」이나 그 밖의 법률에 따라 토지를 수용하거나 사용할 수 있는 사업을 시행하는 자가 그 사업을 시행하기 위하여 필요한 경우: 3년

⑤ 관계 법령의 규정에 의하여 건축물이나 공작물의 설치행위가 금지된 토지에 대하여 현상보존의 목적으로 토지를 취득하기 위하여 허가를 받은 경우: 5년

16 다음은 토지거래허가대상인 토지에 대한 내용이다. "옳은" 것은?

① 토지거래허가를 받은 경우라도, 매매계약에 대한 부동산거래신고를 하여야 한다.

② 농지인 경우에는 토지거래허가를 받은 경우에도 「농지법」상의 농지취득자격증명은 있어야 한다.

③ 지상권 설정이나 이전의 경우에는 토지거래허가를 받을 필요가 없다.

④ 허가를 받지 아니하고 계약을 체결한 경우에는 2년 이하의 징역 또는 2천만원 이하의 벌금에 처한다.

⑤ 법원경매로 취득하는 경우에도 토지거래허가를 받아야 한다.

17 다음은 이행명령과 이행강제금에 대한 내용이다. "틀린" 것은?

① 시장·군수 또는 구청장은 토지거래계약을 허가받은 자가 허가받은 목적대로 이용하고 있는지를 국토교통부령으로 정하는 바에 따라 매년 1회 이상 조사하여야 한다.

② 시장·군수 또는 구청장은 토지의 이용 의무를 이행하지 아니한 자에 대한 이행명령은 문서로 하여야 하며, 이행기간은 3개월 이내로 정하여야 한다.

③ 시장·군수 또는 구청장은 이행명령이 정하여진 기간에 이행되지 아니한 경우에는 토지 취득가액의 "100분의 10의 범위"에서 대통령령으로 정하는 금액의 이행강제금을 부과한다.

④ 시장·군수 또는 구청장은 최초의 이행명령이 있었던 날을 기준으로 1년에 한 번씩 그 이행명령이 이행될 때까지 반복하여 이행강제금을 부과·징수할 수 있으며, 이용의무기간이 지난 후에도 이행강제금을 부과할 수 있다.

⑤ 이행강제금 부과처분을 받은 자가 이의를 제기하려는 경우에는 부과처분을 고지받은 날부터 30일 이내에 하여야 한다.

18 다음은 부동산거래신고 등에 관한 법령상의 토지 거래허가제도와 관련된 선매절차에 대한 내용이다. 순서대로 "옳게" 연결된 것은?

> • 시장·군수 또는 구청장은 토지거래계약 허가신청이 있는 경우에는 그 신청이 있는 날부터 (㉠) 이내에 선매자를 지정하여 토지소유자에게 알려야 하며, 선매자는 지정 통지를 받은 날부터 (㉡) 이내에 그 토지소유자와 대통령령으로 정하는 바에 따라 선매협의를 끝내야 한다.
> • 선매자로 지정된 자는 지정통지를 받은 날로부터 (㉢) 이내에 매수가격 등 선매조건을 기재한 서면을 토지소유자에게 통지하여 선매협의를 하여야 하며, 지정 통지를 받은 날부터 (㉣) 이내에 국토교통부령이 정하는 바에 따라 선매협의조서를 허가관청에 제출하여야 한다.

① (㉠) 1개월, (㉡) 1개월, (㉢) 15일, (㉣) 1개월
② (㉠) 1개월, (㉡) 2개월, (㉢) 15일, (㉣) 2개월
③ (㉠) 15일, (㉡) 15일, (㉢) 1개월, (㉣) 1개월
④ (㉠) 15일, (㉡) 1개월, (㉢) 15일, (㉣) 2개월
⑤ (㉠) 1개월, (㉡) 1개월, (㉢) 1개월, (㉣) 1개월

19 부동산 거래신고 등에 관한 법령상의 토지거래계약에 관한 허가구역 내에서 행하는 다음 거래 중 토지거래의 허가가 "필요"한 것은? (단, 국토교통부장관 또는 시·도지사의 특별 공고는 없음)

① 주거지역에서 60m²의 토지를 매매하는 계약
② 상업지역에서 150m²의 토지를 매매하는 계약
③ 공업지역에서 150m²의 토지를 매매하는 계약
④ 녹지지역에서 300m²의 토지를 매매하는 계약
⑤ 도시지역 외에 지역에서 500m²의 임야를 매매하는 계약

20 다음은 개업공인중개사가 부동산거래신고 등에 관한 법령상의 토지거래허가제도에 관하여 의뢰인에게 설명한 내용이다. "옳은" 것은?

① 국토교통부장관이 허가구역을 지정하려면 시·도 도시계획위원회의 심의를 거쳐야 한다.
② 허가구역으로 지정되고 공고되면 공고일로부터 지체 없이 그 효력이 발생된다.
③ 도시지역 내의 주거지역의 경우에는 별도의 특별 공고가 없는 경우, 토지 면적이 60m² 이상을 거래할 때에는 허가를 받아야 한다.
④ 토지거래허가구역 내의 허가대상 토지에 대한 소유권이전청구권 보전가등기를 하고자 하는 경우에는 허가를 받아야 한다.
⑤ 토지거래허가를 받기 전이라도 매수인의 매수대금미지급을 이유로 매도인은 계약을 해제하고 손해배상을 청구할 수 있다.

[테마 31] 외국인의 부동산 취득에 대한 특례

21 다음은 「부동산 거래신고 등에 관한 법률」상의 외국인 특례에 대한 내용이다. "틀린" 것은? (부동산은 대한민국 내에 소재하는 것을 전제로 한다)

① 외국인이 법원경매로 토지를 취득한 경우에는 경락대금을 완납한 날로부터 6개월 이내에 신고하여야 한다.

② 외국인이 거래계약이 아니라, 건물의 신축이나 개축으로 소유권을 취득한 경우에는 취득의 신고를 할 필요는 없다.

③ 외국인으로 국적이 변경된 경우에도 토지 소유권을 계속 보유하려면, 국적이 변경된 날로부터 6개월 이내에 신고를 하여야 하며, 위반시에는 100만원 이하의 과태료처분의 대상이 된다.

④ 외국인이 부동산 저당권을 설정 받은 경우에는 이 법상의 외국인취득신고는 할 필요가 없다.

⑤ 신고를 하지 아니하거나 거짓으로 신고를 한 자가 위반사실을 자진해서 신고한 자에 대하여 과태료를 감경하거나 면제할 수 있다.

22 다음은 「부동산 거래신고 등에 관한 법률」상의 외국인 등의 취득의 특례에 대한 내용이다. "옳은" 것은?

① 외국인이 매매계약을 원인으로 취득한 경우, 부동산거래신고를 한 경우에도 외국인특례상의 취득신고를 별도로 하여야 한다.

② 외국인이 토지취득 계약을 체결하고 신고를 하지 않거나 거짓으로 신고를 한 경우, 500만원 이하의 과태료에 처한다.

③ 외국인이 상수원보호구역 내의 토지를 취득하는 계약을 체결하고자 하는 경우, 계약 체결 전에 허가를 받아야 한다.

④ 허가를 받지 않고 토지 취득계약을 체결한 외국인은 2년 이하의 징역 또는 토지가액의 30% 이하의 벌금에 처한다.

⑤ 외국의 법령에 따라 설립된 법인이 자본금의 2분의 1 이상을 가지고 있는 법인은 "외국인 등"에 해당한다.

23 대한민국 안의 토지를 취득하고자 하는 외국인에게 설명한 내용으로 "틀린" 것은?

① 허가신청서를 받은 신고관청은 「군사기지 및 군사시설 보호법」상의 군사시설보호구역의 경우에는 30일 이내에 허가 또는 불허가처분을 하며, 부득이한 사유가 있으면 15일의 범위 내에서 그 기간을 연장할 수 있다.

② 허가신청서를 받은 신고관청은 허가기간을 연장하는 경우에는 연장 사유와 처리예정일을 지체 없이 신청인에게 알려야 한다.

③ 외국인은 「자연유산의 보존 및 활용에 관한 법률」상의 천연기념물 등과 이를 위한 보호물 또는 보호구역 내의 토지를 취득하는 계약을 체결하기 전에 신고관청의 허가를 받아야 한다.

④ 외국인이 허가구역에서 허가를 받지 않고 체결한 토지취득계약은 그 효력이 발생하지 아니한다.

⑤ 외국인이 토지거래허가구역 안에 소재하는 토지에 대한 토지거래허가를 받은 경우에는 외국인 취득의 허가는 받은 것으로 본다.

[테마 32] 「부동산거래신고법」상의 포상금 제도

24 부동산 거래신고 등에 관한 법령상의 포상금에 대한 내용이다. 甲이 받을 수 있는 포상금의 총 합계액은?

> ㉠ 甲은 부동산거래신고를 거짓으로 신고한 A를 신고하였고, 신고관청은 A에 대하여 과태료를 2억원을 부과하였다.
>
> ㉡ 甲은 부동산거래신고를 거짓으로 신고한 B를 신고하였고, 신고관청은 B에 대하여 과태료를 1천만원을 부과하였다.
>
> ㉢ 甲은 토지거래허가를 받은 C가 허가받은 목적대로 그 토지를 이용(사용)하지 아니하고 방치한 C를 신고하였고, C는 이행명령을 받았고, 아직 이행강제금은 부과되지 아니하였다.
>
> ㉣ 甲은 모두 행정기관에 의하여 발각되기 전에 신고하는 등 다른 지급의 조건은 모두 갖추었다.

① 100만원   ② 1,200만원   ③ 1,250만원
④ 4,200만원   ⑤ 4,250만원

25 부동산 거래신고 등에 관한 법령상 "신고포상금"에 관한 설명으로 "옳은" 것은?

① 포상금의 지급에 드는 비용은 국고로 충당한다.

② 해당 위반행위에 관여한 자가 신고한 경우라도 신고포상금은 지급하여야 한다.

③ 신고관청에 포상금지급신청서가 접수된 날부터 1개월 이내에 포상금을 지급하여야 한다.

④ 부동산 등의 거래가격을 신고하지 않은 자를 수사기관이 적발하기 전에 수사기관에 1건 고발한 경우 1천5백만원의 신고포상금을 받을 수 있다.

⑤ 신고관청 또는 허가관청으로부터 포상금 지급 결정을 통보받은 신고인은 포상금을 받으려면 국토교통부령으로 정하는 포상금 지급신청서를 작성하여 신고관청 또는 허가관청에 제출하여야 한다.

26 「부동산 거래신고 등에 관한 법률」상 부동산거래 신고제도와 관련한 내용이다. "틀린" 것은?

> ㉠ 개업공인중개사 A는 서울특별시 강서구 소재의 甲 소유의 아파트에 대하여 甲과 매수인 乙과 매매계약체결을 중개하였다.
>
> ㉡ 甲과 乙은 개업공인중개사 A에게 실제거래된 가격인 10억이 아닌, 8억으로 거래계약서를 작성해 줄 것과, 8억으로 부동산거래신고를 해 줄 것을 요구하였다.
>
> ㉢ 개업공인중개사 A는 의뢰인의 요구대로, 8억으로 거래계약서를 작성하고, 8억으로 부동산거래신고를 하였다.

① 10억에 대한 매매계약은 유효하다.

② 甲과 乙은 거짓신고를 요구했다는 이유로, 500만원이하의 과태료처분의 대상이 된다.

③ A는 거짓계약서 작성을 이유로, 등록이 취소되거나, 업무정지처분을 받을 수 있다.

④ A는 거짓신고를 이유로, 취득가액의 10% 이하의 과태료처분을 받을 수 있다.

⑤ 거짓신고를 한 A를 신고·고발한 甲은 거짓신고에 관여하였다 하더라도 A가 부과받은 과태료의 20% 해당하는 금액을 포상금으로 받게 된다.

제3편 중개실무

[테마 33] 중개실무 개관과 중개대상물 조사와 확인

01 다음은 개업공인중개사의 중개대상물 조사 · 확인과 관련된 내용이다. "틀린" 것은?

① 지적도상의 경계와 실제 경계가 일치하지 않는 경우 특별한 사정이 없는 한 실제 경계를 기준으로 한다.

② 유치권, 법정지상권, 분묘기지권은 등기사항증명서로는 확인할 수 없으므로 현장 확인을 하여야 한다.

③ 토지대장에 "공장용지"라고 기재된 지목은 지적도에는 "장"이라고 기재된다.

④ 대지와 건물이 동일소유자에게 속한 경우, 건물에 전세권을 설정한 때에는 그 대지소유권의 특별승계인은 전세권설정자에 대하여 지상권을 설정한 것으로 본다.

⑤ 건물이 없는 토지에 대하여 저당권이 설정된 후, 저당권설정자가 그 위에 건물을 건축하였다가 담보권의 실행을 위한 경매절차에서 경매로 인하여 그 토지와 지상건물이 소유자를 달리하였을 경우에는 법정지상권이 인정되지 않는다.

02 다음은 개업공인중개사의 토지중개와 관련된 내용이다. "틀린" 것을 고르면? (다툼이 있으면 판례에 따름)

① 공유물을 처분할 때에는 공유자 전원의 동의가 있어야 한다.

② 상가건물의 보증금이나 권리금은 물건에 관하여 생긴 채권이므로, 임차인은 유치권을 행사할 수 있다.

③ 상가건물의 공유자가 공유물을 타인에게 임대하는 행위 및 그 임대차계약을 해지하는 행위는 공유물의 관리행위에 해당하므로, 공유자의 지분의 과반수로써 결정하여야 한다.

④ 미등기건물을 그 대지와 함께 양수한 사람이 그 대지에 대해서만 소유권이전등기를 넘겨받고 건물에 대해서는 그 등기를 이전 받지 못하고 있는 상태에서 그 대지가 경매되어 소유자가 달라진 경우에는 법정지상권이 발생할 수 없다.

⑤ 동일인 소유의 토지와 그 지상건물에 관하여 "공동저당"이 설정된 후 그 건물이 "철거"되고 다른 건물이 "신축"된 경우, 저당물의 경매로 인하여 토지와 신축건물이 서로 다른 소유자에게 속하게 되면 법정지상권이 성립하지 않는다.

03 개업공인중개사가 부동산 이중매매에 대하여 의뢰인에게 설명한 내용이다. "틀린" 것은? (다툼이 있으면 판례에 따름)

> 甲은 자신의 X 토지를 乙에게 매도하고 중도금을 수령한 후, 다시 丙에게 매도하고 소유권이전등기까지 경료해 주었다.

① 특별한 사정이 없는 한 丙은 X 토지의 소유권을 취득한다.

② 특별한 사정이 없는 한 乙은 최고 없이도 甲과의 계약을 해제할 수 있다.

③ 丙이 甲의 乙에 대한 배임행위에 적극 가담한 경우, 乙은 丙을 상대로 직접 등기의 말소를 청구할 수 없다.

④ 甲과 丙의 계약이 사회질서 위반으로 무효인 경우, 丙으로부터 X 토지를 전득한 丁은 선의이더라도 그 소유권을 취득하지 못한다.

⑤ 만약 丙의 대리인 戊가 丙을 대리하여 X토지를 매수하면서 甲의 배임행위에 적극 가담하였다면, 그러한 사정을 모르는 丙은 그 소유권을 취득한다.

04 개업공인중개사가 중개실무상, 전세권에 대하여 중개의뢰인에게 설명한 내용으로 "틀린" 것은? (다툼이 있으면 판례에 따름)

① 채권담보의 목적으로 전세권을 설정한 경우, 그 설정과 동시에 목적물을 인도하지 않았으나 장래 전세권자의 사용·수익을 완전히 배제하는 것이 아니라면, 그 전세권은 유효하다.

② 건물위에 1순위 저당권 − 전세권 − 2순위 저당권이 차례대로 설정된 후, 2순위 저당권자가 경매를 신청하면 전세권과 저당권은 모두 소멸하고, 배당순위는 설정등기의 순서에 의한다.

③ 건물 일부에 대한 전세권자는 건물 전부의 경매를 청구할 수 없다.

④ 전세금의 지급은 반드시 현실적으로 수수되어야 하고, 기존의 채권으로 갈음할 수 없다.

⑤ 건물전세권이 법정(法定)갱신된 경우, 전세권자는 전세권 갱신에 관한 등기 없이도 제3자에게 전세권을 주장할 수 있다.

[테마 34] 분묘기지권과 「장사 등에 관한 법률」

05 개업공인중개사가 묘지가 있는 토지를 매수하려는 중개의뢰인에게 설명한 내용 중 "틀린" 것은? (다툼이 있으면 판례에 따름)

① 「장사 등에 관한 법률」에 따르면, 토지소유자의 승낙 없이 분묘를 설치한 자는 토지소유자에게 분묘에 관한 권리를 주장할 수 없다.

② 유골이 존재하여 원상회복이 가능한 정도의 일시적인 멸실인 경우에는 분묘기지권은 소멸되지 아니한다.

③ 분묘기지권의 효력이 미치는 범위 내에서 기존의 분묘에 단분(單墳)형태로 합장(合葬)하여 새로운 분묘를 설치하는 것은 허용되지 않는다.

④ 분묘기지권을 시효로 취득하는 경우에는 20년을 소급하여 지료를 지급하여야 한다.

⑤ 판결에 따라 분묘기지권에 관한 지료의 액수가 정해졌음에도 판결 확정 후 책임 있는 사유로 지체된 지료가 판결 확정 전후에 걸쳐 2년분 이상이 되는 경우에는 토지소유자는 분묘기지권의 소멸을 청구할 수 있다.

06 다음은 분묘기지권과 「장사 등에 관한 법률」의 내용이다. "틀린" 것은 모두 몇 개인가?

> ㉠ 가묘나 암장, 평장의 경우에는 분묘기지권이 성립되지 않는다.
> ㉡ 사성(莎城)이 조성되어 있는 경우에는 사성까지는 당연히 분묘기지권이 인정된다.
> ㉢ 분묘기지권의 범위 내에서라면 그 이후에 사망한 다른 일방을 합장하거나, 쌍분의 형태로 분묘를 설치하는 것도 인정된다.
> ㉣ 분묘가 일시적으로 멸실된 경우라도 원상회복이 금방 가능하고 유골이 존재하는 경우에는 분묘기지권은 소멸되지 않는다.
> ㉤ 개인묘지는 30m²를 초과할 수 없으며, 위반시에는 1년 이하의 징역 또는 1천만원 이하의 벌금형의 대상이 된다.

① 1개   ② 2개   ③ 3개
④ 4개   ⑤ 5개

07 다음은 「장사 등에 관한 법률」에 관한 설명이다. "틀린" 것은?

① 가족묘지를 조성하고자 하는 자는 시장 등의 사전허가를 받아야 하나, 가족자연장지를 조성하려는 자는 사전신고를 하여야 한다.

② 가족묘지는 100m² 이하이어야 하고, 가족자연장지는 100m² 미만이어야 한다.

③ 공설묘지, 가족묘지, 종중묘지, 법인묘지의 분묘는 1기당 점유면적이 10m²를 초과할 수 없으며, 합장한 경우라도 15m²를 초과할 수 없다.

④ 개인묘지는 설치한 후 30일 이내에 시장 등에게 신고하여야 하며, 개인 자연장지를 조성한 경우에도 30일 이내에 시장 등에게 신고하여야 한다.

⑤ 종교단체가 신도 및 그 가족관계에 있었던 자를 대상으로 조성하려 하는 자연장지는 1개소에 한하여 조성할 수 있으며, 그 면적은 3만m² 이하이어야 한다.

08 다음 중 분묘기지권과 「장사 등에 관한 법률」에 관한 내용으로 "옳은" 것은? (다툼이 있으면 판례에 따름)

① 분묘기지권은 타인 토지에 분묘를 설치한 자가 그 분묘를 관리·소유하기 위해 타인의 토지를 사용할 수 있는 지료지급의무가 있는 임차권을 말한다.

② 약정기한이 없는 한 분묘의 수호와 봉사를 계속하고, 또한 분묘가 존속하고 있는 동안에는 30년간 분묘기지권이 존속된다.

③ 분묘기지권의 효력이 미치는 범위는 분묘기지 자체에 한정하여 인정된다.

④ 자연장을 설치하는 경우에는 용기는 생화학적으로 자연분해가 가능하여야 하며, 유품을 함께 묻어야 한다.

⑤ 설치기간이 끝난 분묘의 연고자는 설치기간이 끝난 날부터 1년 이내에 해당 분묘에 설치된 시설물을 철거하고 매장된 유골을 화장하거나 봉안해야 한다.

09 다음은 개업공인중개사가 농지를 중개하는 경우에 농지취득자격증명 등과 관련된 내용이다. "틀린" 것은?

① 도시민의 주말·체험 영농 목적인 경우, 농업진흥지역에 소재하는 농지는 취득할 수 없다.

② 도시민이 주말·체험영농을 하고자 하는 자는 1,000m² 미만의 농지에 한하여 이를 소유할 수 있으며, 면적은 세대원 전부가 소유하는 총면적을 기준으로 한다.

③ 도시민이 주말·체험영농을 하고자 하는 경우에는 주말·체험영농계획서가 없어도 농지취득자격증명을 발급받을 수 있다.

④ 농지를 법원경매로 취득하는 경우에는 매각기일이 아니라, 매각결정기일까지 농지취득자격증명을 제출하여야 한다.

⑤ 비 농업인이 상속으로 농지를 취득하는 경우에는 농지취득자격증명은 필요가 없으나, 원칙적으로 1만m² 이내만 소유할 수 있다.

10 다음은 중개실무와 관련하여 농지에 대한 내용이다. "틀린" 것은?

① 시·구·읍·면장은 농지취득자격증명의 발급신청을 받은 때에는 그 신청을 받은 날로부터 10일 이내(농업경영계획서를 작성하지 아니하는 경우는 4일 이내, 농지위원회의 심의대상인 경우는 14일 이내)에 농지취득의 적합 여부를 확인하여 발급하여야 한다.

② 농지임대차 기간은 3년 이상으로 하여야 하며, 임대차 기간을 정하지 아니하거나 3년보다 짧은 경우에는 3년으로 약정된 것으로 본다(다만, 다년생식물 재배지 등 대통령령으로 저하는 농지는 5년).

③ 농지 임대차계약은 그 등기가 없는 경우에도 임차인이 농지소재지를 관할하는 시·구·읍·면의 장의 확인을 받고, 해당 농지를 인도받은 경우에는 그 다음날부터 제3자에 대하여 효력이 생긴다.

④ 농지임대차계약은 서면계약을 원칙으로 한다.

⑤ 농지취득자격증명은 농지취득의 원인이 되는 법률행위의 효력발생요건이 아니며, 소유권이전등기 청구시 첨부할 서류이다.

11 다음은 개업공인중개사의 중개업무와 관련된 내용이다. "옳은" 것은? (다툼이 있으면 판례에 따름)

① 농지소유자는 6개월 이상 국외 여행 중인 경우에 한하여 소유농지를 위탁 경영하게 할 수 있다.

② 도시민의 주말·체험영농의 경우, 농업진흥지역 내에 소재하는 농지도 취득할 수 있다.

③ 일반 법인도 주말·체험영농의 목적으로 농지를 취득할 수 있다.

④ 농지를 취득하려는 자가 농지에 관하여 소유권이전등기를 마쳤다고 하더라도, 농지취득자격증명을 발급받지 못한 이상 그 소유권을 취득하지 못한다.

⑤ 농지전용협의를 마친 농지를 매수하는 경우에는 농지취득자격증명이 필요하다.

[테마 36] 부동산거래계약 전자시스템
(전자계약)

12 부동산 전자계약에 관한 설명으로 "옳은" 것은?

① 시·도지사는 부동산거래의 계약·신고·허가·관리 등의 업무와 관련된 정보체계를 구축·운영하여야 한다.

② 부동산 거래계약의 신고를 하는 경우 전자인증의 방법으로 신분을 증명할 수 없다.

③ 정보처리시스템을 이용하여 주택임대차계약을 체결하였더라도 해당 주택의 임차인은 정보처리시스템을 통하여 전제계약증서에 확정일자 부여를 신청할 수 없다.

④ 개업공인중개사가 부동산거래계약시스템을 통하여 부동산거래계약을 체결한 경우 부동산거래계약이 체결된 때에 부동산거래계약신고서를 제출한 것으로 본다.

⑤ 거래계약서 작성시 확인·설명사항이 「전자문서 및 전자거래 기본법」에 따른 공인전자문서센터에 보관된 경우라도 개업공인중개사는 확인·설명사항을 서면으로 작성하여 보존하여야 한다.

13 부동산거래전자계약시스템에 관한 설명으로 틀린 것은?

① 운영주체는 시·도지사이며, 시·도지사가 부동산거래의 계약 등의 업무와 관련된 정보체계를 구축·운영하여야 한다.

② 개업공인중개사가 부동산거래전자계약시스템을 통하여 전자거래계약서를 작성한 경우 거래당사자도 전자서명을 하여야 한다.

③ 부동산거래전자계약시스템을 이용하여 주택임대차계약을 체결한 경우, 해당 주택의 임차인은 정보처리시스템을 통하여 전자계약증서에 확정일자를 부여받을 수 있다.

④ 개업공인중개사가 부동산거래전자계약시스템을 통하여 부동산거래계약을 체결한 경우 부동산거래계약 신고서를 제출한 것으로 본다.

⑤ 원거리의 격지자 사이에 비대면 계약의 체결이 가능하다는 장점이 있다.

[테마 37] 「부동산등기 특별조치법」과 「부동산실명법」

14 다음은 「부동산 실권리자명의 등기에 관한 법률」상의 명의신탁에 관한 개업공인중개사의 설명이다. "틀린" 것은? (다툼이 있으면 판례에 따름)

① 명의신탁은 그 자체로 선량한 풍속 기타 사회질서에 위반하는 약정이라 볼 수는 없다.

② 2자 간의 등기명의신탁(이전형 명의신탁)에서 명의수탁자가 명의신탁자를 배임하여, 신탁받은 부동산을 임의로 처분하여도 명의신탁자에 대한 관계에서 횡령죄로 처벌되지 아니한다.

③ 2자 간의 등기명의신탁(이전형 명의신탁)에서 명의신탁자와 명의수탁자 사이의 명의신탁약정이 무효이므로, 신탁자는 수탁자에게 명의신탁해지에 기한 소유권이전등기를 청구할 수 없다.

④ 명의신탁자는 5년 이하의 징역 또는 2억원 이하의 벌금에 처해지며, 명의수탁자는 3년 이하의 징역 또는 1억원 이하의 벌금에 처해진다.

⑤ 사실혼 배우자명의로 명의신탁을 한 것은 조세포탈, 강제집행의 면탈 또는 법령상 제한의 회피를 목적으로 하지 않은 유효하다.

15 2024. 10. 10. X 부동산을 취득하려는 甲은 친구 乙과 명의신탁을 약정하였다. 매수 자금을 甲으로부터 받은 "乙"은 그 약정에 따라 계약당사자로서 "선의의 丙"으로부터 X 부동산을 매수하여, 자신의 명의로 등기한 후, 甲에게 인도하였다. 다음 중 "옳은" 것은? (다툼이 있으면 판례에 따름)

① 甲과 乙의 명의신탁약정은 탈세·탈법·강제집행 면탈의 목적이 아닌 한, 유효하다.

② 丙은 특별한 사정이 없는 한, 乙명의의 등기말소를 청구할 수 있다.

③ 甲은 乙에게 제공한 부동산 매수자금회수를 담보하기 위하여 X 부동산에 대하여 유치권을 행사할 수 있다.

④ 甲은 乙을 상대로 부당이득반환으로 X 부동산의 소유권 등기이전을 청구할 수 없다.

⑤ 乙이 자의(自意)로 X 부동산에 대한 소유권을 甲에게 이전등기하였더라도 甲은 소유권을 취득하지 못한다.

16 신탁자 甲과 수탁자 乙 간 명의신탁약정을 한 뒤 신탁자가 수탁자에게 자금을 지원하여 수탁자가 매도인 丙(甲과 乙 사이에 명의신탁약정 사실을 모름)과 매매계약을 체결하여 소유권이전등기가 乙의 명의로 경료된 뒤 乙이 丁과 매매계약을 체결, 丁이 소유권이전등기를 경료하였다. "틀린" 것은?

① 수탁자 乙과 매수인 丁 간의 매매계약은 유효하고, 丁이 명의신탁약정 사실을 알았더라도 丁은 소유권을 취득한다.

② 신탁자 甲과 乙 간 명의신탁약정의 효력은 무효이나, 乙의 명의로 경료된 소유권이전등기의 효력은 유효하다.

③ 신탁자 甲은 악의의 丁에게 자신의 소유권을 주장할 수 있다.

④ 乙의 처분행위는 「형법」상 횡령죄로 처벌되지 아니한다.

⑤ 수탁자 乙은 3년 이하의 징역이나 1억원 이하의 벌금에 처해진다.

17 甲은 乙과 乙소유의 X부동산의 매매계약을 체결하고, 친구 丙과의 명의신탁약정에 따라 乙로부터 바로 丙명의로 소유권이전등기를 하였다. 이와 관련하여 개업공인중개사가 甲과 丙에게 설명한 내용으로 "옳은" 것을 모두 고른 것은? (다툼이 있으면 판례에 따름)

> ㉠ 甲과 丙 간의 약정이 조세 포탈, 강제집행의 면탈 또는 법령상 제한의 회피를 목적으로 하지 않은 경우, 명의신탁약정 및 그 등기는 유효하다.
>
> ㉡ 丙이 소유권을 취득하고 甲은 丙에게 대금 상당의 부당이득반환청구권을 행사할 수 있다.
>
> ㉢ 甲과 乙 사이의 매매계약은 유효하므로 甲은 乙을 상대로 소유권이전등기를 청구할 수 있다.
>
> ㉣ 丙이 X부동산을 제3자 丁에게 처분한 경우 丙은 甲과의 관계에서 횡령죄가 성립된다.
>
> ㉤ 丙이 X부동산을 제3자 丁에게 처분한 경우 丁은 명의신탁약정에 대하여 선의·악의를 불문하고 소유권을 취득한다.

① ㉠, ㉡　　　　　　　　② ㉢, ㉤

③ ㉠, ㉡, ㉢　　　　　④ ㉡, ㉢, ㉤

⑤ ㉠, ㉡, ㉢, ㉣

18 부동산경매절차에서 丙소유의 X건물을 취득하려는 甲은 친구 乙과 명의신탁약정을 맺고, 2024. 10. 10. 乙 명의로 매각허가결정을 받아, 甲 자신의 비용으로 매각대금을 완납하였다. 그 후 乙명의로 X건물의 소유권이전등기가 마쳐졌다. 다음 설명 중 "옳은" 것은? (다툼이 있으면 판례에 따름)

① 甲은 乙에 대하여 X 건물에 관한 소유권이전등기 말소를 청구할 수 있다.
② 甲은 乙에 대하여 부당이득으로 X 건물의 소유권 반환을 청구할 수 있다.
③ X건물을 점유하는 甲이 丁에게 X건물을 매도하는 계약을 체결한 경우, 그 계약은 무효이다.
④ X건물을 점유하는 甲은 乙로부터 매각대금을 반환받을 때까지 X건물을 유치할 권리가 있다.
⑤ 丙이 甲과 乙 사이의 명의신탁약정이 있다는 사실을 알았더라도 乙은 X건물의 소유권을 취득한다.

[테마 38] 「주택임대차보호법」과 「상가건물 임대차보호법」

19 다음은 「주택임대차보호법」과 관련된 설명이다. "틀린" 것은?

① 임대차가 종료한 경우에도 임차인이 보증금을 반환받을 때까지는 임대차 관계가 존속하는 것으로 본다.
② 사실상의 주된 용도가 주거용으로 사용하고 있으면 일부가 다른 용도로 사용되고 있어도, 「주택임대차보호법」이 적용된다.
③ 일시 사용을 위한 임대차임이 명백한 경우에는 이를 적용하지 아니한다.
④ 임대차 기간을 1년으로 정한 경우, 임대인은 유효를 주장할 수 없으나, 임차인은 그 기간의 유효함을 주장할 수 있다.
⑤ 2024년 10월 10일에 확정일자를 갖추고, 2024년 10월 10일 전입신고를 한 임차인의 경우 우선변제권 발생일은 2024년 10월 10일이다.

20 「주택임대차보호법」에 관한 설명으로 "틀린" 것은? (다툼이 있으면 판례에 따름)

① 다가구용 단독주택의 임차인으로서 대항요건을 갖춘 경우 위 주택이 다세대 주택으로 변경되었다면 종전의 대항력은 상실된다.
② 주민등록은 행정청이 수리한 경우에 비로소 그 효력이 발생하는 것이고, 정확한 전입신고를 하였으나 담당공무원이 착오로 수정을 요구하여, 잘못된 지번으로 수정하고 다시 제출하여 주민등록이 된 사안에서는 대항력이 인정되지 않는다.
③ 임차주택을 간접점유 하는 임차인이 주민등록을 마쳤다 하더라도, 임차주택의 직접점유자인 전차인이 주민등록을 마치지 않았다면, 임차인은 대항력을 주장할 수 없다.
④ 주택의 인도일과 임차인의 전입신고일과 저당권 등기일이 모두 같은 경우 저당권 등기가 우선한다.
⑤ 주택공사, 지방공사, 「중소기업법」에 따른 중소기업은 「주택임대차보호법」의 보호를 받을 수 있다.

21 다음은 「주택임대차보호법」상 주택임차인의 계약갱신요구권 등에 관한 내용이다. "틀린" 것은?

① 임차인은 계약갱신요구권을 1회에 한하여 행사할 수 있으며, 갱신되는 임대차의 존속기간은 2년으로 본다.

② 임차인은 임대차 기간만료 6개월 전부터 2개월 전 사이에 계약갱신을 요구할 수 있고, 임대인은 정당한 사유 없이 이를 거절할 수 없다.

③ 임차인의 적극적인 갱신요구에 의하여 계약이 갱신된 경우에는 임차인은 갱신기간 내에는 일방적으로 임대차를 해지할 수 없다.

④ 갱신되는 임대차는 전 임대차와 동일한 조건으로 다시 계약된 것으로 보며, 차임과 보증금은 증감할 수 있다.

⑤ 차임 등의 증액청구는 약정한 차임이나 보증금의 20분의 1의 금액을 초과하지 못하며, 그 범위 내에서 시·도 조례로 증액청구의 상한을 달리 정할 수 있다.

22 개업공인중개사가 중개의뢰인에게 「주택임대차보호법」을 설명한 내용으로 "틀린" 것은?

① 임차권등기명령의 집행에 따른 임차권등기가 끝난 주택을 그 이후에 임차한 임차인은 보증금 중 일정액을 다른 담보물권자보다 우선하여 변제받을 권리가 없다.

② 임차인이 임차주택에 대하여 보증금반환청구소송의 확정판결에 따라 경매를 신청하는 경우 반대의무의 이행이나 이행의 제공을 집행개시의 요건으로 한다.

③ 임대차계약을 체결하려는 자는 임대인의 동의를 받아 확정일자부여기관에 해당 주택의 확정일자부여일 정보의 제공을 요청할 수 있다.

④ 임차인이 상속인 없이 사망한 경우 그 주택에서 가정공동생활을 하던 사실상의 혼인 관계에 있는 자가 임차인의 권리와 의무를 승계한다.

⑤ 주택의 등기를 하지 아니한 전세계약에 관하여는 「주택임대차보호법」을 준용한다.

23 「주택임대차보호법」상 임차인의 계약갱신요구에 임대인이 거절할 수 있는 사유에 "해당"하는 것을 모두 고르면?

> ㉠ 건물이 노후·훼손 또는 일부 멸실되는 등 안전사고의 우려가 있는 경우 또는 다른 법령에 따라 철거 또는 재건축이 이루어지는 경우로서 임대인의 점유를 회복할 필요가 있는 경우
>
> ㉡ 임대인이 보증금과 이사비용을 책정하여 이에 상당한 금액을 공탁한 경우
>
> ㉢ 임차인이 임차한 주택의 전부 또는 일부를 고의나 경미한 과실로 파손한 경우
>
> ㉣ 임대인의 형제·자매가 목적 주택에 실제 거주를 하려는 경우
>
> ㉤ 임차인이 2기의 차임액에 해당하는 금액에 이르도록 차임을 연체한 사실이 있는 경우

① ㉠, ㉣

② ㉠, ㉤

③ ㉡, ㉢, ㉤

④ ㉠, ㉣, ㉤

⑤ ㉡, ㉢, ㉣, ㉤

24 다음은 「주택임대차보호법」상의 "주택임대차위원회"와 "주택분쟁조정위원회"에 관한 내용이다. "틀린" 것은?

① 주택임대차위원회는 소액임차인의 최우선변제권의 범위와 기준을 심의하기 위하여 법무부에 둔다.

② 주택임대차위원회의 위원장은 법무부장관이 되며, 위원장 1명을 포함한 9명 이상 15명 이하의 위원으로 구성된다.

③ 주택임대차위원회의 회의는 재적위원 과반수의 출석으로 개의하고, 출석위원 과반수의 찬성으로 의결한다.

④ 주택임대차와 관련된 분쟁을 심의·조정하기 위하여 대통령령으로 정하는 바에 따라 「법률구조법」 제8조에 따른 대한법률구조공단의 지부, 「한국토지주택공사법」에 따른 한국토지주택공사의 지사 또는 사무소 및 「한국부동산원법(구 한국감정원법)」에 따른 한국부동산원의 지사 또는 사무소에 주택임대차분쟁조정위원회를 둔다.

⑤ 임대차 기간에 관한 분쟁이 발생한 경우, 甲은 주택임대차분쟁조정위원회에 조정을 신청할 수 있다.

25 다음은 개업공인중개사 甲이 상가건물 임대차보호법령의 적용을 받는 乙소유 건물의 임대차계약을 중개하면서, 임대인 乙과 임차인 丙에게 설명한 내용이다. "옳은" 것은 모두 몇 개인가?

> ㉠ 소액임차인의 최우선변제권은 주택가액(대지가액 포함)의 3분의 1에 해당하는 금액까지만 인정된다.
> ㉡ 임차인 丙이 2기의 차임액에 해당하는 금액에 이르도록 차임을 연체한 경우 丙은 乙에게 계약의 갱신을 요구하지 못한다.
> ㉢ 임대차계약서에 확정일자를 받지 않으면, 대항요건을 갖추었더라도 소액임차인에게는 최우선변제권이 인정되지 아니한다.
> ㉣ 乙과 丙이 1년 미만으로 임대차 기간을 정한 경우, 임차인 丙은 그 기간이 유효함을 주장할 수 있다.

① 1개   ② 2개   ③ 3개
④ 4개   ⑤ 0개

26 다음의 상가건물에 대하여 「상가건물 임대차보호법」이 적용되지 아니한 것은?

> • 서울특별시 종로구에 소재하는 상가건물에 대한 임대차계약이 체결되었다.
> • 보증금 5억원에 월차임 500만원으로 체결이 되었다.
> • 존속기간은 1년으로 약정하였다.

① 대항력
② 권리금 행사의 보장
③ 계약갱신요구권
④ 3기 이상 차임연체시 계약해지 규정
⑤ 등기명령신청제도

27 다음은 「상가건물 임대차보호법」의 내용이다. "틀린" 것은?

① 일정한 환산보증금을 초과하는 상가건물에 대한 임대차의 경우에도 존속기간의 정함이 있는 경우 계약갱신요구권은 인정된다.
② 관할 세무서장은 해당 상가건물의 소재지, 확정일자부여일, 차임 및 보증금 등을 기재한 확정일자부를 작성하여야 하고, 이해관계가 있는 자의 제공 요청이 있는 경우, 정당한 사유 없이 이를 거부할 수 없다.
③ 임대인은 임대차기간이 끝나기 6개월 전부터 임대차 종료시까지 임차인이 주선한 신규임차인이 되려는 자로부터 임차인이 권리금을 지급받는 것을 방해하여서는 아니 된다.
④ 국토교통부장관은 법무부장관과 협의하여 임차인과 신규임차인이 되려는 자가 권리금 계약을 체결하기 위한 표준권리금계약서를 정하여 그 사용을 권장할 수 있다.
⑤ 국토교통부장관은 법무부장관과 협의하여 보증금, 차임액, 임대차기간, 수선비 분담 등의 내용이 기재된 상가건물임대차 표준계약서를 정하여 그 사용을 권장할 수 있다.

28 다음은 「상가건물 임대차보호법」상의 권리금 보호 등에 관한 내용이다. "틀린" 것은?

① 임대인은 임차인이 주선한 신규임차인이 되려는 자에게 현저히 고액의 차임과 보증금을 요구하거나, 정당한 사유 없이 임대차계약체결을 거절하는 행위를 하여서는 아니 된다.

② 임차인이 주선한 신규임차인이 되려는 자가 보증금 또는 차임을 지급할 자력이 없는 경우에는 임대인은 임대차 계약 체결을 거절할 수 있다.

③ 임대인이 변경된 경우, 이전 임대인이 1년을 영리목적으로 사용하지 아니하고, 현재의 임대인이 6개월을 영리목적으로 사용하지 아니한 경우, 임차인이 주선한 신규임차인과의 임대차계약 체결을 거절할 수 없다.

④ 임대인은 임차인이 주선한 신규임차인이 되려는 자에게 권리금을 요구하거나, 권리금을 수수하는 행위를 하여서는 아니 된다.

⑤ 임대인이 임차인의 권리금 행사를 방해하여 임차인에게 손해를 발생하게 한 때에, 그 손해배상액은 신규임차인이 임차인에게 지급하기로 한 권리금과 임대차 종료 당시의 권리금 중 낮은 금액을 넘지 못한다.

[테마 39] 법원경매절차와 권리분석

29 개업공인중개사가 부동산의 경매에 관하여 설명한 내용으로 "틀린" 것은?

① 부동산의 매각은 호가경매, 기일입찰 또는 기간입찰의 3가지 방법 중 집행법원이 정한 매각방법에 따르며, 1기일 2입찰제도 가능하다.

② 부동산에 대한 압류의 효력은 채무자에게 경매개시결정이 송달된 때 또는 그 결정이 등기된 때에 발생된다.

③ 배당요구에 따라 매수인이 인수해야 할 부담이 바뀌는 경우 배당요구를 한 채권자는 배당요구의 종기가 지난 뒤에 이를 철회하지 못한다.

④ 기일입찰에 매수신청의 보증금액은 매수가격의 10분의 1로 한다.

⑤ 매각허가결정에 대하여 항고를 하고자 하는 사람은 항고보증금으로 매각대금의 10분의 1에 해당하는 금전 또는 법원이 인정한 유가증권을 공탁해야 한다.

30 아래와 같이 A, B, C, D 순서로 권리가 설정되어 있는 서울특별시에 소재한 주택이 「민사집행법」에 의한 법원경매로 "2억원"에 매각되었다. 다음 중 "옳은" 것은?

순위	권리	채권액	비고
1	A : 저당권	1억원	2024년 10월 10일
2	B : (미등기) 임차권	1억원	• 대항요건은 갖춤. • 확정일자는 없음.
3	C : 가압류	1억원	
4	D : 저당권	1억원	
5	E : 유치권	1천만원	공사대금채권

① B가 배당을 요구하지 않았다면, 매수인이 B의 임차권을 인수하여야 한다.

② B(미등기 임차권자)는 배당요구를 하지 않아도, 소액보증금에 해당하므로, 최우선변제를 받게 된다.

③ E의 유치권은 말소기준권리보다 후순위이므로, 경매시 소멸된다.

④ D는 물권이므로, C에 우선하여 변제를 받을 수 있다.

⑤ C와 D는 동일한 금액을 배당받지만, 일부만 배당받고 매각으로 소멸한다.

31 개업공인중개사가 「민사집행법」에 따른 경매에 대해 의뢰인에게 설명한 내용으로 "옳은"것은?

① 후순위 저당권이 경매신청을 한 경우, 선순위 저당권은 매각으로 소멸되지 아니한다.

② 저당권보다 선순위의 담보가등기는 매각으로 소멸되지 아니한다.

③ 매각부동산 위의 전세권은 저당권에 대항할 수 있는 경우라도 전세권자가 배당요구를 하면 매각으로 소멸된다.

④ 등기부에 경매를 신청한 후순위 근저당에 앞서 대항요건을 갖춘 임차인이 있으나, 선순위 저당권을 대위변제한 경우라도 임차권은 소멸된다.

⑤ 매수인은 매각부동산 위의 유치권자에게 그 유치권으로 담보하는 채권을 변제할 책임이 없다.

32 「민사집행법」상 법원경매물건이 매각이 되어 매각대금으로 배당을 하는 경우, 배당순서로 옳게 연결한 것은? (주어진 조건 이외의 다른 조건은 고려하지 아니함)

> ㉠ 경매비용
> ㉡ 소액보증금 중 일정액에 대한 우선변제
> ㉢ 저당권 등의 물권
> ㉣ 저당권보다 후 순위의 확정일자 임차권
> ㉤ 일반채권

① ㉠ ⇨ ㉡ ⇨ ㉢ ⇨ ㉣ ⇨ ㉤
② ㉠ ⇨ ㉢ ⇨ ㉡ ⇨ ㉣ ⇨ ㉤
③ ㉠ ⇨ ㉤ ⇨ ㉡ ⇨ ㉢ ⇨ ㉣
④ ㉣ ⇨ ㉠ ⇨ ㉢ ⇨ ㉤ ⇨ ㉡
⑤ ㉡ ⇨ ㉢ ⇨ ㉣ ⇨ ㉤ ⇨ ㉠

33 개업공인중개사가 중개의뢰인에게 「민사집행법」에 따른 부동산경매에 관하여 설명한 내용으로 "틀린" 것을 모두 고르면?

> ㉠ 입찰시 입찰보증금은 물건의 감정평가액의 10분의 1을 제공하여야 한다.
> ㉡ 압류의 효력이 발생된 이후에 점유를 개시한 유치권은 매수인에게 대항할 수 있다.
> ㉢ 차순위매수신고는 그 신고액이 최고가매수신고액에서 그 입찰보증액을 뺀 금액을 넘는 때에만 할 수 있다.
> ㉣ 매수인은 매각대금을 다 낸 후 소유권이전등기를 한 때 비로소 매각의 목적인 권리를 취득한다.
> ㉤ 매각부동산의 후순위 저당권자가 경매신청을 하여 매각되면 선순위 저당권도 매각으로 소멸된다.

① 1개 ② 2개 ③ 3개
④ 4개 ⑤ 5개

34 다음은 「민사집행법」상의 법원경매에 대한 내용이다. "옳은" 것은?

> • 경기도 화성시 동탄동 소재 ○○아파트에 대하여 경매개시결정등기가 되었다.
> • 법원에서 공고한 물건의 최저매각가는 10억원이었고, 감정가도 10억원이었다.
> • 최고가매수인의 매수신청가격은 11억원이었다.

① 최고가 매수신고인이 매수신청시 제공한 입찰보증금은 1억 1천만원이다.

② 매각불허가결정에 대하여 항고를 할 때의 공탁금을 1억원을 납부하여야 한다.

③ 차순위매수신고인이 동일한 금액의 2명인 경우에는 그들만의 추가입찰을 하여 최종적으로 차순위매수신고인을 정한다.

④ 경매개시결정등기가 된 이후에 전입신고를 한 임차인도 최우선변제권을 행사할 수 있다.

⑤ 매수신청대리인으로 등록을 한 개업공인중개사가 매수신청을 대리하여 최고가매수신고인으로 확정이 된 경우, 보수를 1,500만원까지 받을 수 있다.

[테마 40] 매수신청대리(대법원규칙)

35 개업공인중개사의 매수신청대리인 등록에 관한 대법원규칙의 내용이다. "틀린" 것은?

① 매수신청대리인이 되고자 하는 개업공인중개사는 중개사무소 관할 지방법원장에게 매수신청대리인 등록을 하여야 한다.

② 매수신청대리인 등록신청일 전 1년 이내에 지방법원장이 지정하는 교육기관에서 부동산 경매에 관한 실무교육을 이수하여야 한다.

③ 개업공인중개사는 매수신청대리업 등록을 하기 전에 업무보증을 설정하여야 한다.

④ 개업공인중개사가 동일 부동산에 대하여 이해관계가 다른 2인 이상의 대리인이 되는 행위를 한 경우, 모두 무효가 된다.

⑤ 중개사무소 개설등록의 결격사유와 매수신청대리인 등록의 결격사유는 서로 다르다.

36 다음은 매수신청대리인 등록에 관한 규칙·예규에 관한 설명이다. "틀린" 것은?

① 지방법원장은 매수신청 대리업무에 관하여 협회지부와 개업공인중개사를 감독한다.

② 개업공인중개사가 매수신청대리를 위임받은 경우 매수신청대리 대상물의 권리관계, 경제적 가치 등에 대하여 위임인에게 성실·정확하게 설명하고 등기부등본 등 설명의 근거자료를 제시하여야 한다.

③ 최고가매수인으로 확정이 되면, 감정가의 1.5% 또는 최저가의 1% 범위 이내에서 경매보수를 받을 수 있다.

④ 법인인 개업공인중개사가 분사무소를 설치한 경우 그 사유가 발생한 날로부터 10일 이내에 지방법원장에게 그 사실을 신고하여야 한다.

⑤ 개업공인중개사가 대리행위를 함에 있어서는 매각장소 또는 집행법원에 직접 출석하여야 한다.

37 다음은 매수신청대리와 관련된 대법원규칙 등에 관한 내용이다. "틀린" 것은?

① 경매대리보수의 지급시기는 약정이 있으면, 약정에 따르고, 약정이 없는 경우에는 매각대금지급기한일로 한다.

② 경매보수를 받은 경우에는 영수증을 작성하여 교부하여야 한다.

③ 위임을 받은 경우에는 사건카드를 작성하여 5년간 보관하여야 하고, 위임계약을 체결한 경우에는 확인·설명서를 작성하여 사건카드에 철을 하여 5년간 보관하여야 한다.

④ 사건카드나 확인·설명서를 허위로 기재한 경우에는 매수신청대리업 등록이 취소될 수 있다.

⑤ 매수신청대리인 등록을 한 개업공인중개사의 공인중개사 자격이 취소된 경우 관할 지방법원장은 그의 매수신청대리업에 대한 업무정지처분을 하여야 한다.

38 다음은 법원에 매수신청대리인으로 등록된 매수신청대리인의 업무범위이다. 해당되지 "않는"것은 모두 몇 개인가?

> ㉠ 공유자의 공유지분에 대한 우선매수신고
> ㉡ 입찰표의 작성 및 제출
> ㉢ 차순위매수신고 및 차순위지위의 포기
> ㉣ 공유자의 우선매수신고
> ㉤ 매각허가결정에 대한 즉시항고
> ㉥ 경매취하에 대한 동의
> ㉦ 「임대주택법」상 임차인의 우선매수신고

① 1개   ② 2개   ③ 3개
④ 4개   ⑤ 5개

39 법원은 X부동산에 대하여 담보권 실행을 위한 경매절차를 개시하는 결정을 내렸고, 최저매각가격을 10억원으로 정하였다. 중개의뢰인 甲에게 개업공인중개사가 설명한 내용으로 "옳은" 것은?

① 甲이 13억원에 매수신청을 하려는 경우, 법원에서 달리 정함이 없으면 1억 3천만원을 입찰보증금액으로 제공하여야 한다.

② 최고가매수신고를 한 사람이 둘 이상인 때에는 입찰이 무효가 되어, 법원은 재매각하여야 한다.

③ 최고가매수신고인에게 불허가결정이 된 경우, 불허가결정에 항고하기 위해서는 매각대금의 10%를 항고공탁금으로 공탁하여야 한다.

④ 매수신청대리인으로 등록을 한 개업공인중개사는 소속공인중개사로 하여금 입찰대리를 하게 할 수 있다.

⑤ 매수신청대리인으로 등록을 하려는 법인인 개업공인중개사는 4억원 이상의 업무보증을 중개업의 업무보증과 별도로 설정하여야 한다.

정답

제1편	공인중개사법령

1	2	3	4	5	6	7	8	9	10
①	①	②	②	③	③	②	⑤	④	⑤

11	12	13	14	15	16	17	18	19	20
④	②	③	④	⑤	③	③	②	⑤	①

21	22	23	24	25	26	27	28	29	30
③	④	④	②	①	③	①	①	⑤	⑤

31	32	33	34	35	36	37	38	39	40
①	①	②	②	③	①	⑤	③	⑤	④

41	42	43	44	45	46	47	48	49	50
①	④	③	①	④	①	⑤	⑤	⑤	⑤

51	52	53	54	55	56	57	58	59	60
④	①	⑤	②	④	⑤	②	①	①	①

61	62	63	64	65	66	67	68	69	70
①	②	⑤	⑤	①	①	⑤	④	⑤	⑤

71	72	73	74	75	76	77	78	79	80
①	⑤	④	④	③	③	⑤	⑤	④	③

81	82	83	84	85	86	87	88	89	90
④	③	②	⑤	③	④	①	①	①	②

91	92	93	94	95	96	97	98	99	100
⑤	①	④	②	④	④	④	①	⑤	⑤

101	102	103	104	105	106	107	108	109	110
④	④	⑤	②	①	③	③	④	⑤	②
111	112	113	114	115	116	117	118	119	120
②	①	⑤	②	①	①	③	②	①	⑤
121	122	123	124	125					
⑤	⑤	④	③	③					

제2편　부동산 거래신고 등에 관한 법령

1	2	3	4	5	6	7	8	9	10
①	③	④	⑤	①	④	③	②	①	④
11	12	13	14	15	16	17	18	19	20
①	⑤	③	②	④	①	④	①	④	④
21	22	23	24	25	26				
②	⑤	①	③	⑤	⑤				

제3편　중개실무

1	2	3	4	5	6	7	8	9	10
①	②	⑤	④	④	②	⑤	⑤	③	①
11	12	13	14	15	16	17	18	19	20
④	④	①	⑤	④	③	②	⑤	⑤	①
21	22	23	24	25	26	27	28	29	30
③	②	②	②	①	⑤	⑤	③	④	⑤
31	32	33	34	35	36	37	38	39	
③	①	③	⑤	②	③	⑤	②	⑤	

MEMO

제35회 공인중개사 시험대비 **전면개정판**

2024 박문각 공인중개사
김상진 파이널 패스 100선 2차 공인중개사법·중개실무

초판인쇄 | 2024. 7. 25.   **초판발행** | 2024. 7. 30.   **편저** | 김상진 편저
발행인 | 박 용   **발행처** | (주)박문각출판   **등록** | 2015년 4월 29일 제2019-000137호
주소 | 06654 서울시 서초구 효령로 283 서경 B/D 4층   **팩스** | (02)584-2927
전화 | 교재 주문 (02)6466-7202, 동영상문의 (02)6466-7201

저자와의
협의하에
인지생략

정가 20,000원
ISBN 979-11-7262-151-3